TRAGICOMEDIA
MEXICANA 3

OBRAS DE JOSÉ AGUSTÍN

Se está haciendo tarde (final en laguna)
Dos horas de sol
Cerca del fuego
De perfil
El rock de la cárcel
La miel derramada
Tragicomedia mexicana 1
(La vida en México de 1940 a 1970)
Tragicomedia mexicana 2
(La vida en México de 1970 a 1982)
Tragicomedia mexicana 3
(La vida en México de 1982 a 1994)
Inventando que sueño (cuentos completos)

JOSÉ AGUSTÍN

Tragicomedia mexicana 3

La vida en México de 1982 a 1994

PLANETA

Colección: ESPEJO DE MÉXICO

Caricatura de portada: Antonio Helguera
Investigación fotográfica: Fabrizio León
Diseño de portada: Marina Garone
Fotografía del autor: Mario Mejía

© 1998, José Agustín Ramírez
Derechos Reservados
© 1992, Editorial Planeta Mexicana, S.A. de C.V.
Avenida Insurgentes Sur núm. 1162
Colonia del Valle, 03100 México, D.F.

Primera edición: octubre de 1998
ISBN: 968-406-796-8

Impreso en los talleres de Litográfica Ingramex, S.A. de C.V.
Centeno núm. 162, Granjas Esmeralda, México, D.F.
Se tiraron 25,000 ejemplares
Impreso y hecho en México - *Printed and made in Mexico*

A Andrés, Jesús y Agustín,
¡que les sea leve!
y
a Mercedes Certucha
y Homero Gayosso

1. La caída del sistema
(1982-1988)

Huevos de paloma

En diciembre de 1982 México parecía hallarse en uno de los peores momentos de su historia. Todo el país efervescía a causa de la sorpresiva y noqueadora nacionalización de la banca y el control de cambios. Las cosas no se pusieron peores, y más cardiacas, porque el sexenio estaba a punto de concluir, pero, eso sí, la iniciativa privada se vistió con su casaca anticomunista y se desgañitó insultando al presidente José López Portillo, quien de Don Pepe pasó a López Porpillo, Jolopo o El Perro, y fue tema de incontables chistes y burlas. En tanto, todo el mundo esperaba el fin del sexenio. Sin duda, se pensaba, las cosas tendrían que mejorar a partir del primero de diciembre. Oh ilusos.

Finalmente llegó el día esperado y, como de costumbre, la atención se concentró en la toma de posesión de Miguel de la Madrid Hurtado. López Portillo entregó la banda presidencial y todos respiraron, aliviados. Tan pronto como pudo se fue a Roma con su hijo José Ramón, a quien le había arreglado un alto puesto en la FAO, la Organización de las Naciones Unidas para la Agricultura y la Alimentación.

En su discurso de toma de posesión, De la Madrid se engolosinó pintando un panorama desolador como astringente para el rigidísimo plan de austeridad que recetó después. "Vivimos una situación de emergencia", dijo, con tono dramático. "No permitiré que la patria se nos deshaga entre las manos", añadió. Desde su punto de vista, la situación era tan grave que estaba en entredicho la continuidad del proceso de desarrollo e incluso "la viabilidad del país como nación

"No permitiré que la patria se nos deshaga entre las manos", dijo Miguel de la Madrid Hurtado al tomar posesión como presidente. (Foto: Pedro Valtierra)

independiente". Desde 1932 no se vivían condiciones semejantes. Además, la crisis no era circunstancial ni meramente financiera, ni la capacidad productiva se mantenía sana (como aducía López Portillo), sino que era profundísima; se debía a graves problemas estructurales surgidos desde antes y era parte de una gran crisis internacional, de la que ningún país se salvaba. "La crisis se manifiesta", precisó, "en expresiones de desconfianza y pesimismo en las capacidades del país para solventar sus requerimientos inmediatos, en el surgimiento de la discordia entre clases y grupos, en la enconada búsqueda de culpables y crecientes recriminaciones, en sentimientos de abandono, desánimo y exacerbación de egoísmos individuales o sectarios... Éste es el panorama nacional", asestó.

A fines de 1982 las cifras eran desoladoras: el Producto Interno Bruto (PIB) se había desplomado a 0.5, la inflación subió a un inconcebible 100 por ciento; la deuda externa rebasó la cifra escalofriante de los 100 mil millones de dólares, sin contar intereses y servicio a tasas elevadas. Los precios del petróleo seguían a la baja y ya no ofrecían esperanzas de salvación, como seis años antes. Por otra parte, a cambio de cinco mil millones de dólares el Fondo Monetario Internacional (FMI) nos impuso condiciones draconianas que De la Madrid presentó como mal menor y medicina dolorosa pero necesaria que requería el sacrificio de todo el pueblo.

Las recetas del FMI dieron cuerpo a un Programa Inmediato de Reordenación Económica (PIRE), que supuestamente contendría la inflación y reduciría el déficit público y el externo. Para empezar, el peso se devaluó en más del 100 por ciento y de 70 pasó a 150 por un dólar; además, entró en flotación, con un "desliz", o microdevaluación, de 13 centavos diarios. A partir de esta devaluación el pobre pesito ya no dejó de hundirse. Además, las tasas de interés se dispararon a más del 100 por ciento, con lo que se arruinaron quienes debían a los bancos.

La nueva administración inició una severa reducción del gasto público, que dejó a muchos burócratas en el desempleo, eliminó programas como el SAM, Coplamar, Fonapas,

Pronaf, y contuvo férreamente los salarios, aunque no precisamente los de los altos funcionarios, quienes, a la voz de "¿crisis?, ¿cuál crisis?", se sirvieron los sueldos con pala mecánica, según ellos para "evitar la corrupción". En diciembre los secretarios de Estado ganaban 500 mil pesos (33 mil dólares) al mes; y los subsecretarios, 250 mil, pero a los cuatro meses volvieron a atacarse con otros 200 mil, retroactivos además. También aumentaron los salarios de oficiales mayores, secretarios particulares, directores y coordinadores generales hasta en 160 por ciento. En cambio, los obreros pidieron el 100 por ciento de aumento salarial y se les concedió el 15, al igual que a las infanterías de la burocracia.

Los precios subieron sin piedad, y el gobierno mismo puso el ejemplo al elevar sus tarifas de gasolina, electricidad, teléfono, agua y de todos sus demás servicios. Como era de esperarse, los precios de los productos también se elevaron al instante en la proporción de la devaluación del peso, o más, pues se adujo que los insumos se habían encarecido terriblemente. Por si fuera poco, muchos productos escasearon y otros de plano desaparecieron, como la pasta de dientes, así es que a principios de 1983 mucha gente tuvo que lavarse la boca con jabón, bicarbonato o ceniza de tortilla. También subieron los impuestos, y el del valor agregado (IVA) engordó del 10 al 15 por ciento. Además, al ponerse en efecto las nuevas tasas, se le dio otro empujón a los precios.

El nuevo gobierno estaba bien consciente de los estragos que causaría su programa de shock para contener la crisis. Un periodista ingenioso plantó una grabadora en una reunión privada del flamante secretario de Comercio Héctor Hernández en la que éste, fría, casi orgullosamente, informó a un grupo de diputados que 1983 se caracterizaría por el nulo crecimiento del PIB y el estancamiento de la industria, debido al alza de las tasas de interés, la devaluación y los aumentos fiscales. Además, dijo, era una ilusión pensar en un control de precios.

A fines de diciembre de 1982 el gobierno devolvió el 34 por ciento de las acciones de la banca nacionalizada a sus antiguos propietarios, además de que les dio prioridad en el establecimiento de casas de cambio en la frontera mexicana, en las grandes ciudades y en los centros turísticos. Estas casas de cambio resultaron minas de oro. Por si fuera poco, en agosto de 1983, el gobierno los indemnizó, a través de bonos pagaderos a partir de 1986, con casi 100 mil millones de pesos, que se convirtieron mágicamente en 140 mil con unos intereses que se sacaron de la manga. Además, el gobierno absorbió la deuda de ocho mil millones de dólares de los bancos privados con el extranjero. La iniciativa privada (IP) declaró que todo eso era insuficiente, "Es apenas una cuarta parte del valor comercial de los bancos", se quejó José María Basagoiti, de la Confederación Patronal de la República Mexicana (Coparmex).

Los cúpulos de la iniciativa privada no sólo estaban fuertes sino engallados. Se habían quedado picados y con ganas de seguir las guerras de conquista. El Consejo Coordinador Empresarial (CCE) y las cámaras patronales dieron la bienvenida al nuevo gobierno con frialdad. El mensaje era: sigue la desconfianza. Después, la IP lo caló mediante duras críticas a los planes de reordenación económica y de plano preguntó airada si el partido en el poder pretendía "llevar a México al totalitarismo". De la Madrid amenazó entonces con la disolución de las cámaras patronales "porque no cumplen con los requisitos que fija la ley". Los patrones bajaron el volumen de sus quejas, pero unos meses después organizaron las reuniones "México en la libertad", en las que muchos grandes empresarios se manifestaron en contra de "la conspiración estatal para imponer el socialismo".

Mientras tanto, a partir de diciembre de 1982, en el estado de ánimo de la población avanzaba una visión desoladora del futuro inmediato, aderezada con la frustración, ya que la promesa de un progreso material debido al auge petrolero se convirtió, para las clases populares, en una carestía despiadada, en falta de trabajo y en la imposibilidad de acceder a los paisajes idílicos que presentaba la televisión. Para las capas medias, la crisis representó el fin del sueño de ser un nuevo rico y la realidad aterradora de ser un nuevo pobre.

Pero esto no parecía preocupar demasiado al presidente, quien vivía su propio sueño y formó un gabinete con los políticos jóvenes de su propio equipo, aunque incluyó algunos nombres significativos. En la Secretaría de Educación, por ejemplo, puso a Jesús Reyes Heroles para distanciarse del ex presidente López Portillo. En Hacienda siguió Jesús Silva Herzog, quien se había encargado de negociar con el Fondo Monetario Internacional. Por otra parte, la Procuraduría General de la República fue para Sergio García Ramírez, destinado a dar alguna credibilidad a los planes anticorrupción de la "renovación moral", al igual que la Contraloría General de la República, que no existía en México desde la época de Álvaro Obregón; teóricamente ésta sería un mecanismo de auditoría para cazar funcionarios corruptos, y fue encomendada a Francisco Rojas, uno de los jóvenes tecnócratas del equipo de De la Madrid en Programación y Presupuesto (SPP).

A la cabeza de éstos estaba Carlos Salinas de Gortari, quien saltó de la Dirección Política, Económica y Social de la SPP al Instituto de Estudios Políticos, Económicos y Sociales (IEPES) del PRI, y de ahí a la estratégica Secretaría de Programación y Presupuesto, que había desplazado a Gobernación como gran trampolín para llegar a la presidencia. Los demás miembros del equipo eran Emilio Gamboa Patrón, que siguió siendo secretario particular de De la Madrid y con el tiempo se volvió un personaje clave del sexenio; Ramón Aguirre Velázquez, Ramoncito, quien se quedó a cargo del Departamento del Distrito Federal; Eduardo Pesqueira, que dirigió el Banco Nacional de Crédito Rural (Banrural) y Manuel Alonso, director de Comunicación de la Presidencia. Todos ellos constituían la Familia Feliz. Pronto se vería que en ésta predominaba el grupo de Carlos Salinas de Gortari, que tenía una gran influencia sobre el presidentito y en el cual participaban activamente Emilio Gamboa, Manuel Camacho Solís y el silencioso francés, hijo de españoles, Joseph-Marie

Córdoba Montoya, quien en 1985 mágicamente se convirtió en mexicano.

Se trataba de un gabinete de jóvenes que no había pasado por puestos de elección popular ni por las posiciones políticas en el partido oficial. En el acto fueron diagnosticados como una casta de tecnócratas que sin hacer la habitual talacha política se coló hasta lo más alto de la élite gobernante. Esto preocupó a los políticos, quienes se quejaron de que los tecnos los desplazaban y de que ya se habían metido hasta la recámara, lo cual implicaba que la base de reclutamiento del gobierno se había desplazado del PRI hacia el sector financiero de la alta burocracia, con un correspondiente estrechamiento de las carreteras de acceso al poder. Perdió importancia "el camino electoral", es decir, los puestos en los gobiernos municipales, en la burocracia de los estados, los sectores del partido, la Cámara de Diputados, el senado y las gubernaturas. En el gabinete de Miguel de la Madrid el 60 por ciento de los secretarios ascendió por la vía burocrática y sólo el 30 por ciento por la electoral.

Eran los tecnócratas, que estaban orgullosos de sus maestrías y doctorados en universidades estadunidenses, el circuito Ivy League de Harvard, Yale y Princeton; varios de ellos eran economistas que habían pasado por el sector financiero y favorecían el libre mercado, el adelgazamiento del Estado, las privatizaciones y la globalización. Le tenían fobia al populismo y al estatismo, que era lo anticuado, lo out, lo démodé.

Esta casta de tecnócratas hizo cierta la deprimente profecía de Richard Lansing, un secretario de Estado de Estados Unidos que a fines de la década de 1910 recomendó: "Tenemos que abandonar la idea de poner en la presidencia mexicana a un ciudadano americano, ya que nos llevaría otra vez a la guerra. La solución es abrirles a los jóvenes mexicanos las puertas de nuestras universidades y educarlos en el respeto al liderazgo de Estados Unidos. Con el tiempo esos jóvenes se adueñarán de la presidencia."

A principios de sexenio los tecnócratas aún hablaban de economía mixta, rectoría del Estado y nacionalismo

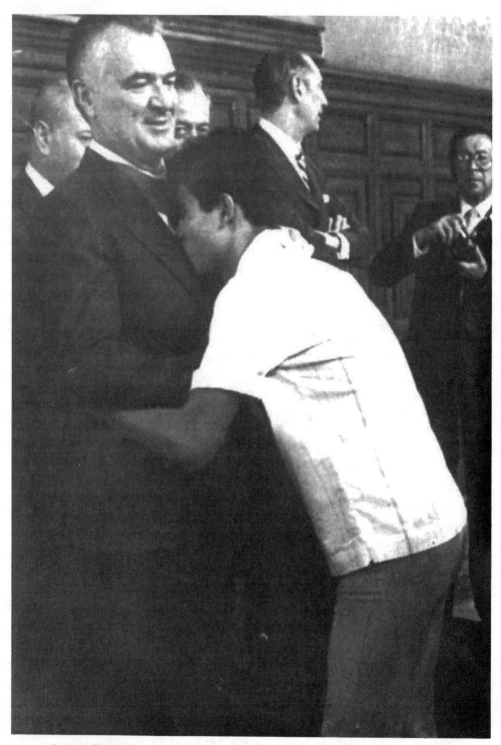

Paternalismo Revolucionario Institucional: un joven besa la banda presidencial de Miguel de la Madrid. (Foto: *El Universal*)

revolucionario, pero, aunque no lo proclamaban orgullosamente como lo harían poco después, se proponían cambiar al país e integrarlo a la mística neoliberal de Margaret Thatcher y Ronald Reagan. Sin embargo, en lo más mínimo pretendían cambiar el sistema político, ya que el presidencialismo autoritario les facilitaba sus proyectos, aunque, claro, solían decir lo contrario. Varios de ellos eran juniors, hijos de altos funcionarios (Salinas, Silva Herzog, Beteta, Bartlett), y conocían bien las leyes no escritas del régimen, sus pasadizos y mazmorras más pestilentes; estaban dispuestos no sólo a preservar sino a fortalecer los rasgos más atrasados del sistema político mexicano: la simulación de la democracia y el correspondiente culto a las formas; el autoritarismo y el paternalismo, la cooptación y la represión, y por supuesto la corrupción generalizada con discretos toques de gangsterismo.

Miguel de la Madrid Hurtado, el capitán de la nave monetarista, se abrió paso en la política un poco porque las circunstancias lo pusieron en los sitios correctos. Nació en Colima, en una familia de clase media; siempre fue un estudiante modelo, de cuadro de honor, y naturalmente se graduó como licenciado en derecho en la UNAM. Sin embargo, gracias a su tío Ernesto Fernández Hurtado, entró a trabajar en el Banco de México y obtuvo una beca para estudiar una maestría en Administración Pública en la Universidad de Harvard. Al regresar consiguió empleo en la Secretaría de Hacienda, y ahí estaba, haciendo talacha, hasta que José López Portillo, su viejo maestro de la Facultad de Derecho, fue nombrado titular de la secretaría.

Tenía 48 años de edad cuando tomó el poder, después de vencer en la lucha por la sucesión presidencial gracias a su capacidad de darle por su lado y de "adivinarle el pensamiento" a López Portillo, pero días antes de la toma de posesión mandó a Carlos Salinas de Gortari, eminencia gris del nuevo presidente y flamante secretario de Programación y Presupuesto, a hablar con el hijo de López Portillo: "En lo personal, amistad", le dijo. "Pero en lo político, tendremos que fregar a tu padre." Después, De la Madrid solapó y promovió las virulentas campañas contra López

Portillo, a quien no se bajó de populista, estatista y paradigma de la corrupción. La ira contra López Portillo fue nacional, en Campeche derribaron su estatua y en otras partes retiraron su nombre de las calles que lo tenían. Si lo veía en la calle con su nueva esposa Sasha Montenegro, la gente lo abucheaba.

Sin embargo, en lo esencial De la Madrid protegió y cuidó las propiedades de su ex jefe. En febrero de 1983 el abogado Ignacio Burgoa promovió un juicio por peculado en contra del ex, pero fue detenido en seco. Además, la Procuraduría General de la República le negó al Partido Acción Nacional (PAN) las declaraciones de bienes de López Portillo, de su hijo y de algunos de sus ministros. Igualmente, cuando el mismo PAN pidió en el congreso una comisión que investigara las casas de la Colina del Perro, la aplanadora priísta ejerció el mayoriteo para desechar la propuesta.

De la Madrid era un hombre de serenidad aparente que a veces parecía inducida artificialmente. En un principio, para contrastar las extravagancias echeverristas y lópez-portillistas, quería dar la imagen de sobriedad, austeridad y cierta modestia. Por ejemplo, pidió que no se le aplaudiera cada dos minutos durante su toma de posesión y en los informes de septiembre, como solían hacer los respetables lambiscones que se hallaban presentes. Esta "sugerencia" se cumplió hasta 1988, cuando se rompieron todos los usos. También prohibió que le pusieran su nombre, o el de su esposa, a las calles de cualquier población mexicana. Pero esto sólo se observó un tiempo, ya que después abundaban las calles, avenidas, colonias, escuelas y hospitales Miguel de la Madrid en todo México. Julio Scherer García decía que era inteligente, claro, de buenas maneras, "la corrección no lo abandonaba ni un minuto", aunque también un "señor de lejanías en su trato con las señoras". Eso sí, como su esposa se llamaba Paloma Cordero, se decía que don Miguel sería un presidente débil, porque tenía huevos de paloma.

Sergio Méndez Arceo, obispo de Cuernavaca, con José Luis Álvarez, pá-
rroco de Tetelcingo, Morelos. (Foto: archivo de José Luis Álvarez)

La renovación del morral

En enero de 1983, para desolación de la izquierda del país, Sergio Méndez Arceo, que ya había cumplido 75 años de edad, tuvo que dejar el obispado de Cuernavaca, lo cual motivó el regocijo de mucha gente que lo detestaba (la escritora Margarita Michelena, quien lo bautizó como El Obispón Rojo, a la cabeza del *hate club*). Samuel Ruiz, obispo de San Cristóbal de Las Casas, que también se adhería a la Teología de la Liberación, pasó a ocupar el influyente papel de don Sergio en la política nacional. Otros obispos afines eran Arturo Lona, de Tehuantepec; Hermenegildo Ramírez, de Huautla; Serafín Vázquez, de Ciudad Guzmán y Sergio Obeso, de Jalapa.

Por su parte, Jesús Posadas Ocampo, hasta entonces obispo de Tijuana, fue enviado a Cuernavaca en calidad de *terminator* e impuso la línea dura para desmantelar la red de curas izquierdistas de Morelos, lo cual logró en una gran medida, aunque no pudo doblegar a algunos sacerdotes seguidores de don Sergio, como los padres José Luis Álvarez, José Luis Calvillo, Filiberto González, Rogelio Orozco y Baltazar López Bucio. Desde que el papa Juan Pablo II visitó México, y López Portillo lo invitó a Los Pinos, la curia católica cada vez intervenía más abiertamente en los asuntos políticos del país, ¿no lo hacía así la iglesia en Polonia o Nicaragua? Era su deber "hacer oír nuestra voz de pastores en los momentos críticos", aducía el Episcopado. Y sí que lo hicieron a partir de 1983.

A principios de año murió Miguel Alemán, a quien el nuevo gobierno santificó al instante. Se decretó duelo nacional el lunes 16 de marzo, con bandera a media asta y homenaje en el senado. Tras un solemnísimo cortejo, Manuel Bartlett, secretario de Gobernación, pronunció un discurso fúnebre en nombre del gobierno. Hasta el más desatento podía ver que la nueva administración claramente se identificaba con Alemán, quien formó un gobierno de jóvenes universitarios que habló de modernizar al país, abrió las puertas al capital extranjero y favoreció a una casta de grandes empresarios. Era obvia la afinidad con el alemanismo, aunque mucha gente también identificaba a los tecnócratas con los positivistas de Porfirio Díaz.

El gobierno de De la Madrid aseguraba que una de las causas estructurales de la crisis era la corrupción, extendida por todo el país y en todas las clases sociales. El lema de campaña de De la Madrid fue "por la renovación moral de la sociedad", y repetidas veces prometió que combatiría frontalmente la notoria corrupción mexicana. Desde que era candidato encargó a Francisco Rojas que elaborara estudios y después lo mandó a dirigir la Contraloría General de la Federación.

De la Madrid formó un nuevo equipo con Samuel del Villar a la cabeza de Sergio García Ramírez, Fernando Baeza y Victoria Adato. Ellos elaboraron la Ley Federal de Responsabilidades de Servidores Públicos, que entró en vigor a principios de 1983 y que tipificaba las conductas corruptas y obligaba a los ofensores a resarcir hasta con dos terceras partes más el daño causado. También se prohibía nombrar o promover en áreas de influencia a parientes hasta en cuarto grado consanguíneo, civil o por afinidad. Pero en realidad esta disposición prácticamente nunca se aplicó, y más bien sirvió para asestarle otro piñazo al ex presidente López Portillo, quien durante su gestión repartió altos y jugosos puestos entre buena parte de su familia. "Respondo por los parientes míos que realizan una función pública", dijo, eso sí, y después, picado por las críticas, llamó a su hijo "orgullo de mi nepotismo". Otro que no cantaba mal las rancheras era Óscar Flores Tapia, quien aseguraba que para gobernar Coahuila sólo se requería "un buen presupuesto y una media docena de hijos como los míos". Como complemento, se estableció que los funcionarios perderían el hueso si no declaraban sus bienes al tomar posesión de su cargo, anualmente y al concluirlo. Esta disposición se cumplió con más agujeros que una red, y las autoridades desde un principio se negaron a dar informes sobre los bienes de los funcionarios.

A fin de cuentas, a pesar de todo lo que dijo, y de los millones gastados en propaganda, De la Madrid no quiso combatir la corrupción a fondo, y ésta no se contuvo sino que creció hasta llegar a niveles inconcebibles durante el sexenio siguiente. Para no ir al fondo de las cosas, el presidente pretextaba que el problema principal de México era el económico, por lo que la política y la moral resultaban cuestiones de segundo orden, así es que éstas siempre quedaban para después y el célebre apotegma de Gonzalo N. Santos, "la moral es un árbol que da moras", seguía en pie. O como dijo Gabriel Zaid: "En México, la honestidad es tragicómica. Hay que disimularla para no causar lástima."

En cambio, la renovación moral sí resultó útil para la caída de varios chivos expiatorios que fueron a dar a la cárcel acusados de fraude, peculado o alguna otra forma de corrupción. Uno de los primeros en caer fue Miguel Lerma Candelaria, ex subdirector del Banrural, asesor de De la Madrid y diputado federal, quien fue acusado de fraude, defraudación fiscal y cohecho por casi 400 mil millones de pesos. Lerma, que tenía 24 cuentas bancarias en Estados Unidos, huyó a ese país, y las autoridades nunca hicieron un gran esfuerzo por arrestarlo. Otro caso, ligado con el anterior, fue el de Everardo Espino de la O, ex director de Banrural y de la Comisión Nacional de la Industria Azucarera, quien fue detenido en medio de un escándalo de los medios, bajo la acusación de peculado ("lavado o no lavado huele a peculado") por 38 millones de pesos que, se dijo, se desviaban de los fondos públicos. Pero esos fondos no eran para Espino, sino que correspondían a sobornos y regalos a periodistas, caricaturistas, columnistas, editorialistas, fotógrafos, reporteros, directores y dueños de periódicos; también para las campañas políticas del PRI y para los grupos paleros de la oposición. Banrural fue la "caja chica" del gobierno de López Portillo y también del de Miguel de la Madrid.

"El centro de la corrupción del sistema es la Presidencia de la República, la ocupe quien la ocupe", afirmó, enfático, Espino de la O, quien obtenía el dinero de Banrural, pero pedía comprobantes para su contabilidad interna y tuvo mucho cuidado de guardar copias de todos los recibos y cheques nominales que cobraban los periodistas, entre los cuales se contaban Manuel Mejido, Miguel Reyes

Razo, Mauricio González de la Garza y muchos más. Sin embargo, las desdichas de Espino de la O no sólo vinieron del manejo de esas partidas secretas, que estaban autorizadas por el presidente, sino del hecho de que, a fines del sexenio lópezportillista, Espino creó una oficina especial para investigar las denuncias de corrupción en la Unión Nacional de Productores de Azúcar (UNPASA), que con la mano derecha contrabandeaba al extranjero el azúcar producido en México y con la izquierda importaba el dulce para el país. Miguel de la Madrid y sus boys siempre dieron por sentado que esa oficina se había creado para promover la candidatura de Javier García Paniagua, en cuyo grupo político participaba Espino de la O, y para atizarles patadas por debajo de la mesa. Ya presidente, De la Madrid no quiso escuchar sus explicaciones y en vez de nombrarlo asesor, como se había mencionado, le envió auditores de la Contraloría General. En mayo, la PGR lo arrestó y lo mandó a la cárcel. Al cabo de cinco años, en junio de 1988, finalmente fue absuelto. Cuando salió, Everardo Espino de la O juntó todas las copias de recibos y de cheques que tenía, las metió en dos grandes cajas de cartón y se las llevó a Julio Scherer García, director de la influyente revista *Proceso*. "Haga con ellas lo que quiera", le dijo, y Scherer elaboró un minilibro, *El poder. Historias de familia.*

Otros casos notorios de funcionarios sacrificados fueron el de la ex diputada Lidia Camarena, acusada de defraudar a Productos Pesqueros Mexicanos; Leopoldo Ramírez Limón, ex director del Monte de Piedad, y el del corruptísimo ex gobernador de Morelos, Armando León Bejarano, quien pudo huir a Costa Rica y ahí se quedó. Sin embargo, los casos de funcionarios encarcelados que causaron el máximo escándalo fueron los de Díaz Serrano y Arturo Durazo, ambos amigos cercanos de López Portillo, y los dos sumamente útiles para distraer la atención de los aumentos de precios, las privatizaciones que empezaban y la apertura cada vez más indiscriminada al capital extranjero.

Jorge Díaz Serrano adquirió tal relevancia como piloto del auge petrolero que pronto se perfiló como fuerte sus-

"La inexperiencia política del presidente y la mala fe de algunos de sus colaboradores cercanos nos hizo precipitarnos y caer en la trampa", decía Jorge Díaz Serrano. (Foto: Pedro Valtierra)

pirante a la presidencia, por lo que automáticamente se volvió enemigo frontal de Miguel de la Madrid. Ambos se dedicaron jugadas duras. Una vez presidente, De la Madrid aprovechó la primera oportunidad que tuvo para quitárselo de encima. Enrique del Val Blanco desempolvó el caso de los barcos Abkatum y Cantarell, lo llevó a Francisco Rojas y éste a su vez corrió a presentarlo al presidente. En junio, la Contraloría presentó una denuncia ante la PGR en contra del senador por el fraude cometido en abril de 1980 al comprar esos buques gaseros a una firma fantasma y por un precio 34 millones más alto del fijado por los Astilleros Boelwart. Según la PGR, el director de Pemex había ordenado una investigación, pero después la suspendió y preparó documentos que justificaran la compra.

Díaz Serrano aseguraba que la operación fue legal; los astilleros habían vendido los barcos a una compañía facultada para revenderlos. No habría otros como ésos en dos años, así es que, en esas condiciones, habían salido baratos, 80 millones de dólares cada uno, y eran una chulada, calidad *state-of-the-art*. Como era senador por Sonora, tenía inmunidad, así es que primero había que desaforarlo. La Sección Instructora del Congreso inició una investigación, y en vía de mientras el ingeniero ya no pudo salir del país ni "alterar su patrimonio" y fue sometido a una vigilancia hollywoodense a cargo de José Antonio Zorrilla, de la Temible Dirección Federal de Seguridad (TDFS) y Manuel Ibarra, de la Siniestra Policía Judicial Federal (SPJF), quienes instalaron reflectores de 15 mil watts para iluminar la casa del senador, helicópteros vigilantes y la tecnología más sofisticada para el *bugging*. Finalmente una sesión extraordinaria del congreso le retiró el fuero. Como ya no tenía inmunidad, Díaz Serrano fue arrestado, enjuiciado y sentenciado a cinco años de prisión, más el pago de 54 millones de dólares. Él siempre se consideró un chivo expiatorio de la renovación moral de Miguel de la Madrid. "La inexperiencia política del presidente y la mala fe de algunos de sus colaboradores cercanos, ansiosos de saldar cuentas personales con el gobierno anterior, nos hizo precipitarnos y caer en la trampa", explicaba.

Por su parte, la dirigencia del Sindicato Nacional de Trabajadores Petroleros de la República Mexicana (SNTPRM) sentía calambres todos los días. Joaquín Hernández Galicia, la Quina, jefe absoluto y cacique paternalista, sabía muy bien que los nenes del nuevo gobierno la traían contra los líderes sindicales, un poco por chocantez clasista, pero especialmente porque requerían obreros dóciles para su proyecto. La Quina sabía que la renovación de las moras era una puerta magnífica para llegar a él, pues se había enriquecido más allá de toda proporción a través de convenios demenciales, como el famoso dos por ciento del monto total de cualquier inversión de Petróleos que recibía el sindicato "para obras sociales" y la autorización para contratar obras de Pemex.

Para curarse en salud, la Quina y su compa el senador Salvador Barragán Camacho decidieron adelantarse a la "renovación moral" y sacrificar a uno de sus hombres, Héctor García Hernández, mejor conocido como el Trampas, quien en el nombre llevaba la fama y ya había amasado una bonita fortuna personal de cinco millones de dólares. Cuando le expusieron la situación, al Trampas no le gustó nada tener que fletarse. Accedió, a regañadientes, pero, cuando vio que las cosas iban en serio al ser expulsado del SNTPRM y acusado ante la PGR por un fraude de 985 millones de pesos desviados de los fondos sindicales, se escapó y, escondido, le envió una carta al presidente en la que denunciaba a la Quina y a Barragán como los grandes corruptores de Pemex; él personalmente, aseguraba, había entregado a la Quina más de 20 mil millones de dólares en los últimos diez años, especialmente a partir de 1980, cuando se le comisionó para cobrar una parte del dos por ciento de todas las obras de Pemex. El Trampas se hallaba escondido en McAllen cuando, para su absoluta sorpresa, hasta allá fueron los hombres de la Quina, quienes lo secuestraron, lo regresaron a México y lo entregaron a la policía de Tampico, así es que García Hernández finalmente fue a dar a la cárcel, desde donde denunció cada vez que pudo a sus viejos compas Joaquín y Chava.

Sin embargo, los conflictos entre el sindicato y el gobierno distaban de haberse solucionado. Como era de esperarse, la Quina no se pudo entender con Mario Ramón Beteta, el director de Pemex, y los golpes mutuos se volvieron públicos a partir de la explosión de San Juanico a fines de 1984. Poco después el líder declaró que el 40 por ciento de las refinerías del país peligraba por falta de mantenimiento y por la negligencia del director de Pemex. "No somos rateros ni sinvergüenzas. Tampoco estamos enojados", añadió la Quina. Como respuesta, la SPP filtró que Sergio Bolaños, el socio y prestanombres de Joaquín Hernández Galicia, tenía tanto dinero que compró la casa de Carlos Trouyet en las Lomas de Chapultepec en 500 millones de pesos. Quiso entonces que sus hijos estudiaran en el Colegio Hamilton, pero no los admitieron, así que al instante Bolaños compró la escuela por 150 millones de pesos. En 1985 adquirió una casa en Vail, Colorado, y a la inauguración asistieron Gerald Ford y Frank Sinatra. A los paisanos que invitó, Bolaños les disparó el boleto en primera clase y todos los gastos en rigurosos hoteles de cinco estrellas. En 1986 se compró su *château*, cómo chilangos no, en las afueras de París, y también se hizo célebre porque para transportarse de su casa a su oficina, que estaba a unas cuantas cuadras, se iba en helicóptero.

Las revelaciones de las extravagancias multimillonarias de su socio pusieron frenético a la Quina, quien a finales de sexenio criticaba todo. De Pemex pasó al partido oficial ("si votaran los que ahora no votan, lo harían en contra del PRI") y luego al gobierno en general. Decía que el país estaba mal administrado. "Nunca saldremos de la crisis", rezongaba; "al contrario, nos metemos más en ella, aunque se quiera desviar la realidad con publicidad". También se peleó con Carlos Salinas de Gortari, porque éste suprimió la capacidad de contratar obras de Pemex que tenía el STPRM. A fin de sexenio pidió que Mario Ramón Beteta, para entonces gobernador del Estado de México, fuera desaforado y sometido a juicio político por defraudar al gobierno, pero el PRI mayoriteó y el proyecto de dictamen fue rechazado.

Los golpes espectaculares de la dupla Contraloría-Procuraduría no lograban distraer a los trabajadores, que, noqueados por las incesantes alzas de precios, reclamaban aumentos salariales. La cúpula obrera se vio en una situación muy incómoda. Aunque se había sometido, como siempre, al tope salarial del plan de austeridad ("no nos queda más que aguantar", suspiraba Napoleón Gómez Sada, presidente del Congreso del Trabajo), se veía obligada a protestar para no perder todo contacto con las bases obreras, que padecían los efectos más devastadores de la crisis, además de que los líderes tenían que protegerse de alguna manera de las posibilidades de desmantelamiento sindical.

En las calles de la ciudad de México se multiplicaban las manifestaciones de protesta e inconformidad, con el consiguiente congestionamiento del tránsito vehicular que tanto fastidiaba a Jacobo Zabludovsky en su noticiario *24 horas*. Primero, el Sindicato de Trabajadores de la Universidad Nacional Autónoma de México (STUNAM) se lanzó a la huelga por un aumento del 100 por ciento, y fue seguido por el de la Universidad Autónoma Metropolitana. Al poco rato seis universidades, incluyendo la Pedagógica, el INBA y varias escuelas del interior, se declararon en huelga. El rector de la UNAM, Octavio Serrano, optó por la línea dura e ignoró las incontables marchas y el plantón que el STUNAM armó en el zócalo. En un principio propuso un aumento de 1 700 pesos mensuales, pero como fue rechazado, lo retiró en el acto, y después de hacerla de emoción ofreció el 50 por ciento de los salarios caídos, pero ningún aumento. Indignado, el sindicato arreció las marchas, organizó una gran manifestación con un gran apoyo de toda la izquierda a fines de junio e hizo otro plantón, esa vez ante la Secretaría del Trabajo. El rector, monitoreado por el gobierno, no cedió, y en julio el STUNAM se vio precisado a levantar la huelga con cero aumento y el 50 por ciento de los salarios caídos. Fue parecido el caso de la huelga del SUTIN (Sindicato Único de

Trabajadores de la Industria Nuclear). El mensaje era claro: no se tolerarían las inconformidades obreras y, si se iban a la huelga, el gobierno aprovecharía para requisar o privatizar las empresas. Los trabajadores se alineaban o se alineaban.

No eran tiempos para la izquierda. El flamante Partido Socialista Unificado de México (PSUM) se había quedado paralizado ante la crisis. Fue fundado en 1981 como un serio intento por lograr el sueño de una izquierda unificada y congregó al viejo Partido Comunista Mexicano (PCM), como tronco central; al Partido del Pueblo Mexicano (PPM), surgido de una escisión del Popular Socialista (PPS); al Movimiento de Acción Política (MAP), con sus afamados mapaches, los intelectuales por cuales Arnaldo Córdova, José Woldenberg, Rolando Cordera y Carlos Pereyra; al Movimiento de Acción y Unidad Socialista (MAUS) y al Partido Socialista Revolucionario (PSR). Ni el Mexicano de los Trabajadores (PMT) ni el Revolucionario de los Trabajadores (PRT), trotskista, quisieron integrarse en la "izquierda unificada". Como los eurocomunistas, el PSUM había renunciado al dogma de la dictadura del proletariado en favor del "poder democrático obrero" y criticaba el socialismo real de la URSS y su bloque. Tampoco se consideraban ya la vanguardia de vanguardias o la conciencia esclarecida del proletariado. Al nuevo partido le tocó desarrollarse en el contexto de la crisis económica y buena parte del tiempo la ocuparon discutiendo cómo caracterizarla y enfrentarla. Un poco después, el PSUM entró en su propia crisis a causa de una pugna por la dirección entre Pablo Gómez, que venía del PCM, y Alejandro Gascón Mercado, del PPM, quien finalmente se salió del partido con sus seguidores.

A fin de año, el PSUM fue puesto a prueba en Juchitán, donde se había unido a la Coalición Obrero Campesina Estudiantil del Istmo (COCEI) y juntos ganaron las elecciones municipales con Leopoldo De Gyves como candidato. El gobernador de Oaxaca Pedro Vázquez Colmenares y el congreso local, que nunca aceptaron la victoria coceísta, declararon desaparecidos los poderes en Juchitán.

Después, los soldados y la policía tomaron el pueblo por sorpresa, con el pretexto de que la COCEI almacenaba armas y explosivos, y desalojaron violentamente la presidencia municipal, ya que encontraron resistencia por parte de los coceístas. La represión fue feroz, pues el gobierno quería aprovechar el vuelo para aplastar a la COCEI de una vez por todas, y culminó con las órdenes de aprehensión de 41 coceístas, incluyendo a siete líderes. De Gyves tuvo que pasar a la clandestinidad durante un tiempo.

Por su parte, y para consternación de muchos, el Comité Nacional del PMT acusó de indisciplina, desvío de fondos, violación de estatutos y de anteponer sus intereses personales a Demetrio Vallejo, el gran héroe ferrocarrilero de 1958. Era un desmadre, decían sus compañeros, y finalmente no se tentaron el corazón para destituirlo del Comité Nacional. Con esto, Heberto Castillo, a su vez héroe del 68 y creador de la tridilosa (un invento que eliminaba el desperdicio del concreto), quedó como líder indiscutible. A la sombra de la reforma política, el PMT pidió su registro legal para participar en las elecciones de 1982, pero se le negó, porque era obvio que no iba a alinearse con el gobierno. Heberto Castillo contaba que en dos ocasiones Echeverría trató de cooptarlo: en 1972 lo invitó a ingresar en el PRI y le ofreció buenos huesos para él y su gente; al año siguiente lo mandó golpear (tres costillas rotas) e inmediatamente después lo sacó del hospital para invitarlo a cenar, "caray ingeniero, mire cómo me lo dejaron", y le propuso la compra de grandes cantidades de tridilosa para 100 mil casas del Infonavit, con lo que el ingeniero obtendría ganancias de 70 millones de pesos al año. El PMT obtuvo el registro legal en 1984, después de muchas jugarretas de la Secretaría de Gobernación, y compitió en las elecciones de 1985. Fue la única vez que lo hizo, pues en 1987 se integraría al Partido Mexicano Socialista (PMS), que a su vez formaría parte en 1988 del Frente Democrático Nacional (FDN), el cual se transformó en el Partido de la Revolución Democrática (PRD) en 1989.

En las antípodas, el Partido Acción Nacional (PAN) poco a poco aumentaba su fuerza, especialmente en las regiones del norte del país. Sus triunfos durante el sexenio empezaron en San Luis Potosí, donde se coaligó con el Partido Demócrata Mexicano (PDM) y con el Frente Cívico Potosino, y obtuvo la presidencia municipal con la candidatura del popular oftalmólogo Salvador Nava. Éste ya había sido presidente municipal de San Luis Potosí en 1958, cuando arrasó como candidato independiente; después quiso ser gobernador; en un principio le dieron alas en el PRI, pero al final le dijeron que siempre no. Nava formó entonces el Partido Demócrata Potosino y se lanzó por su cuenta. No le dieron la menor oportunidad y el sistema le cargó la mano; urdió un grosero fraude electoral, se reprimieron violentamente las protestas navistas y, por si fuera poco, el doctor fue a dar a la cárcel. Por lo tanto, a partir de 1963, Nava mejor se olvidó de la política y se dedicó a su profesión, hasta que veinte años después volvió a ganar la presidencia municipal a pesar de que Carlos Jonguitud Barrios, cacique de los maestros del SNTE y gobernador de San Luis, trató de impedirlo por todos los medios y después no paró de hacerle la guerra sucia.

Al PAN le favoreció la impopularidad del régimen debida a la crisis, pero la verdad es que, a partir de 1983, este partido emergió cada vez con más fuerza, y no sólo "cachó votos" sino que empezó a cosechar los frutos de su trabajo como oposición que inició desde los años cuarenta. En todo caso, a mediados de 1983 el PAN sorpresivamente ganó las alcaldías de Durango, con Rodolfo Elizondo; de Ciudad Juárez, con Francisco Barrio, y de Chihuahua, con Luis H. Álvarez. También obtuvo otras seis ciudades chihuahuenses, y Guanajuato, coaligado con el Partido Demócrata Mexicano (PDM). Después caerían Monclova y Hermosillo.

Era evidente que algo serio ocurría, y en el PRI todos se preocuparon, aunque Adolfo Lugo Verduzco iluminó al país con su afirmación: "En las elecciones se gana o se pierde." Claramente, el avance panista los había agarrado como al Tigre de Santa Julia, a pesar de que era de esperarse que más temprano que tarde la crisis tenía que favorecer a la oposición. El presidente De la Madrid permitió que se respetase la mayor parte de los triunfos del PAN, pero sus ímpetus democratizadores, si deveras los tuvo, duraron poco, pues en septiembre ya se había echado para atrás en Baja California Norte. Se decidió que, a como diera lugar, ahí no sucedería lo mismo que en Chihuahua y Durango. A pesar de que Acción Nacional aseguró que Héctor Terán había ganado la gubernatura, la primera del PAN, y Eugenio Elorduy la alcaldía de Mexicali, los alquimistas hicieron lo suyo y se impuso como gobernador a Xicoténcatl Leyva Mortera, otro amigo del presidente De la Madrid. Ah pa amiguitos, exclamaron en Baja California. El PAN protestó, pero el gobierno no cedió; para entonces ya estaba encarrerado en el arte de inventar su propia realidad y de esperar, además, que todos la aceptasen sin chistar, así es que el PRI también le trampeó al PAN las elecciones de Matamoros, Culiacán y Puebla.

Buena parte del éxito del PAN se debía al apoyo de la iglesia católica. Los obispos Manuel Talamás, de Ciudad Juárez, y Adalberto Almeida, de Chihuahua, claramente criticaron al PRI y promovieron al PAN. A ellos se agregarían después Luis Reynoso Cervantes, obispo de Ciudad Obregón, y Carlos Quintero Arce, de Hermosillo, al igual que Genaro Alamilla, del Episcopado. También había contribuido el empresario Eloy Vallina, cabeza del grupo Chihuahua, que se hallaba furioso con el gobierno desde que le estatizaron su Multibanco Comermex, por lo que dio apoyo económico a los candidatos del PAN.

A pesar de que los triunfos panistas manifestaban serios descontentos de la población, el gobierno insistía en que estaba haciendo lo correcto; por dolorosa que fuera, ésa era la única ruta posible. Toda crítica al respecto era inútil; es más, quien *indujera dudas* sobre el destino nacional era un traidor a la patria, advirtió el presidente. Esta declaración no extrañaba porque Adolfo Lugo Verduzco, presidente del PRI, había dicho que las medidas económicas del gobierno eran "los Nuevos Sentimientos de la Nación", con lo cual De la Madrid, que se decía fan de don

Chema Morelos, quedó muy satisfecho. A mitad de año, el presidente presumía su gran logro y esperaba que todo el mundo lo felicitara: ¡había evitado la hiperinflación!

Sin embargo, la realidad se empeñaba en contradecir al buen don Miguel. En marzo habían vuelto a subir, en 100 por ciento, las tarifas de la gasolina. También hubo aumentos de 233 por ciento en telégrafos, de 120 por ciento en la electricidad y ¡de 6 mil por ciento en correos! Poco después, el Departamento del Distrito Federal ("no podía rezagarse") aumentó en un 100 por ciento el impuesto predial y en 60 por ciento los servicios de tránsito: tenencias, licencias, placas y demás. Consecuentemente, los agentes de tránsito también aumentaron la tarifa de las mordidas. Ante el ejemplo oficial, casi todos los productos volvieron a reetiquetarse, los aumentos de precios se generalizaron y de nuevo se dio la especulación y el acaparamiento.

En realidad todo esto fue el marco para la cabal liberalización de precios que exigía el Fondo Monetario Internacional. Se suponía que 300 productos estaban sujetos a control, pero éste no se aplicaba porque no había personal suficiente para vigilarlo, o al menos eso pretextaba la Secretaría de Comercio y Fomento Industrial (Secofin). Así es que, para fines prácticos, se trataba de una virtual liberalización de precios. No es de extrañar entonces que la revista inglesa *Euromoney* otorgara el título de Ministro de Finanzas del Año a Jesús Silva Herzog, lo cual se leyó como palmaditas en la cabeza a la docilidad con que México satisfacía las exigencias del FMI. "Suceda lo que suceda, México cumplirá sus obligaciones financieras", se ufanaba Silva Herzog. En tanto, por no dejar, seguía la fuga de capitales y a la mitad de 1983 los bancos estadunidenses reportaban ya depósitos provenientes de México por más de dos mil millones de dólares.

Por supuesto, esta cifra estaba maquillada, pues una vez que los tecnócratas tomaron el poder demostraron capacidades mágicas para modificar las cifras a su conveniencia, y así desde los reportes económicos hasta los demográficos se ajustaban a las necesidades del régimen. El periodista

Carlos Ramírez, en ese entonces en *Proceso*, reveló que Carlos Bazdresch, del Banco de México, andaba muy preocupado porque las cifras oficiales de la institución indicaban un aumento de 24 por ciento en los precios, algo que por ningún motivo podía reconocerse públicamente. Después de una discreta rasurada, se anunció que los precios habían crecido un 10 por ciento, así es que "el 14 por ciento restante se lo comieron y no les hizo daño", dijo Ramírez. Esta política no sólo se mantuvo, sino que después llegó a extremos insufribles durante el gobierno de Salinas de Gortari.

De cualquier manera, el equipo salinista de Programación y Presupuesto dio a conocer su Plan Nacional de Desarrollo (PND), vástago del que el mismo equipo había redactado en 1979, que de entrada reiteró que en el corto plazo no existían bases materiales para lograr la mejoría de los niveles de vida de la población y que el comportamiento real de la economía había distado mucho de lo previsto. Las razones de la crisis, se insistió, eran estructurales: insuficiencia de ahorro interno, falta de competitividad del aparato productivo nacional y desequilibrios en el patrón de desarrollo entre agricultura, industria y comercio. Como receta a estos males el PND propuso un nuevo modelo de desarrollo con la apertura comercial unilateral y la reducción de la participación del Estado en la economía. El objetivo principal consistía en elevar el ahorro interno como palanca para un crecimiento acelerado, sostenido a tasas superiores del 6 por ciento anual a partir de 1985. Se esperaba que ante la competencia extranjera las empresas mexicanas realizarían una "reconversión" tecnológica, se modernizarían e incrementarían su productividad. Así se lograría frenar las importaciones, aumentar las exportaciones, equilibrar la balanza de pagos y depender cada vez menos del usurero crédito externo.

Sin embargo, las medidas de corto plazo sólo corroboraron las que había implementado el PIRE; reducción de la inversión y del gasto de gobierno, restricción de los créditos, reducción de los salarios reales, alza de precios y tarifas oficiales, liberalización de precios en general y subvaluación del peso. De cualquier manera, por no dejar, la iniciativa privada calificó al PND de "estatizante". Es verdad que con estas disposiciones el ahorro interno aumentó, pero la realidad fue que el sexenio terminó con crecimiento cero, y no del 6 por ciento a partir de 1985 como alegremente pronosticaba el PND.

En lo concreto, el PND implicó el arranque oficial de los planes de privatización de empresas estatales, que sumaban 1 115 en 1983. Ciertamente las había en exceso (Echeverría y López Portillo compraron la mayor parte durante la docena trágica). Para empezar, se vendieron las compañías automovilísticas Rambler (VAM) y Renault por 4 500 millones de pesos a empresas de Francia, pero no sin que antes el gobierno absorbiera la deuda de 16 millones de pesos. En cierta forma, así se estableció parte de lo que después sería el patrón de las privatizaciones: en casi todos los casos el gobierno asumía déficit y deudas de las empresas, y después las vendía "limpias" y a precios bajos.

La privatización era parte medular del proyecto delamadridista. Representaba adelgazar al Estado para reducirlo a las proporciones adecuadas a un mercado libre. Para el gobierno de De la Madrid además significaba obtener ingresos a la vez que se deshacía de los gastos de mantenimiento de numerosas empresas. Sin embargo, como se sabe, el riesgo de la concentración de la riqueza era una constante en las privatizaciones, además de que nada garantizaba que los grupos privados resultasen mejores administradores que el Estado, especialmente en México, en donde la IP se había caracterizado por su pobreza de ideas, carencia de imaginación y creatividad, por lo cual siempre iba a la zaga en cuanto a adelantos y nuevos sistemas.

En tanto, el peso perdía su valor, y paulatinamente se fueron eliminando las viejas monedas que circularon durante tanto tiempo: quintos, dieces, veintes, pesetas y tostones, pero también las de un peso y de 5, 10 y 50 pesos dejaron de existir. En 1988 la moneda de más baja denominación era de 100 pesos, y las había de 200, 500, mil y de 5 mil. Circulaban billetes de 5 mil, 10 mil, 20 mil y 50 mil. Después aparecerían los de 100 mil, cuando todos éramos millonarios y un melón era cosa de risa, cualquiera lo tenía, pero, eso sí, nunca hubo billetes de un millón de pesos.

Tan pronto como empezó el sexenio, el presidente De la Madrid envió una iniciativa de ley que mediante penas a la difamación abría la posibilidad de encarcelar a periodistas y a escritores. El medio intelectual en pleno protestó ante esta "ley mordaza", por lo que De la Madrid retiró su sonda y desistió de sus intentos de frenar la libertad de expresión que con tantos esfuerzos se estaba conquistando.

En la prensa, lo más notable fue la escisión que tuvo lugar en el periódico *Unomásuno* a fines de 1983. Los subdirectores Carlos Payán, Miguel Ángel Granados Chapa y Carmen Lira, más Héctor Aguilar Camín y Humberto Musacchio, renunciaron a la empresa seguidos de un fuerte contingente de articulistas y reporteros. Los renunciantes se quejaban de que la dirección del diario se había vuelto conservadora y antisindicalista, pero especialmente de que ya eran más sociedad anónima que cooperativa; el director general, Manuel Becerra Acosta, tenía el 60 por ciento del periódico y le pedían que retomara el espíritu cooperativo mediante "la redistribución del capital". Como respuesta, Becerra Acosta compró el resto de las acciones.

Ante esto, el grupo de periodistas que renunció se puso a trabajar intensamente en la creación de un nuevo diario, convocó el apoyo público, subastó cuadros donados por pintores célebres y vendió acciones, además de que obtuvo los apoyos necesarios en las altas esferas. Así es que en septiembre de 1984 apareció *La Jornada*, dirigida por Carlos Payán Velver, con el consabido tamaño tabloide y tintas más pesadas, que iban a tono con el espíritu dark de los tiempos. Desde un principio *La Jornada* tuvo mucho éxito y se volvió el periódico preferido de los sectores progresistas, ligados a la cultura, y de los jóvenes. En poco tiempo el nuevo diario se volvió muy influyente en la vida nacional.

Menos espectacularmente, pero con mucha eficacia, progresaban *El Financiero* y *El Economista*, periódicos centrados en la información económica, aunque el primero pronto se volvió de carácter más amplio y durante el salinato jugaría un papel destacado en la vida nacional. Con la crisis y un proyecto de concentración de la riqueza, la economía estaba de moda. Así como en los setenta brotaron las páginas, secciones y suplementos culturales, en los ochenta los periódicos ampliaron sus secciones de economía o abrieron páginas o suplementos de finanzas. No sorprendió entonces que la revista estadunidense *Town and Country* dedicara un número entero a los nuevos multimillonarios mexicanos, los que se beneficiaban con la crisis y a quienes la revista llamaba *the mighty Mexicans*.

En 1986, la PGR, azuzada por Gobernación, se lanzó contra las publicaciones que "ofendían el pudor y la decencia" y que incitaban a la práctica de "actos licenciosos, lúbricos, contrarios a la continencia y las buenas costumbres". 50 publicaciones fueron declaradas ilícitas, como *Curvas, curvas y más curvas*, *Vaquera erótica*, *El llamado del sexo*, *Pimienta*, *Picante*, *Furia carnal* y *Deseo y pasión*, pero también *Alarma* y *Valle de lágrimas*, que eran amarillistas y morbosonas pero no precisamente porno. En realidad, el gobierno montó la ofensiva antipornográfica para someter a Publicaciones Llergo, dueña de las dos revistas y de *Impacto*, a la que el gobierno ya había retirado toda la publicidad oficial. Esta revista de derecha, dirigida por Mario Sojo Acosta, criticaba duramente al gobierno, pero en especial al presidente y a Manuel Bartlett, el secretario de Gobernación. De Miguel de la Madrid decía que tenía "el grado más bajo de popularidad", y que prefería "cobijar a sus amigos en vez de cumplir con la nación"; a Bartlett lo definía como "soberbio, puritano, ambicioso, controlador, inquisidor, fariseo, autoritario, intolerante, represor, ciempiés con muletas, maniobrero, intrigante, perverso y aspirante al delfinato". No es de extrañar entonces que un juez civil decretara el embargo de los bienes de la empresa y que la policía judicial montase un impresionante operativo para llevarlo a cabo. Finalmente, los dueños de la revista despidieron a Sojo e *Impacto* disminuyó sus críticas.

Por su parte, el millonario Mario Vázquez Raña, socio de Luis Echeverría y dueño de *El Sol de México*, en 1986 se embarcó y puso 41 millones de dólares por el 95 por ciento de las acciones de la United Press International (UPI). Nunca dejó de tener infinitos problemas. Grandes diarios, como el *New York Times*, le cancelaron los servicios; los principales elementos de la agencia renunciaron, tuvo que cambiar varias veces de directores y al final, desistió en sus intentos de conquistar el mercado gabacho. Como los ratoncitos del futbol, los titanes empresariales mexicanos no eran pieza entre los grandes tiburones internacionales.

En 1984, Carlos Fuentes obtuvo el Premio Nacional de Letras y para festejarlo sostuvo un edificante debate con Gastón García Cantú. Primero, el novelista acusó a García Cantú de "fantasioso fariseísmo, subjetivismo colindante con la estupidez política, demagogia nauseabunda y subdesarrollada". El historiador replicó que Fuentes era un "eterno descubridor de Xochimilco" y que de "semidiós del desarrollo había pasado a Sandino de Harvard". "Hipócrita", disparó el novelista, "abyecto, cursi, hipócrita, soberbio, gritón, vanidoso, estridente, anticuadito, recoleto, votivo y vocativo."

Pero si el maestro Fuentes creía haber visto todo, le faltaba aún la crítica demoledora, publicada en 1987, primero en Estados Unidos y luego en la revista *Vuelta*, con el título "La comedia mexicana de Carlos Fuentes", en la que el historiador de moda Enrique Krauze lo descalificó como novelista, como ensayista y como personaje público; le reprochó su adhesión a Luis Echeverría, su vida frívola, su apoyo a los sandinistas, sus actitudes histriónicas y especialmente que distorsionara el tema de México frente al público estadunidense "con credenciales que no ha querido o sabido ganar". Fernando Benítez, quien para entonces había considerado inútil seguir con Becerra Acosta en el suplemento *Sábado* y pasó a dirigir *La Jornada Semanal*, se puso furioso, calificó a Krauze de "gloria municipal" y a su texto de "libelo". Los dos sostuvieron después un intercambio de artículos que se fueron haciendo conciliatorios. Sin embargo, el hecho de que Octavio Paz, director de *Vuelta*, en un principio no se deslindara de las críticas de su pupilo, terminó de separar a los dos grandes intelectuales y a partir de ahí Fuentes estrechó su alianza con Gabriel García Márquez y, en México, con el grupo Nexos; de Krauze sólo dijo que era "una cucaracha ambiciosa".

En 1984, Octavio Paz cumplió 70 años de edad y todo el año recibió homenajes, que incluyeron una serie de programas de televisión (*Conversaciones con Octavio Paz*) que se transmitían cuatro veces a la semana y en los que el poeta pontificaba frente a altos intelectuales que lo escuchaban arrobados; también hubo interminables mesas redondas en su honor en todo el país y toneladas de textos laudatorios en las publicaciones culturales; el 6 de octubre los homenajes culminaron con el premio de los libreros alemanes que fue entregado en la Feria del Libro de Franckfort; la ceremonia fue transmitida por Televisa, pues Paz se había vuelto tan adicto al monopolio de Emilio Azcárraga, que muchos le decían "Pazcárraga". Don Oct aprovechó la tribuna para criticar al Grupo Contadora, pero en especial para atacar virulentamente a los sandinistas, "cuya revolución", dijo, "fue confiscada por una élite de dirigentes. Los sandinistas buscan instalar una dictadura burocrático-militar", aseguró. En México, mucha gente, especialmente jóvenes de izquierda, se indignó y lo manifestó a través de declaraciones, cartas y desplegados, e incluso en una marcha se quemó la efigie del poeta. Él, ultrajado, se quejó de "linchamiento" y sus amigotes también pusieron el grito en el cielo.

Paz también se engolosinaba al insultar a los demás. De Pablo Neruda decía que "el estalinismo se apoderó de su espíritu porque se alimentaba de su egolatría y de su inseguridad psíquica", además de que "el sueldo le permite ofrecer mesa y cantina libre a una jauría que adula su resentimiento". Al pobre de Gregorio Selser le asestó: "No tengo establos, pero si los tuviera Selser ocuparía su lugar en el pesebre de los burros." A Fernando del Paso le sugirió que se comprara anteojos y le recomendó: "Guarde sus tijeras melladas y esconda las uñas rotas." También vapuleó una vez a Arnaldo Córdova, quien había dicho "cultura moderna" pero el poeta oyó "pintura soviética". Acusó a Carlos Monsiváis de tener un discurso deshilvanado, confuso, profuso y difuso, además de que era un "pepenador". "No es hombre de ideas, sino de ocurrencias", diagnosticó. Por último, Emmanuel Carballo lo acusó de saquear las ideas de Rubén Salazar Mallén y de Samuel Ramos en *El laberinto de la soledad* sin darles el debido crédito. "No estoy contra el plagio", respondió Paz, y para mostrar que no se andaba con cuentos tampoco le dio crédito a Paul Valéry al añadir: "Ya se sabe que el león se alimenta de corderos." En 1988, después de las elecciones y la caída del sistema, Paz publicó un artículo que supuestamente debía de poner punto final a todas las discusiones, pero mucha gente lo rebatió, desde Luis Javier Garrido hasta Adolfo Gilly. Como respuesta, en un solo artículo Paz fulminó a todos, hasta a Superbarrio, quien mejor lo retó a unas luchitas. El maestro ya no habló de linchamientos, pero, a partir de entonces, le bajó el volumen a su prédica política. En el sexenio delamadridesco publicó *Tiempo nublado*, una recopilación de textos políticos, y *Las trampas de la fe*, un estudio muy polémico sobre Sor Juana Inés de la Cruz, donde el león de nuevo se alimentó de corderos.

En los ochenta, la revista *Vuelta*, de Octavio Paz, se llenó de anuncios y se puso de moda entre la clase media alta que quería ilustrarse. Con Enrique Krauze como subdirector, la revista contó con las colaboraciones de grandes estrellas internacionales y de los mexicanos Gabriel Zaid, Salvador Elizondo, Ulalume González de León, Julieta Campos y Juan García Ponce; después se abrieron las puertas a Christopher Domínguez, Fabienne Bradu y Aurelio Asiaín. Verdaderas legiones de jóvenes intelectuales hacían cola o se daban "su vuelta" para ver si les daban chance de entrar en el grupo, pues la revista se volvió un poderoso centro de poder intelectual; contaba con el apoyo del gobierno y de Televisa, su influencia se extendía a otras publicaciones y después montó su propia editorial.

Su archienemiga era la revista *Nexos*, de Héctor Aguilar Camín, que se inclinaba más a la política y a las ciencias sociales; el subdirector era Rafael Pérez Gay y en la banda participaban Rolando Cordera, José María Pérez Gay, Enrique Florescano, José Woldenberg, José Joaquín Blanco, Sergio González Rodríguez y Fernando Solana. Carlos Monsiváis y Elena Poniatowska eran de casa. *Nexos* también se llenó de anuncios, se leyó mucho e igualmente constituyó un polo de poder intelectual, pues controlaba además el suplemento de *La Jornada* y el de *El Nacional*, la editorial Oceano y después Cal y Arena; a fines de sexenio tuvieron su programa, *Nexos*, en la televisión estatal. Aguilar Camín, que además estaba casado con la novelista de moda Ángeles Mastretta, era amigo del presidente De la Madrid y lo acompañaba en algunos de sus viajes, pero especialmente se hallaba cerca de Carlos Salinas de Gortari y su grupo compacto. Así las cosas, el poder de *Nexos* era el dolor de cabeza de *Vuelta*, aunque en el fondo los extremos se tocaban y ambos grupos coincidían en el elitismo y en la proximidad e influencia en el gobierno, especialmente durante el sexenio de Salinas. Durante el delamadridato, Octavio Paz tendía a pintar su raya ante el gobierno; por eso los del PAN decían que el poeta al fin había llegado a sus posiciones. Sin embargo, Paz se alineó con Salinas desde el comienzo del sexenio, y fue entonces cuando las grandes mafias chocaron con fuerza y ambas salieron perdiendo.

Por su parte, Juan Rulfo también llegó al esplendor de su gloria durante el gran homenaje nacional que en 1984 le dedicaron las oficinas culturales del gobierno, y que motivó una adhesión impresionante del medio cultural. Por desgracia, al maestro se le ocurrió recordar la frase de Álvaro Obregón y lema priísta "Nadie resiste un cañonazo de 50 mil pesos". El ejército, en el colmo de la hipersensibilidad, decidió sentirse agraviado y se quejó, por lo que el presidente, de lo más incómodo, tuvo que darle un coscorrón al gran escritor para calmar a los militares. En 1986, Juan Rulfo murió de cáncer pulmonar a los 68 años de edad; el medio cultural y las autoridades lo canonizaron al instante, un alud extraordinario de homenajes se dejó venir y desde entonces la nueva ánima de Sayula sigue aterrorizando a los estudiantes mexicanos. Por otra parte, un año antes había fallecido, pero ni remotamente recibió tantos homenajes, Luis Spota, el primer bestseller mexicano, autor de *Casi el paraíso* y de numerosas novelas sobre políticos.

El poeta Juan Bañuelos se vio muy bien en 1984 cuando obtuvo el premio Chiapas. De cara al gobernador Absalón Castellanos Domínguez, notorio cacique y gran represor, Bañuelos denunció los cacicazgos, a la oligarquía chiapaneca y al sistema, y al final donó los 250 mil pesos del premio a los indios de Chiapas a través del obispo de San Cristóbal de Las Casas, Samuel Ruiz. Otro acontecimiento festejado fue el ingreso de José Emilio Pacheco como el miembro más joven de El Colegio Nacional, en el que figuraban ya Carlos Fuentes, Salvador Elizondo y Antonio Alatorre. "Entre las ruinas del país, la cultura sigue en pie", dijo Pacheco en su discurso de ingreso.

En 1983 llegó la poderosa editorial Planeta y, para abrir boca, adquirió la mayoría de las acciones de la editorial Joaquín Mortiz. En Argentina había comprado Sudamericana y Seix Barral en España. El Fondo de Cultura Económica (FCE) publicó las cuatro partes de las *Memorias* de José Vasconcelos, quien a su vez claramente inspiró la serie Lecturas Mexicanas, que la Secretaría de Educación Pública produjo con el FCE. En un principio se trató de publicar 100 libros indispensables en bellas y bien hechas ediciones con tirajes de 50 y 100 mil ejemplares que se vendían baratísimos en los puestos de periódicos. El público agradeció el esfuerzo y la serie fue un éxito, aunque hubo quejas porque Jaime García Terrés, director del FCE, se agandalló al excluir los libros de los autores que no eran de su agrado, como Juan José Arreola o Emmanuel Carballo. Después, la subsecretaría de Cultura de la SEP, conducida por

Elsa Cross se consolidó como una de las mejores poetas en los años ochenta. (Foto: Fabrizio León/*La Jornada*)

Efraín Bartolomé, otro gran poeta chiapaneco. (Foto: Fabrizio León/*La Jornada*)

Guadalupe Loaeza se hizo célebre como voz autocrítica de "las niñas bien". (Foto: Rodolfo Valtierra/Cuartoscuro)

Martín Reyes, hizo a un lado al Fondo de Cultura y publicó una segunda serie, con una selección más abierta que incluyó los libros estimables que se publicaron a partir de los años sesenta. En los noventa hubo una tercera serie de Lecturas Mexicanas, aunque los libros dejaron de venderse en los puestos de la calle, subieron de precio y se redujeron considerablemente los tirajes.

Entre los libros de poesía publicados entre 1983 y 1988 son memorables *Memoria del tigre*, de Eduardo Lizalde; *Los trabajos del mar*, de José Emilio Pacheco; *Bacantes*, de Elsa Cross; *Hemisferio sur*, de Alejandro Aura; *Ciudad bajo el relámpago* y *Música solar*, de Efraín Bartolomé; *Cantata a solas*, de Tomás Segovia, e *Incurable*, de David Huerta. De narrativa: *Pasaban en silencio nuestros dioses*, de Héctor Manjarrez; *Antonia*, de María Luisa Puga; *Tiempo transcurrido*, de Juan Villoro; *La casa junto al río*, de Elena Garro; *Cerca del fuego*, de José Agustín; *En jirones*, de Luis Zapata; *Gringo viejo* y *Cristóbal nonato*, de Carlos Fuentes; *Otilia Rauda*, de Sergio Galindo; *Entrecruzamientos*, de Leonardo da Jandra; *Camera lucida*, de Salvador Elizondo; *Mejor desaparece*, de Carmen Boullosa; *Los nombres del aire*, de Alberto Ruy Sánchez, y *El Rayo Macoy*, de Rafael Ramírez Heredia. *Morir en el Golfo*, de Héctor Aguilar Camín, fue un gran éxito de ventas, al igual que *Arráncame la vida*, de Ángeles Mastretta, *Las niñas bien*, de Guadalupe Loaeza, y *Como agua para chocolate*, de Laura Esquivel, que resultó un espectacular bestseller internacional en los noventa.

En los ochenta fue notable el surgimiento de escritoras que, además, tenían un gran éxito. Con Elena Poniatowska a la cabeza, habían destacado Ángeles Mastretta, Laura Esquivel, Guadalupe Loaeza, Carmen Boullosa, María Luisa Puga, Silvia Molina, Ethel Krauze, Aline Petterson y Malú Huacuja. También prosperó la novela histórica, género en el que *Noticias del imperio*, de Fernando del Paso, la hizo en grande, pues tuvo altas ventas y el reconocimiento exaltado de la crítica. Fue muy notorio igualmente el auge de la novela negra o policiaca, en la que Paco Ignacio Taibo II era el máximo exponente.

Aparte del apoyo de su manager, Enrique Krauze se había sentido fuerte como para echarse una sopita con Carlos Fuentes porque en 1985 llegó al estrellato con *Por una democracia sin adjetivos*, ensayo en el que planteaba que México no podría salir de la crisis económica sin resolver la crisis política. Otro texto exitosísimo fue *Vecinos distantes*, en el que el corresponsal del *New York Times* y pedante de tiempo completo Alan Riding vio a nuestro país como un exótico Mexican curious. El libro político más radical de todos fue *Exaltación de ineptitudes*, en el que Rafael Ruiz Harrell concluyó que el sistema político no estaba diseñado para gobernar, sino para conservarse en el poder, de ahí su ineptitud. "Creo que, en general", escribió, "nuestros gobernantes son seres amorales, hipócritas, incapaces de afecto por los demás, profundamente irrespetuosos y tan infinitamente egoístas que no reconocen más reglas o principios que los de su ambición personal. Lidiamos, pues, con delincuentes irremediables."

"Ero grosero, ero marrano"

En 1984, Estados Unidos avanzaba cada vez más en su proyecto de domesticar a México. Nuestros vecinos tomaron a nuestro país como *punching bag* y mediante insultos, humillaciones y golpes incesantes nos fueron confeccionando de acuerdo con sus necesidades, pues México se había vuelto un asunto de "seguridad nacional" para ellos. A partir de la crisis del petróleo, Estados Unidos naturalmente desplazó su vista hacia los yacimientos mexicanos, tan convenientemente abundantes y próximos, e inició un proceso gradual para asegurarlos mediante el alineamiento de México a sus políticas.

Por supuesto, las medidas económicas del FMI estaban diseñadas con ese propósito, y lo cumplían eficazmente. A partir de 1983 era evidente la lastimera dependencia de México hacia Estados Unidos. Además, el colonialismo cultural por sí mismo estaba muy avanzado entre los ricos y la alta clase media (que, a su manera, también hablaba

47

cada vez más espanglés, como los chicanos). El proyecto de "moldear a México" implicaba la gradual integración de nuestra economía a la de Estados Unidos, el incremento de la industria maquiladora (es decir, del uso casi regalado de la fuerza de trabajo de los mexicanos pobres), y pesadas presiones para que se diera un bipartidismo a imagen y semejanza del gabacho, con PRI y PAN como las dos caras de la moneda.

El gobierno de Ronald Reagan venía inflamado de una mística en la que se autopromocionaba como el arcángel del Bien que luchaba en contra del Mal representado por el comunismo, Fidel Castro, Nicaragua, Irán, Irak, los guerrilleros y terroristas. Con este brío, tan fundamentalista y maniqueo como el de los ayatolas, Reagan de pasada se esforzaba por imponer el neoliberalismo en todo el mundo, tal como se había ensayado en Chile y se había puesto en práctica en la Inglaterra de la machorra Margaret Thatcher. México había caído redondito en las trampas de Estados Unidos, y aunque ahora el presidente Miguel de la Madrid parecía dispuesto a hacer lo que le dijesen, no estaba de más darle coscorrones frecuentes para que no fuera a indisciplinarse. De hecho, mientras más sumiso era, peor lo trataban.

Por esta razón, De la Madrid no dudó en formar parte del grupo Contadora, que se constituyó en 1983, en la isla panameña del mismo nombre, integrado por Venezuela, Panamá, Colombia y México, como un urgente muro de contención ante la política bravera de Estados Unidos hacia toda Latinoamérica. Los sandinistas eran el blanco favorito, y Reagan estaba dispuesto a acabarlos a como diera lugar.

México rompió su vieja tradición de no formar grupos y participó activamente en Contadora, que resultó muy útil para evitar el avasallamiento de Nicaragua. En público, Estados Unidos dio su visto bueno a la aparición del grupo, pero por debajo del agua desde un principio trató de desacreditarlo, desestabilizarlo y disolverlo, en especial cuando el grupo propuso un Acta de Paz que pedía el retiro de todos los países extranjeros de Centroamérica y que fue avalada por el Mercomún Europeo y los pacifistas de todo el mundo. Esto le dio autoridad moral a Contadora y Estados Unidos tuvo que aceptarlo, aunque no cesó en sus intentos por eliminar al grupo o cuando menos neutralizarlo. Para ello se sirvió de Honduras y de El Salvador, sus penosos incondicionales en Centroamérica; y de Costa Rica y Guatemala, que no querían cederlas tan fácil. En 1984 Miguel de la Madrid emprendió un viaje "austero" (una comitiva de siete altos funcionarios) a Colombia, Venezuela, Brasil y Argentina para buscar apoyos al grupo Contadora, que funcionó eficazmente hasta 1985 y después empezó a debilitarse.

Por si no bastaran las embestidas e intromisiones de Estados Unidos, en la frontera sur el ejército guatemalteco de lo más quitado de la pena con frecuencia se adentraba en territorio nacional para atacar los campamentos de refugiados que habían huido de Guatemala por la intensidad de la guerra. México no cayó en la provocación, aunque el ejército impuso un "cordón de seguridad" y declaró a Chiapas, Campeche, Tabasco, Yucatán y Quintana Roo como áreas de seguridad nacional. Los refugiados llegaron a ser decenas de miles. Durante un buen tiempo vivían hacinados en barracas en la máxima miseria, sin servicios, y aun así muchos permanecieron en México durante años. Algunos, claro, se arraigaron y se quedaron. El gobierno no los consideraba asilados políticos, sino "trabajadores migratorios".

Lo del sur era molesto pero en el norte estaba lo duro. En marzo de 1984 Miguel de la Madrid visitó Washington ("fue a rendir su informe", se dijo en México), donde el presidente Reagan lo trató con cordialidad protocolaria, pero la prensa y la televisión lo vieron con frialdad. El periodista Jack Anderson, incluso, le recetó dos de sus leídas columnas con la acusación de haber desviado 162 millones de dólares de fondos federales a su cuenta personal en Suiza. El gobierno mexicano se mostró escandalizado, pero no dijo nada. Más tarde, Anderson sugeriría que la información se la había proporcionado el columnista estrella

El embajador John Gavin, una de las máximas pestilencias de los últimos tiempos. (Foto: Cuartoscuro)

Manuel Buendía. Por otra parte, nunca se probó que De la Madrid tuviera obesas cuentas bancarias en Suiza.

Poco después, el Congreso de Estados Unidos aprobó la Ley de Reforma y Control a la Inmigración, conocida como Simpson-Mazzoli por el nombre de quienes la propusieron, que ponía en la mira a los cientos de miles de ilegales mexicanos en Estados Unidos. La aprobación de la ley dio foro a numerosas y despiadadas críticas a México, al que pintaban al borde del abismo, envilecido en la corrupción y el autoritarismo. Se dijo que, de entrada, un millón y medio de mojados serían deportados en masa, lo cual naturalmente no ocurrió, pero el país se aterrorizó ante la perspectiva del retache masivo de millón y medio de aspirantes al salario mínimo. A partir de ese momento, los medios de difusión estadunidenses continuaron machacando la campaña de que México se acercaba a la revolución o a la guerra civil.

El embajador John Gavin llegó a convertirse en la máxima pestilencia de los años recientes. Desde antes de llegar a México había dicho que la política mexicana era desastrosa. Después de eso ya no sorprendieron sus continuas e ilegales intromisiones en la vida mexicana. Causó un escándalo cuando, en 1984, se reunió en la casa del cónsul estadunidense de Hermosillo con el obispo Carlos Quintero Arce y con gente del PAN, incluyendo a su estrella sonorense Adalberto Rosas, cuyo nombre era un auténtico albur, pues era conocido como el Pelón Rosas. El gobierno se escandalizó. "Es una conjura contra México", dijeron. "Fue un oscuro cónclave de reaccionarios", añadió Adolfo Lugo Verduzco, gran jefe del PRI. Pero Gavin no hizo el menor caso y aseguró que las acusaciones de que formaba parte de una conspiración, además de difamatorias eran falsas. En 1984 lo entrevistó el grupo 20 Mujeres y un Hombre, y Gavin consideró "estúpidos" a quienes criticaban a Reagan acusándolo de apretar las tuercas del proteccionismo cuando a los demás les exigía apertura total. "No hay proteccionismo, Estados Unidos es el mercado más abierto del mundo", afirmó —cuando ocurría exactamente lo contrario, de ahí las críticas—, y el embajador aprovechó el viaje para exigir que México admitiera ya, sin condiciones, la inversión extranjera. El procónsul decía también que mientras en Estados Unidos todo marchaba bien, en México sólo había líos y conflictos que podían evitarse si nuestro país firmaba un tratado comercial con los vecinos del norte, algo parecido al famoso Tratado de Libre Comercio que después promovería Carlos Salinas de Gortari.

En otras ocasiones justificó el despojo de territorios nacionales durante el siglo pasado, y después, ya en 1985, el embajador Gavin pidió a los turistas estadunidenses que no viajaran a México, porque la inseguridad era terrible; asaltaban en las carreteras, atracaban en las ciudades, los policías eran corruptos y andaban al acecho, además de que la contaminación y la sobrepoblación hacían insoportable a la ciudad de México. Como el pésimo actor que siempre fue, nos dedicó varios numeritos. Uno célebre fue cuando, en 1985, las agencias internacionales difundieron la versión de que Gavin sería retirado de México. El embajador convocó a una conferencia de prensa en la que, de pronto, sonó un teléfono, convenientemente colocado junto a don John. ¡Era nada menos que Ronald Reagan, quien le suplicaba que continuara en su puesto! "Me siento muy honrado, señor presidente", accedió Gavin. "Cómo no. Hasta luego. Igualmente."

Todo el tiempo se la pasaba insultando a la prensa mexicana, a la que no bajaba de irresponsable y maliciosa, así es que logró unificar a gran parte del país en su contra. En todas partes se le acusó de antidiplomático, intervencionista, insolente, prepotente, y se exigía a De la Madrid que lo expulsara del país. A Gavin no le preocupaba nada de eso y, como doña Borola Tacuche de Burrón cuando era niña, su actitud parecía decir: "Ero grosero, ero marrano, y qué y qué." Finalmente fue remplazado en 1986 por Charles Pilliod Jr., ex presidente del emporio llantero Good Year Tire, quien sin más admitió que en 1977 había hecho "pagos ilegales", es decir, sobornó, por 134 mil dólares, a la Cámara Nacional de la Industria del Hule para que decidiera a favor de la "aprobación gubernamental a un aumento de precios en los neumáticos".

Por su parte, Estados Unidos asestaba golpes consistentes a México. En 1983 provocó una baja sustancial en el precio del gas mexicano y además disminuyó sus compras a la mitad. Después, impunemente, practicó el proteccionismo que no toleraba en otros países y obstaculizó las importaciones de varios productos nacionales, principalmente carne y cítricos. Luego vino la ley Simpson-Mazzoli, que era un verdadero descontón a nuestro país. Y, por último, en menos de seis meses aumentaron cuatro veces las tasas de interés, con lo cual se tuvo que pagar mil millones de dólares extras por la deuda. Sin embargo, si los mexicanos creían haber visto todo, aún les faltaba contemplar los berrinches que armarían los estadunidenses a causa del asesinato de Enrique Camarena.

Un resultado casi inmediato de la crisis fue el explosivo incremento de la delincuencia y la inseguridad en general. Aunque las cosas no llegaban al nivel apocalíptico que clamaba John Gavin, la verdad fue que el desempleo, la falta de oportunidades y la carestía galopante hicieron que crecieran los robos, asaltos, secuestros y todo tipo de fraudes y peculados. Las cosas empeoraron en los noventa, pero en los ochenta ya eran críticas. Como no había lana la gente se la procuraba como podía, cada quien a su manera y según su cultura. Con esto también prosperó el ramo del guarurismo, pues los ricos buscaron escoltas que los protegieran, y los negocios de alarmas, de blindaje de autos y de vigilancia también se beneficiaron. Se incrementaron las fuerzas policiacas. Por supuesto, en vez de tratar de elevar la producción y con ello el empleo, el gobierno se preparó para el conflicto social y la represión. De entrada, el jefe de la policía del DF, Ramón Mota Sánchez, se sacó de la manga la Fuerza de Tarea, los Zorros. Eran los rambos mexicanos y estaban fascinados con su *look*: overol, botas, gran cinturón, chaleco blindado y gorra con visera; todo de negro. Después vendrían otros tiras más rambescos aún, conducidos por perros doberman.

En enero de 1984, la Secretaría de Gobernación de Manuel Bartlett elaboró el Plan Nacional de Seguridad Pública, que se proponía la moralización y la modernización de los cuerpos policiacos, la coordinación de las numerosas variedades de policías y la incorporación de los ciudadanos en la planeación de la seguridad pública. Pero todo esto quedó en buenas intenciones, la delincuencia siguió creciendo y la policía también. Poco a poco, los comercios pequeños y medianos de las grandes ciudades instalaron rejillas metálicas o gruesos alambrados para protegerse de los interminables atracos, y ese paisaje urbano se volvió habitual.

La policía se divertía mucho llevando a cabo redadas en las grandes ciudades del país y muy especialmente en la de México. La mayor parte era contra las bandas juveniles, pero también en contra de los contrabandistas, ya que la fayuca y el consiguiente ambulantaje crecían rápidamente. Otras veces la policía asaltaba fiestas de chavos o conciertos y toquines de rock. También tomaban por asalto partes de la ciudad célebres por los robos y la venta de mercancía chueca, como Tepito o la colonia Buenos Aires. Las redadas se hacían sin orden judicial y se caracterizaban por las golpizas y la brutalidad deliberada de la autoridad, por los atracos viles y por las detenciones arbitrarias que después dejaban buenas mordidas en los juzgados. En Juárez, Tijuana, Monterrey, Torreón, Culiacán, Guanatos, León, Puebla, Tuxtla Gutiérrez y otras ciudades las redadas fueron comunes. En el DF las zonas pobres las padecieron, pero especialmente el tianguis del Chopo, la zona rosa, Ciudad Nezahualcóyotl y las colonias Agrícola Oriental, Vicente Guerrero, Porvenir, Granjas México, Adolfo López Mateos, Caracol, Asociación Civil y Escuadrón 201.

En mayo, la nación se conmocionó ante el asesinato, fríamente planeado, del columnista Manuel Buendía, quien apenas entraba en un estacionamiento de la zona rosa cuando un joven le disparó por la espalda y sin perder tiempo huyó en una motocicleta que lo aguardaba y que pudo sortear el denso tránsito vespertino. Manuel Buen-

Manuel Buendía, el gran columnista, fue ejecutado a balazos en la zona rosa de la ciudad de México. (Foto: Pedro Valtierra)

día TellezGirón tenía un largo historial en el periodismo mexicano; escribió en *El Día* en los sesenta, pero en los setenta causó sensación con su columna "Red Privada" que primero apareció en *El Sol de México* y después pasó al *Excelsior*, donde se volvió la más leída e influyente de México porque nunca había habido algo así. Buendía inició el auge de las columnas periodísticas que obtenían información confidencial y que disponían de una cultura política de primer orden para procesarla. Buendía llegó a ser muy prominente, pues tenía un valor extraordinario. Con los datos en la mano, y una ironía devastadora, denunciaba a la CIA, al narcotráfico, a la iglesia, a los Tecos de Guadalajara y la extrema derecha, a la cúpula financiera y empresarial, y por supuesto al gobierno, empezando por el presidente. Era consciente del peligro que corría y andaba armado, de ahí el eficiente profesionalismo de su ejecución.

Desde un principio las sospechas recayeron en José Antonio Zorrilla, titular de la Dirección Federal de Seguridad (DFS), quien en febrero de 1984 le puso una custodia a Buendía que lo seguía a todas partes y que acabó fastidiándolo. Zorrilla fue el primero en llegar, con los comandantes de la DFS Juventino Pardo y Roberto Estrella, al escenario del crimen, pero al poco rato se presentó la Policía Judicial del Distrito Federal (PJDF), que alegó jurisdicción sobre el caso. Para evitar discusiones, Juventino Pardo encañonó con su pistola la sien derecha del comanche de la PJDF y lo obligó a retirarse con toda su gente. A continuación, la DFS movió el cadáver, eliminó pruebas y saqueó los archivos del periodista, además de que más tarde secuestró a los testigos oculares del asesinato con el pretexto de protegerlos.

El gobierno condenó enfáticamente el crimen. El presidente asistió al sepelio y ordenó que se investigara hasta el final, como siempre, "cayera quien cayera". Pero la famosa investigación nunca progresó, la DFS se hizo la loca y las cosas siguieron estancadas a pesar de las protestas incontables de periodistas, intelectuales y de una sociedad civil que empezaba a expresarse. A fines de sexenio,

De la Madrid nombró un Investigador Especial del Caso Buendía, y después se pretendió dar carpetazo al asunto al arrestar, consignar, enjuiciar y condenar a Zorrilla, quien ya había dejado la DFS y había sido postulado como candidato del PRI a diputado federal por Hidalgo. Como asesino material se procesó y condenó a Rafael Ávila Moro, chavo de la familia del ex presidente Ávila Camacho metido a tira y a rocanrolero. Por cierto, durante su estancia en el reclusorio, Ávila Moro le dio duro al rock de la cárcel.

Es casi seguro que José Antonio Zorrilla estuvo involucrado en el asesinato de Manuel Buendía, pero en todo caso fue el operador y no el principal autor intelectual. El secretario de Gobernación Manuel Bartlett, jefe directo de Zorrilla, difícilmente pudo ser ajeno al asesinato, y cuando menos solapó la escandalosa eliminación de pruebas que el entonces director de la DFS llevó a cabo. Una hipótesis en boga planteaba que Bartlett encargó el asesinato a Zorrilla porque el periodista había obtenido información sumamente confidencial y comprometedora que involucraba al secretario de Gobernación con el narcotráfico, el cual crecía de lo más quitado de la pena porque había comprado a grandes figuras del poder judicial, del gobierno y del ejército delamadridista; también se decía que la información filtrada al columnista implicaba escandalosamente al presidente De la Madrid, el cual, como insinuaba el columnista Jack Anderson, también era un sospechoso de primera importancia.

Si con la ejecución de Buendía se buscaba frenar el ejercicio de la libertad de expresión, que desde los años setenta muchas veces se traducía en críticas al gobierno, este fin falló rotundamente, pues a partir de 1985 cada vez fue mayor y más influyente la cantidad de periodistas e intelectuales que ejercía la libertad de expresión en los libros, la prensa y la radio. En todo caso, el asesinato de Manuel Buendía fue uno de los primeros síntomas graves de la descomposición del régimen priísta, que de nuevo optaba por el asesinato para dirimir conflictos.

Arturo Durazo vivió entre tráfico de drogas, asesinatos, estafas, fraudes, extorsiones, peculados, contrabando, nepotismo, torturas, vendettas y transas surtidas. (Foto: Fabrizio León/*La Jornada*)

Después vino el Afamado Caso Durazo, el segundo gran escándalo de la Renovación Moral. En enero, el "general" Arturo Durazo Moreno, durante años comandante encargado de la lucha contra las drogas, ex director de la Dirección de Policía y Tránsito del Distrito Federal y amigo de la infancia de José López Portillo, fue acusado por la Contraloría General de la Federación de evasión fiscal, acopio de armas y despojo. La acusación en realidad era benigna. Desde siempre se sabía que Durazo era una bala perdida y con una mínima investigación pudo ser acusado de tráfico de drogas, asesinatos, estafas, fraudes, extorsiones, peculados, contrabando, nepotismo, torturas, vendettas y transas surtidas. Para no ir muy lejos, a él se le atribuía el despiadado asesinato de un grupo de narcotraficantes colombianos cuyos cadáveres fueron arrojados al río Tula. Era un feroz cocainómano, más aun que Freud, Sherlock Holmes y Mauricio Garcés juntos, y con frecuencia tenía que ir con los médicos deshollinadores para que le limpiaran la nariz. También era coleccionista de armas, de autos lujosos, de caballos y de monedas de oro. Obtuvo dinero en cantidades alucinantes.

Se hicieron célebres sus palacetes que quintaesenciaban lo ridículo, como el Partenón en Zihuatanejo, 20 mil metros cuadrados rigurosamente despojados a los ejidatarios de la zona, que tenía un lago interior con olas mecánicas y cascadas, albercas, discoteca para mil parejas, ¡doce elevadores para subir al primer piso!, sala de automóviles de colección, caballerizas, esculturas griegas y su debido helipuerto. Valía tres millones de dólares. "Yo tengo derecho a tener casa en Zihuatanejo, ¿no?", argumentaba; "si la tienen los pobres, ¿por qué yo no?" En el Ajusco edificó la Colina del Negro, un verdadero castillo con hipódromo, cortijo, lagos artificiales, albercas, discoteca, canchas de tenis, campo de futbol, juegos infantiles y helipuerto. Según Durazo, la adquirió con enormes sacrificios. "Hubieras visto a mi señora llevando la carretilla", decía.

En diciembre de 1982 desapareció del escenario público y se rumoró que sentía pasos en el tejado y había huido a Los Ángeles o a Puerto Rico. Así es que cuando se ordenó su aprehensión no se hallaba a la vista. Estuvieron a punto de atraparlo en Brasil pero lo salvó un pitazo, que le costó la módica suma de 10 millones de pesos. Finalmente, la policía estadunidense lo capturó en junio de 1984 cuando llegaba a San Juan, Puerto Rico, procedente de Brasil, en un avión particular. El *New York Times* reveló entonces que, desde antes de que tomara posesión, funcionarios de Estados Unidos habían advertido a López Portillo que su cuatazo del alma, el Negro Durazo, tenía nexos con el narcotráfico internacional. Pero don Pepe no hizo el menor caso; al contrario, le dio rienda suelta y una virtual licencia para matar. Durazo fue trasladado a Los Ángeles, donde los gringos lo retuvieron el tiempo que quisieron para exprimirle toda la información posible y nomás por no dejar. El juicio de extradición se llevó más de un año y Durazo finalmente fue encerrado en México en 1985. Su juicio fue un parto de los montes porque se redujo a la acusación de acopio de armas, así es que no duró mucho en la cárcel.

El caso Durazo fue un escándalo de los medios, especialmente cuando José González González, guarura mayor o jefe de ayudantes de don Arturo, se metió a escritor y con Editorial Posada publicó *Lo negro del Negro Durazo*, que rápidamente vendió medio millón de ejemplares y le dejó regalías por 14 mil millones de pesos. En el libro González contó cínicamente torturas, extorsiones, asesinatos, trata de blancas, por supuesto tráfico de drogas y dispendios faraónicos de su chif. González González de lo más quitado de la pena admitió que él mismo había cometido más de cincuenta asesinatos por órdenes de Durazo.

El primero de mayo tuvo lugar el tradicional desfile que las centrales obreras escenificaban cada año para cuadrársele al presidente en turno. En 1984 eran 600 mil los desfilantes, y De la Madrid fue flanqueado en el balcón presidencial por Fidel Velázquez y Homero Flores, del sindicato de pilotos aviadores y entonces presidente del Congreso del Trabajo. Desde un principio se pudo ver que la crisis había enfurecido a los obreros, quienes blandían mantas con críticas al gobierno ("¡Basta! ¿Cuándo se pondrá fin a la injusticia?"). De pronto, un contigente de la Secretaría de Hacienda se desprendió del desfile ("Señor presidente, el pueblo no cree en el gobierno"), se plantó frente al balcón presidencial y se puso a gritar: "¡Huelga, huelga!" Los sacaron de ahí en el acto, pero entonces aparecieron los independientes (SITUAM, STUNAM, SUTIN, SUTERM, PRT, FAT, FNR y demás fiebre de siglas), a quienes no pudieron parar, y que llegaron al zócalo a la voz de "Ojo por ojo, diente por diente, que chingue a su madre el presidente". Ni las bandas musicales ni los alaridos de los animadores, que en ese momento entraron en acción, los pudieron acallar.

Desfilaban las preparatorias populares cuando una bomba molotov salió volando y estalló a las puertas del palacio presidencial. El mandatario y los funcionarios que lo acompañaban se pusieron sumamente nerviosos. La televisión dejó de transmitir. Y a pesar de todo, el desfile siguió ("No queremos goles, queremos frijoles"), hasta que otra bomba molotov salió volando y esa vez estalló en el mismísimo balcón presidencial. Los embajadores de Cuba y de Brasil se chamuscaron; Ricardo García Sainz y Juan Miranda salieron con las cejas y el pelo quemados. Alejandro Carrillo Castro corría con el pantalón en llamas. Todos huyeron de ahí, en medio de la confusión. El gobierno optó por la política del avestruz y no dijo nada; la prensa minimizó los hechos y la televisión los ignoró. Finalmente, arrestaron a varios chavos de las prepas populares y clausuraron el aguerrido plantel de Tacuba.

Los trabajadores tenían razones para indignarse. El derecho de huelga peligraba, como lo demostraba el caso de los telefonistas —que se lanzaron a la huelga por un aumento salarial—, pues el gobierno requisó la empresa y los huelguistas tuvieron que trabajar de cualquier manera. A los electricistas no les fue mejor, y el patriarca del charrismo, Fidel Velázquez, andaba a la greña con Adolfo Lugo Ver-

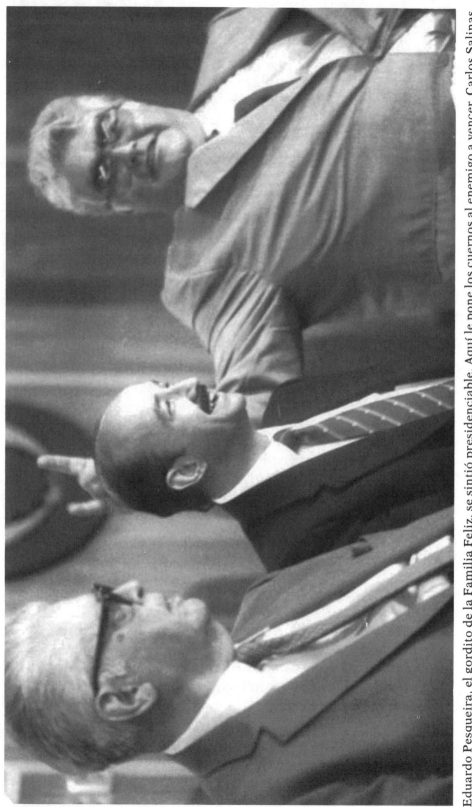

Eduardo Pesqueira, el gordito de la Familia Feliz, se sintió presidenciable. Aquí le pone los cuernos al enemigo a vencer, Carlos Salinas Recortari, ante la mirada del sempiterno Fidel Velázquez. (Foto: Fabrizio León/*La Jornada*)

duzco, presidente del PRI, porque se le marginaba y se le regateaban sus tradicionales cuotas de poder en el sistema.

Era imposible evitar que los trabajadores pidieran aumentos, ya que, conforme a lo previsto, los salarios seguían estacionados, pero los precios de los productos no cesaban de aumentar, como ocurrió justo en semana santa, cuando los ciudadanos se disponían a vacacionar. Ante esto, el presidente De la Madrid, impertérrito, declaró en Hermosillo que continuarían los ajustes periódicos a los precios. "No es tiempo de ofrecer comodidades y alivios", advirtió. Y sin embargo, el gobierno no cesaba de favorecer a los empresarios. En noviembre de 1984 se reprivatizó el sistema financiero nacional a través de un reglamento de banca, instituciones de crédito, aseguradoras e instituciones de finanzas, que permitió la desvinculación de la banca de las sociedades de inversión y de las organizaciones auxiliares de crédito. De esta forma, las casas de bolsa pudieron controlar la actividad financiera y se transformaron en una virtual banca paralela.

En su afán de contrastarse con el gobierno anterior, que se caracterizó por continuos cambios caprichosos en los altos niveles burocráticos, Miguel de la Madrid procuraba mover lo menos posible a su gente. Sin embargo, quitó a Horacio García Aguilar de la Secretaría de Agricultura y Recursos Hidráulicos (SARH) para poner a Eduardo Pesqueira, el divertido gordito de la Familia Feliz. Por cierto, Carlos Salinas de Gortari, perfilado ya en la carrera futurista, era el paladín de la política de austeridad, y promovía a tal punto los recortes al presupuesto que se le empezó a decir Salinas Recortari. El chaparrito, calvo y orejón secretario de Programación podía ser sumamente belicoso y experto en el arte político de decir una cosa y hacer otra, a veces simultáneamente, como cuando en una comparecencia ante el congreso, alardeaba de que ya no habría más "consentimientos" para los periodistas en el momento mismo en que su jefe de prensa repartía el invencible soborno, o chayotón.

Mientras el PRI anunciaba una democratización "a fondo" y amplias consultas para generar la democracia inter-

La catástrofe de San Juanico. (Foto: Fabrizio León/*La Jornada*)

na (y a la vez exigía que todo trabajador del Estado por fuerza perteneciera al partido oficial), el PAN continuaba dando calambres al PRI-gobierno. Para empezar se llevó dos alcaldías más en Puebla, y después se empezó a llenar de empresarios, como Fernando Canales Clariond, Manuel Clouthier, José Luis Coindreau, además de Eugenio Elorduy, Francisco Barrio, Francisco Villarreal y Rodolfo Elizondo, lo cual fue mal visto por los viejos panistas. Más tarde, el PAN fue objeto de críticas por la reunión de sus líderes en Hermosillo con John Gavin y el arzobispo Quintero Arce. Finalmente, una delegación panista asistió a la convención del Partido Republicano, lo que motivó críticas más acerbas aún, empezando por los del PRI, que a su vez habían enviado observadores a la convención de los demócratas. Ante los fraudes electorales, el PAN cada vez adoptaba una defensa más activa y buscaba respaldo en el extranjero. El presidente del partido, Pablo Emilio Madero, se esforzaba porque las elecciones fueran vigiladas por observadores y para que la prensa extranjera las difundiese en Europa y Estados Unidos. Estaba dispuesto a aceptar apoyos de los grupos conservadores de Estados Unidos, donde se veía con simpatía un bipartidismo en México.

El 19 de noviembre, los habitantes del norte de la ciudad de México ensordecieron y se sobresaltaron ante la terrible explosión que ocurrió en la Terminal de Gas Licuado de Pemex de San Juan Ixhuatepec, o San Juanico, ubicada en la densa zona urbana del Estado de México colindante con el norte del Distrito Federal. Era la mayor catástrofe industrial en lo que iba del siglo, y hubo 452 muertos, 4 248 heridos y 2 mil desaparecidos; 90 casas destrozadas, 37 arruinadas y miles de damnificados ("son ridículas las cifras oficiales" decían en San Juanico, "la verdad es que murieron miles"). La tragedia fue terrible y, sin embargo, el sensible presidente De la Madrid no se dignó presentarse en San Juanico para solidarizarse con los sufrientes. Por su parte, Mario Ramón Beteta se apresuró a presentar un peritaje en el que Pemex no sólo no era responsable del accidente, sino resultaba ¡una víctima más que requería indemnización!

Era inútil que Pemex se curara en salud. La explosión se había debido al deficiente mantenimiento de los sistemas de seguridad de la planta, especialmente de las válvulas que regulaban la sobrepresión del gas, y los *interlocks*, que realizaban múltiples funciones en caso de emergencia. La Comisión Mixta de Seguridad e Higiene había levantado actas en septiembre, octubre y noviembre, y en ellas se reiteraba la urgencia de corregir múltiples fallas de la planta. Como era habitual en esos casos, ni la dirección de Pemex ni el sindicato de la Quina les hicieron el menor caso. "Si concediéramos todas las peticiones de los comisionados", decían en Pemex, "no habría presupuesto suficiente." Y menos con los desvíos y los implacables recortes presupuestarios de Salinas Recortari, que se habían traducido en desinversión en los sistemas de protección y mantenimiento de las dependencias y empresas estatales y paraestatales. Era urgente corregir las fallas que existían en numerosas instalaciones de Pemex en todo el país para evitar la repetición de catástrofes de ese tipo, y, sin embargo, Pemex no mostraba ningún interés; en cambio, no se medía en gastos en las oficinas, salas de juntas y demás instalaciones de los altos ejecutivos, que eran lujosísimas.

A principios de sexenio se pensó que la situación mejoraría en el cine, ya que De la Madrid nombró a Alberto Isaac, caricaturista y cineasta, como director de la industria. Pero de nada servía una persona idónea si no había dinero ni voluntad de apoyar verdaderamente al cine mexicano. Para participar en el concurso de cine experimental de 1983 los cineastas tuvieron que financiar la mayor parte de los elevados costos de cada película con ahorros, préstamos, subvenciones públicas y privadas, y hasta con rifas. Todo el que quería hacer cine tenía que conseguir dinero como pudiese, porque el Estado contrajo sus producciones al mínimo. Aun así, se dieron valiosas películas

Ofelia Medina fue la gran estrella de los ochenta. (Foto: Pedro Valtierra)

Rockdrigo González "murió de un pasón de cemento". (Foto: Fabrizio León/*La Jornada*)

Víctor Hugo Rascón Banda fue otro dramaturgo que llegó al estrellato. (Foto: Obdulia Calderón)

La talentosa Jesusa Rodríguez fue la gran revelación teatral de los ochenta. (Foto: Cuartoscuro)

independientes, como *Frida*, de Paul Leduc, que inició la moda de Frida Kahlo y colocó a Ofelia Medina en la cumbre. *Los motivos de Luz*, de Felipe Cazals, a su vez creó un escándalo, pues Elvira Luz Cruz presentó una demanda contra la película por la manera en que habían presentado su caso. Luis Mandoki tuvo éxito con *Motel* y fue cooptado por Hollywood. Y Alberto Cortés debutó en grande con *Amor a la vuelta de la esquina*. También fueron notables *Nocaut*, de José Luis García Agraz; *Vidas errantes*, de Juan Antonio de la Riva; *Deveras me atrapaste*, de Gerardo Pardo, y *Adiós ídolo mío*, de José Buil. Un hecho notable del periodo fue la incorporación de la Universidad de Guadalajara a la cinematografía; primero importó de la capital a Emilio García Riera, como investigador, y después a Jaime Humberto Hermosillo, como cineasta. El cine privado a su vez siguió de lleno en las películas populacheras de desnudos y albures, y empezaron las de mexicanos en Estados Unidos y de narcotraficantes, con heroínas como Rosa Gloria Chagoyán. La película más exitosa del cine comercial fue *El milusos*, que afianzó a Héctor Suárez en el superestrellato.

En el teatro, uno de los grandes acontecimientos del sexenio fue *De la calle*, de Jesús González Dávila, quien con ella entró en las grandes ligas de la dramaturgia mexicana. La obra fue dirigida por Julio Castillo, que falleció el 19 de septiembre de 1988 cuando 70 mil manifestantes, con Cuauhtémoc Cárdenas a la cabeza, marchaban al zócalo en conmemoración del terremoto. Otro acontecimiento fue *Rosa de dos aromas*, de Emilio Carballido, la cual tuvo un éxito increíble que duró más de diez años en el Teatro Coyoacán, con parejas de actrices que cambiaban periódicamente. Hugo Argüelles se puso gruesísimo con *Los gallos salvajes*, en la que presentó un conflicto homosexual entre un padre y su hijo. Y Juan Tovar estuvo muy activo con *Las adoraciones* y *Manga de clavo*. Otras obras importantes fueron *Salón Calavera*, de Alejandro Aura; *Tina Modotti*, de Víctor Hugo Rascón Banda; *Trece señoritas* y *Cocinar hombres*, de Carmen Boullosa; *Pelearán diez rounds*, de Vicente Leñero, que tenía un ring en escena y en la que Pipino Cuevas sin querer le daba severas madrizas al pobre de José Alonso; *Martirio de Morelos*, también de Vicente Leñero, que desmitificaba al buen José María Morelos; *Noche decisiva*, de Héctor Mendoza, y *Las dos Fridas*, de Abraham Oceransky, también sobre Frida Kahlo. En los ochenta se consolidaron como directores Luis de Tavira y José Caballero. Una revelación sensacional fue Jesusa Rodríguez, directora, autora, actriz, productora y empresaria. A fines de la década abrió junto con la compositora y cantante Liliana Felipe el bar El Hábito, en lo que había sido el teatro de Salvador Novo en Coyoacán, y tuvo un éxito extraordinario con sketches y parodias hilarantes sobre la realidad nacional; también Alejandro Aura y Carmen Boullosa abrieron El Cuervo y posteriormente El Hijo del Cuervo.

Fue recompensante el surgimiento de un buen teatro-bar político que contrastaba con obras temporaleras como *¡Tú también, güey?*, con Alberto Rojas, el Caballo; *El juicio del Negro que lo tiene Durazo*, con Kiko y Karlo, o *La corrupción desde los aztecas a El Partenón*, con Kippy Casado. Estaba mejor *Agarren a López Porpillo*, de Jesús Martínez, Palillo, donde el viejo cómico soltaba sus tradicionales imprecaciones: "Desgraciados apátridas, encueradores de la economía política, buitres y vampiros, tenían que ser del PRI, donde hay PRI hay corrupción, ahí están los eternos enriquecidos, políticos abyectos, méndigos, móndrigos, esdrújulos, archipiélagos, cafiaspironómicos, pitufos y jotos."

En la pintura, Rufino Tamayo fue la máxima estrella y sus cuadros se vendían por cientos de miles de dólares en Estados Unidos. Desde los años setenta, el maestro se moría de ganas de tener un museo y le ofreció a Luis Echeverría 200 cuadros de su colección particular para iniciarlo. Echeverría primero dijo que sí pero luego se hizo el occiso, y se cuenta que Tamayo, furioso, tenía ganas de quemar los Picassos, Mirós, Mattas, De Chiricos y demás cuadros de grandes autores de su donación, valuada en 11 millones de dólares. En el siguiente sexenio José López Portillo tampoco quiso, así es que el pintor dejó en paz al gobierno y logró que Televisa, sensibilizada por los baños de cultura que le daba Octavio Paz, financiara el museo tal como él lo exigía, en el Bosque de Chapultepec y frente al Museo de Antropología. En 1982 se inauguró con transmisión en vivo por la televisión y se convirtió en el museo más promocionado del mundo, con anuncios espectaculares en todos los medios. Sin embargo, en 1986 Tamayo consideró que Emilio Azcárraga se había apropiado de sus donaciones en vez de que fuesen patrimonio público; se fue a quejar con Miguel de la Madrid, quien presionó para que Televisa renunciara a la concesión del museo, y a partir de entonces éste fue administrado por el Estado. Televisa, picada, a través de su fundación cultural creó otro museo, cerca del Tamayo, el Centro Cultural Arte Contemporáneo, que inexplicablemente se cerró en 1998.

También hubo exposiciones sonadas de Gironella, José Luis Cuevas, Rodolfo Nieto, Arnaldo Coen, Arturo Rivera, Vlady, Federico Cantú, Leonel Maciel, Gabriel Macotela, Ricardo Rocha, Enrique Guzmán y Nahum B. Zenil. Un gran acontecimiento del periodo fue el gran homenaje de 1986 a Diego Rivera en su centenario. La casi totalidad de la obra del célebre pintor lesbiano y antropófago ocupó todos los pisos y la mayor parte de los salones del palacio de Bellas Artes. Diariamente había colas interminables para ver la exposición, que también se presentó en Detroit, Filadelfia, Madrid y Berlín.

Por desgracia, en 1988 el grupo Pro Vida, la organización ultraderechista dirigida por Miguel Serrano Limón, boicoteó la exposición de collages de Rolando de la Rosa, porque en uno de ellos la Virgen María tenía la cara de Madonna y, en otro, en vez de Jesús, Pedro Infante encabezaba la última cena. Pro Vida logró que el Museo de Arte Moderno retirara la muestra y que renunciara el director Jorge Alberto Manrique.

"Ya nos estamos recuperando"

En diciembre de 1984 también se supo que el ejército había ocupado el rancho El Búfalo, una inmensidad de terreno

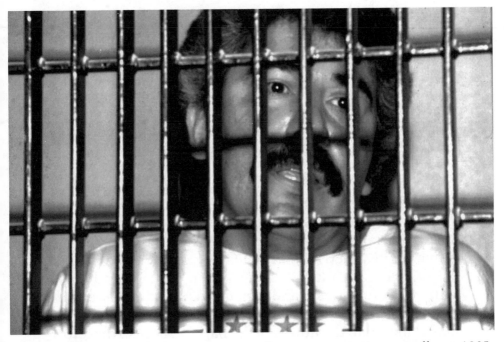

El narcotraficante Rafael Caro Quintero fue un protagonista estrella en 1985. (Foto: Cuartoscuro)

dedicado al cultivo de mariguana. Casi ocho mil campesinos trabajaban allí y todos los días entre seis y diez grandes camiones Thorton salían, repletos de yerba, y circulaban tranquilamente por Chihuahua rumbo a Estados Unidos. Después se supo que este rancho pertenecía a Rafael Caro Quintero, uno de los capos del narcotráfico. Sus "amigos" entre las autoridades le avisaron a tiempo y, cuando el ejército llegó a El Búfalo, todos los responsables habían huido.

Rafael Caro Quintero sería protagonista estrella de 1985. Alentado por el alucinante mercado estadunidense (donde la drogadicción se hallaba muy extendida y generaba nuevas sustancias de moda, como el éxtasis, el crack y otras sumamente adictivas), Caro Quintero, miembro de una familia de traficantes sinaloenses, en 1982 expandió sus actividades con dos grandes siembras simultáneas en Valle del Yaqui y Caborca, Sonora, que le permitieron dominar el mercado del noroeste del país y el acceso directo a Estados Unidos. Después adquirió El Búfalo y llegó a producir 50 millones de toneladas de mariguana que le dejaron otros tantos millones de dólares. Caro compró negocios para lavar dinero, compró jets y por supuesto compró también a mucha gente, pues, como él decía, "tenía amigos en la Policía Judicial, la Federal de Seguridad, la Procuraduría General, Gobernación, Aduanas y la Defensa Nacional". A mediados de los ochenta era uno de los tres grandes del narcotráfico, junto con Ernesto Fonseca, conocido como Don Neto, y Miguel Félix Gallardo. A los tres les gustaba mucho Guadalajara, que crecía a toda prisa y tenía de todo, y donde el gobernador Enrique Álvarez del Castillo era cuate. Caro Quintero compró una antigua casa de Rubén Zuno Arce, cuñado del ex presidente Echeverría, y la convirtió en sus *headquarters*, donde las veinticuatro horas había matones con metralletas.

Precisamente en Guadalajara, Enrique Camarena Salazar, alias Kiki, agente de la DEA (Drug Enforcement Agency, la superdependencia estadunidense contra las drogas) seguía la pista de Caro Quintero. Se dice que, con el piloto Alfredo Zavala, Camarena localizó los grandes plantíos de

El Búfalo e informó a la policía mexicana de la existencia del rancho. En todo caso, el 7 de febrero de 1985 Kiki Camarena y Alfredo Zavala salían del consulado estadunidense cuando fueron interceptados por agentes de la policía judicial. Les dijeron que "el comandante" quería verlos, pero en realidad los llevaron a la casa de Caro Quintero y ahí los interrogaron, los torturaron y los asesinaron.

La DEA se puso frenética ante la desaparición de Camarena y pasó a la histeria cuando se enteró, primero, de que el comandante Armando Pavón Reyes, encargado de localizar los cadáveres de Camarena y Zavala, supo que Caro Quintero pensaba huir del país. El 17 de febrero lo alcanzó en el aeropuerto de Guadalajara cuando ya tenía un pie en la escalerilla de su avión particular. Sin embargo, Caro y su gente mostraron sus credenciales de la Federal de Seguridad, rigurosamente firmadas por su director, José Antonio Zorrilla, y después Caro extendió un cheque por 60 millones de pesos a Pavón, quien lo dejó escapar a Costa Rica. La DEA acabó de enfurecerse cuando, en marzo, al fin localizaron los cadáveres, supuestamente enterrados en el rancho El Mareño, de Caro Quintero, y vieron que Kikirena y Zalfredo habían sido torturados. La DEA pronunció: "Nunca olvidaremos esto."

Como primera respuesta al asesinato de Camarena, además de las ruidosas protestas, a mediados de febrero Estados Unidos ya había puesto en práctica la Operación Intercepción, que significó una revisión extrema, desproporcionada, tortuguista, en los puentes fronterizos, atascados de colas larguísimas de automóviles y peatones que trataban de pasar al otro lado con la espalda seca. Siguió una fuerte campaña en los medios en la que se santificaba a Camarena y se condenaba la Insoportable Corrupción Mexicana (ICM). Bajo semejante presión, a las autoridades de México no les quedó más remedio que hacer algo, así es que en abril ya habían arrestado a Caro Quintero en Costa Rica y poco después cayó Don Neto, quien en los últimos tiempos había repartido casas, fincas, aviones, autos lujosos y miles de millones de dólares a los altos co-

El general Juan Arévalo Gardoqui y el "presidentito" Miguel de la Madrid. Ambos fueron señalados como "protectores del narcotráfico". (Foto: Fabrizio León/*La Jornada*)

mandantes de la DFS con la esperanza ilusa de salvarse. Pero eso era imposible debido a la tremenda presión de los gringos. También cayeron los comandantes Pavón Reyes y Florentino Ventura, quien se "suicidó" en la cárcel. Y, por último, desapareció la mismísima Dirección Federal de Seguridad y una buena cantidad de comandantes y agentes fueron despedidos.

La DEA insistía en que Caro y Don Neto eran meras herramientas y filtró la noticia de que el general Juan Arévalo Gardoqui, secretario de la Defensa, y Manuel Bartlett, de Gobernación, se hallaban implicados. Más tarde secuestró impunemente a Humberto Álvarez Macháin, médico de Caro Quintero, y se lo llevó a Estados Unidos para enjuiciarlo. Con el tiempo también tuvieron en sus cortes a Rubén Zuno Arce.

A partir del asesinato de Camarena y la caída de los primeros capos, más bien modestos en comparación con los que vendrían después, Estados Unidos utilizaría al narcotráfico como vía para presionar e irse metiendo cada vez más en nuestro país, especialmente cuando, a fines de los ochenta, el imperio se arrogó el derecho de "certificar" la lucha de otros países contra las drogas.

En marzo, la clase política se sacudió ante la muerte de Jesús Reyes Heroles, secretario de Educación Pública, ex presidente del PRI, ex ministro de Gobernación, ideólogo número uno del régimen, tan influyente y poderoso que en varias ocasiones no titubeó en enfrentarse a Luis Echeverría y a José López Portillo. Víctima de un cáncer pulmonar (era un fumador empedernido y un gran bebedor), Reyes Heroles había anunciado una "revolución educativa" y la descentralización de la educación, lo que de entrada le mermaría poderes al Sindicato Nacional de Trabajadores de la Educación (SNTE), encabezado por el cacique Carlos Jonguitud Barrios. Por lo tanto, las cosas no eran fáciles, así es que Reyes Heroles no alcanzó a hacer nada. Fue sustituido por Miguel González Avelar, uno de los hombres del presidente y fanático de "la rosa más oral", es decir, de los palindromas.

La educación presentaba un panorama deprimente. Para empezar, el gasto gubernamental en ese campo era uno de los más bajos del presupuesto, por lo que Reyes Heroles decía: "Ahora los secretarios de Educación somos los mendigos del gabinete." Debido a la escasez de recursos las instalaciones de las escuelas eran pésimas y tenían terribles carencias en el equipo educativo. Era tan poco el dinero que muchas escuelas oficiales de plano cobraban, con lo que languideció la gratuidad de la enseñanza básica. Además, la escolaridad era muy baja y se daba una alta deserción en todas las etapas educativas. Había desniveles dramáticos entre la educación urbana y la rural, que se hallaba trágica y estratégicamente más atrasada. Los planteles eran insuficientes, en especial de secundaria hacia arriba, y cada vez era más difícil acceder a la educación universitaria. Un grupo de investigadores que elaboraron un documento en 1986 presentaba estas conclusiones: 18 millones de mexicanos no habían iniciado o concluido la primaria, 336 mil niños no tenían acceso a ella y un millón 600 mil alumnos la reprobaban anualmente; la secundaria no preparaba para una buena educación superior ni para la integración en los trabajos; la preparatoria atendía a menos del 20 por ciento de los jóvenes que debían cursarla y las universidades seguían con modelos académicos del siglo XVII combinados con la corrupción de los tiempos priístas. En resumen, la educación en México también se hallaba en crisis y en varios aspectos había retrocesos. Por último, los salarios de los maestros eran una vergüenza y el sindicato, el SNTE, el más grande de América Latina, era totalmente charro, al igual que su cacique Carlos Jonguitud Barrios.

Sin embargo, De la Madrid seguía diciendo que el país ya se estaba recuperando y todo iba bien. Para él, al menos, porque las plantas bajas y el subsuelo de la sociedad fueron puestas en la lona por los aumentos de precios (de un 75 por ciento) que siguieron a la fijación de nuevos salarios mínimos, los cuales se incrementaron en un 30 por ciento. El PIRE, que era de acción inmediata se volvió PERE (Programa Extendido de Recuperación Económica), ya iba en su tercer año, y apenas a fines de 84 y a principios de 85 parecía tener algún éxito, naturalmente a costa de las capas media y baja. Pero después vino un fuerte descenso en los precios del petróleo y Salinas Recortari impuso un severo recorte de 400 mil millones de pesos al gasto público, que vino acompañado de otra minidevaluación, pues se aceleró el desliz del peso de 17 a 21 centavos diarios. Esto desató el mercado negro de dólares en todo el país. El centro de operaciones era el aeropuerto de la ciudad de México, donde se manejaban hasta diez millones de dólares al día. Ante la pasividad de las autoridades, el mercado negro operaba también en hoteles, restoranes, importadoras y exportadoras, y hasta en la calle o en los tianguis de fayuca callejera. La cotización siempre era un 20 por ciento superior a la oficial.

A los pocos meses reapareció don Carlos con las tijeras y le tumbó otros 300 mil millones de pesos al presupuesto, sobre todo en proyectos de inversión, "para evitar una recaída en la recuperación", que también afectó los programas sociales. No faltaron las presiones especulativas y en la frontera el dólar se vendió a 330 pesos. La cotización oficial era de 245, y para remediar el desfase las autoridades financieras se sacaron de la manga un dólar "superlibre", que para fines prácticos se cotizaba al gusto de los especuladores. De esa manera había una cotización controlada (228 por dólar) para el gobierno y empresas prioritarias; una "libre" (245), para el público, y, como en las luchas, una "superlibre" (330), que al poco tiempo se tragó a la libre y se volvió la paridad real.

En junio, el presidentito De la Madrid se fue de viaje. Ya se estaba cansando de las austeridades y posiblemente envidiaba los viajes califescos de López Portillo, así es que armó su jet de redilas al estilo Luis Echeverría. El viaje fue a Bélgica, España, Francia, Inglaterra y Alemania Federal, supuestamente para ampliar exportaciones, estimular el turismo (claro, el de mexicanos a Europa) y captar divisas (gastándolas). Llevó varias exposiciones, películas y programas para dar una probadita de cultmex a los europeos.

Llegaron las elecciones. Se había admitido al Partido Mexicano de los Trabajadores (PMT) y readmitido al Auténtico de la Revolución Mexicana (PARM), que compitieron con el Revolucionario de los Trabajadores (PRT), Socialista Unificado (PSUM), Popular Socialista (PPS), Socialista de los Trabajadores (PST), Demócrata Mexicano (PDM), Acción Nacional (PAN) y Revolucionario Institucional (PRI). Como de costumbre, el PRI fue por el carro completo, pues ya todo se había preparado para que así ocurriera. El ensayo tuvo lugar a principios de año en Coahuila, donde el PRI se llevó todo; el gobierno orquestó un descarado fraude electoral y sólo le dio un municipio al PAN y otro al PARM. Hubo balaceras, tomas y quemas de alcaldías, bloqueos de carreteras y puentes fronterizos; el gobernador José de las Fuentes Rodríguez, alias el Diablo, fue apedreado, y el ejército tuvo que patrullar Piedras Negras, Monclova, Saltillo y Acuña.

En julio de 1985 el PRI se sirvió con la cuchara grande. Además de contar con la complicidad de la Comisión Federal Electoral (CFE), con todos los recursos del gobierno y con una difusión aplastante en los medios, se permitió el viejo uso de las urnas madrugadoras (abiertas antes de la hora prevista) o embarazadas (rellenas previamente), carruseles de votantes, "tacos" de votos, votantes sin credencial, cierre anticipado de casillas, robo de urnas, etcétera etcétera. Después, la CFE manipuló las cifras a su conveniencia para "elegir su oposición"; dio más presencia a los partidos satélites (PST, PPS, PARM), o muy débiles (PDM), para restarle fuerza a la oposición auténtica: el PAN y los partidos de izquierda (PSUM, PMT, PRT). El PAN obtuvo sólo seis diputaciones de mayoría y 32 plurinominales; al PSUM, PDM y PST les dieron 12 pluris, al PARM 9 y al PST, 12. De esa manera, el PRI una vez más tuvo el control casi total de la Cámara de Diputados y absoluto en la de Senadores. El Colegio Electoral sesionó ejerciendo el peso de la mayoría priísta y por tanto el aburrimiento sólo se desvaneció cuando el diputado panista Pedro Arellano dijo que "la renovación moral había acabado en renovación del morral", y que Miguel de la Madrid era uno de los grandes saqueadores del país. Criticar al presidente era tabú y los priístas armaron un escándalo, "¡cállenlo!, ¡bájenlo!", gritaban furiosos. "Se suplica al orador se sujete al tema", pidió el presidente del Colegio, pero Arellano ya había agarrado vuelo y despotricaba contra "las marranadas del partido oficial". Sus propios compañeros tuvieron que bajarlo de la tribuna.

En los años ochenta avanzó espectacularmente la conciencia ecológica en México, ya que el deterioro ambiental era cada vez más visible y alarmante. El presidente mismo reconoció que el país seguía en un proceso de desertificación, pues se perdían 400 mil hectáreas de bosques y selvas cada año, además de que se había deteriorado la atmósfera "por la contaminación industrial y por la falta de responsabilidad de autoridades y empresarios"; el problema ecológico se había convertido en una demanda política. Por eso se creó la Secretaría de Desarrollo Urbano y Ecología (Sedue), la cual quedó a cargo de Marcelo Javelly Girard. Se emitió una Ley de Protección al Ambiente que, entre otras cosas, exigía la instalación de equipos anticontaminantes en industrias y vehículos, pero en un principio no se aplicó, supuestamente por razones económicas; como siempre, las pobres empresas estaban muy gastadas y no les alcanzaba para equipos tan caros. De esa manera, se combatió a la contaminación mediante declaraciones, buenas intenciones y planes de escritorio en el mejor de los casos. No se llevaban a cabo acciones concretas porque no se querían afectar intereses, así es que la flamante dependencia se convirtió en un laberinto burocrático más. Como la realidad no entendía razones políticas, los problemas se magnificaban. Por lo tanto, surgieron organizaciones como la Alianza Ecologista Nacional, el Movimiento Ecologista, el Grupo Sobrevivencia, la Asociación Oyameyo y el publicitado Grupo de los 100, de Homero Aridjis.

Las organizaciones ecologistas, que representaron una de las primeras manifestaciones de la sociedad civil, llevaron a cabo sus propios estudios y se alarmaron ante la pasividad gubernamental. Corroboraron entonces que el aire se descomponía aceleradamente, el agua presentaba impurezas, los mantos se reducían y se disparaban las enfermedades parasitarias y de los ojos. En 1985 la visibilidad del Distrito Defecal se había reducido de doce a tres kilómetros, no se recolectaba un 36 por ciento de la basura y los ruidos excedían los 120 decibeles, cuando el máximo asimilable era de 85. Los problemas eran incontables. De más está decir que las autoridades no vieron con buenos ojos el surgimiento de los grupos ecologistas, porque la mayor parte era incooptable, no se dejaba manipular y no dejaba de presionar con sus denuncias. Ante ellos, la Sedue argumentaba: "La contaminación es un problema grave, pero secundario. La gente se muere por falta de alimento y agua, y no por el esmog."

A principios de 1985 la situación empeoró con las inversiones térmicas. El valle de México, rodeado de montañas, no permitía la fácil salida de contaminantes. En la mañana, cuando el sol ascendía, el aire caliente se elevaba y el frío ocupaba su lugar, pero, arriba, la capa de aire cálido se convertía en una especie de gran tapa que impedía la dispersión de los gases y los humos. Éstos a su vez se hacían densos cuando no había vientos, lo cual era frecuente en invierno por la orografía del valle. De esa forma, las inversiones térmicas convertían a la ciudad en una cámara de gases.

Ante esta calamidad, no sorprendió que Marcelo Javelly fuera removido de la Sedue y sustituido por Guillermo Carrillo Arenas, cuyo *highlight* curricular era haber dirigido el Fideicomiso de Acapulco y la construcción de Ciudad Renacimiento, el ghetto en donde el gobernador Rubén Figueroa concentró a los invasores del anfiteatro de la bahía de Acapulco. A Carrillo Arenas le tocó enfrentarse a los damnificados del temblor.

El 19 de septiembre de 1985, a las 7:19 de la mañana, México vivió la eternidad del instante cuando tuvo lugar el terremoto más devastador de la historia del país. Para no variar, el epifoco se localizó en las costas guerrerenses y la intensidad fue de 7.8 puntos en la escala de Richter.

El terremoto de 1985 trajo devastación sin límite, pero también el surgimiento de la sociedad civil. (Foto: Fabrizio León/*La Jornada*)

El terrible terremoto conmocionó a la ciudad
de México. (Foto: Fabrizio León/*La Jornada*)

El movimiento telúrico cimbró a buena parte del país, pero en la ciudad de México tuvo sus efectos más devastadores, especialmente en la zona céntrica, Tepito, Tlatelolco y la colonia Roma. Hubo 3 500 muertos, según cifras oficiales, y miles de heridos, desaparecidos y damnificados. Cayeron 250 construcciones, otras 50 quedaron a punto de desplomarse y más de mil resintieron serias fallas de estructura. Sucumbieron los hoteles Regis, Versalles, Continental, Principado, De Carlo, Romano y Montreal; y quedaron muy dañados el Del Prado (con el mural de Diego Rivera), Presidente y Chapultepec. Se desplomó el edificio Nuevo León de Nonoalco-Tlatelolco y otros de la unidad quedaron muy maltrechos, al igual que numerosos hospitales y clínicas, especialmente el Centro Médico y el Hospital General. También tuvieron daños gravísimos los edificios públicos de Marina, Comunicaciones (con los murales de Juan O'Gorman), Comercio, Trabajo, Reforma Agraria, Procuraduría de Justicia del DF, CNOP, Gobernación y Salubridad. Cayeron o resultaron dañadas numerosas escuelas públicas (un millón de niños se quedó sin clases), estaciones del metro, centros de espectáculos y de cultura, comercios, restoranes, edificios de departamentos, vecindades. El pavimento se levantó en partes de la ciudad y cayeron postes, cables eléctricos y telefónicos. Se suspendió la luz, el agua y el transporte. Televisa dejó de transmitir unas horas porque uno de sus edificios cayó con todo y su inmensa antena. Teléfonos, telégrafos y télex quedaron inutilizados, y los chilangos, incomunicados, enviaban incontables mensajes por la televisión para avisar a sus familiares en qué condiciones habían quedado.

El regente Ramón Aguirre Velázquez y los secretarios Bartlett (Gobernación), Arévalo Gardoqui (Defensa), Miguel Ángel Gómez Ortega (Marina), Daniel Díaz Díaz (Comunicaciones) y el director Ricardo García Sainz (IMSS) dieron una conferencia de prensa. La ciudad de México fue considerada zona de desastre. Arévalo anunció la aplicación del plan de emergencia para socorrer damnificados y evitar pillajes. Bartlett aseguró que la situación estaba controlada. El presidente De la Madrid, por su parte, hizo un recorrido por las zonas más devastadas y declaró: "Estamos preparados para atender esta situación y no necesitamos recurrir a ayuda externa. Agradecemos las buenas intenciones, pero somos autosuficientes." Un día después reconoció que la tragedia había rebasado los esfuerzos del gobierno. "No podemos hacer lo que quisiéramos con la rapidez que también deseáramos, sobre todo para salvar vidas", dijo en un mensaje televisado.

Pero en realidad el gobierno no supo qué hacer. Es verdad que llegaron los soldados, pero llevaban metralletas "en vez de picos y palas", como asentó Elena Poniatowska, y se dedicaron a acordonar las calles para impedir que la gente saliera. Con todo y eso lo esencial del rescate lo llevó a cabo la misma población de la ciudad, que no esperó las acciones oficiales. Miles quedaron atrapados entre los escombros y se formaron de inmediato grupos de socorristas que arriesgaron su vida y se metieron entre las ruinas y los escombros para rescatar gente sepultada; eran los famosos "topos". Un extraordinario, inesperado y oportuno sentimiento de solidaridad se dio entre muchos habitantes de la ciudad de México. Se formaban cadenas humanas para salvar a las víctimas; los taxis y peseros llevaban gratuitamente a los damnificados; médicos, enfermeras, plomeros y carpinteros ofrecieron sus servicios. La gente se repartía cobijas y ropa, improvisaba campamentos y métodos de salvamento, llevaba palas, gatos hidráulicos, tanques de oxígeno y todo tipo de herramientas. Se ayudaba mutuamente de una forma responsable y se organizaba con eficacia y sin perder tiempo.

Esa noche, la ciudad de México, a oscuras y silenciosa, era algo extrañísimo, jamás visto, escenario de ciencia ficción o imagen de pesadilla. Al día siguiente volvió a temblar, a las 19:40 horas, con una intensidad de 5.6 en la escala de Richter, y esa vez cundió el pánico en mucha gente. Otros 50 edificios se desplomaron y se vino abajo lo que ya estaba apuntalado. Nuevamente se fue la luz y las fugas de gas proliferaron. Todos salieron espantadísimos a la calle con una sensación apocalíptica y con los nervios erizados. Se instalaron campamentos de damnificados en muchas calles de la ciudad y esto no le gustó nadita al gobierno que, exasperado, veía que la situación se le iba de las manos. Era un auténtico "vacío administrativo y de autoridad en el gobierno del DF en esta catástrofe", observó un socorrista francés. El presidente De la Madrid finalmente aceptó la ayuda humanitaria del extranjero, pero ésta no siempre llegó a quien la necesitaba, sino que se la quedaban los buitres de la burocracia.

Por su parte, Guillermo Carrillo Arenas, titular de la Sedue, desde un principio causó problemas en vez de solucionarlos. Veía a los damnificados como enemigos políticos, no le gustaban los campamentos en las calles y pretendía demoler 23 edificios de Tlatelolco, precisamente los que habían iniciado una lucha por la autoadministración. Trataba de escamotear las indemnizaciones lo más posible y evadir la construcción de viviendas. Su trato con los damnificados era prepotente e insultante. Ellos, por lo tanto, se organizaron y surgió la Coordinadora Única de Damnificados, la cual reunió a 26 grupos de distintas partes de la ciudad y organizó una manifestación de 30 mil víctimas del terremoto que se dirigió a Los Pinos. Exigían la renuncia de Carrillo Arenas y la solución de sus apremiantes problemas. En vez de eso, obtuvieron un terrible acoso policiaco, acciones intimidatorias y de provocación, además de que el PRI, aturdido por la movilización espontánea, masiva y autónoma de la sociedad, no pudo organizar ni mucho menos conducir la adhesión popular a las labores de rescate y auxilio de damnificados. Al contrario, se movió para desmovilizar a los grupos espontáneos de ayuda, destruía la propaganda de los damnificados y distribuía volantes que decían: "Malos mexicanos pretenden desorientarnos. Rechacemos cualquier actitud que ponga en peligro la vida de nuestros hijos y familiares." Por su parte, Carrillo Arenas amenazaba con actuar contra los "líderes sedicientes que luchan por intereses inconfesables". Naturalmente, entre los damnificados creció un fuerte sentimiento antipriísta y antigobiernista. Con el tiempo, el gobierno trató de minimizar la situación, pero no dejaban de salir situaciones escandalosas, como cuan-

Superbarrio, hijo del terremoto de 1985. (Foto: Ana Isabel Patiño/*La Jornada*)

do se descubrió que la gran mayoría de los edificios caídos o dañados, especialmente los oficiales, habían sido construidos en tiempos recientes con materiales de baja calidad para cometer diversos fraudes o para abatir costos. O el caso de las costureras de San Antonio Abad, cuya explotación despiadada (condiciones de trabajo infrahumanas, bajísimos salarios e inexistentes medidas de seguridad en talleres-bodegas semiclandestinos) salió a la superficie a causa del temblor y le dolió a toda la sociedad.

El gobierno se movió con una lentitud exasperante y errática en todo lo relacionado con el sismo. Desde las primeras horas, en las que la maquinaria pesada no llegaba a las acciones de rescate, hasta el momento de enfrentar los efectos, el terremoto sacó a los tecnócratas de su software y sus organigramas. Ellos, Que Habían Previsto Todo, jamás se imaginaron que un terremoto se volvería mítico y que de entrada significaría el acta de nacimiento oficial de la sociedad civil mexicana, esa señora que tanta importancia adquiriría a mediados de los noventa. Para Carlos Monsiváis, en 1985 la ciudad de México conoció una toma de poderes, "que trascendió con mucho los límites de la mera solidaridad", y significó "la conversión de un pueblo en gobierno y del desorden oficial en orden civil".

El terremoto se volvería un lazo de unión y punto de partida de mucha gente que ya no creía en el gobierno y generó organizaciones urbanas muy combativas. Además de la Coordinadora Única de Damnificados (CUD), aparecieron la Coordinadora de Luchas Urbanas (CLU), la Coordinadora Nacional del Movimiento Urbano Popular (Conamup), la UV y D (Unión de Vecinos y Damnificados 19 de sep) de Alejandro Varas, Fernando e Ignacio Betancourt, y la Asamblea de Barrios (AB). De este entorno surgió también Superbarrio, un luchador social, enmascarado como en la lucha libre, que con gran sentido del humor aparecía en los movimientos populares a fines de los ochenta.

La ciudad se hallaba devastada. Todos coincidían en que semejaba haber vivido un bombardeo. El presidente decretó entonces una expropiación de predios urbanos para poder llevar a cabo la reconstrucción, pero la iniciativa privada, que en ningún momento se había distinguido por su solidaridad, se molestó; eso era populismo, estatismo, socialismo, decía, así es que se reinició con fuerza la salida de capitales y consecuentemente el dólar superlibre aplastó al pobre peso. A finales de octubre la moneda estadunidense se cotizaba a 450 pesos. Ciertamente, el temblor representó un problema adicional para los planes económicos del gobierno, que de por sí andaba tambaleante desde el segundo trimestre de 1985 y ahora se veía obligado a gastar dos billones de pesos para la reconstrucción, además de los religiosos pagos al extranjero: 10 mil millones de dólares de intereses de la deuda externa y 5 billones de pesos de la interna.

Un tema discutidísimo a mediados de los ochenta fue la deuda externa. Como casi todas las naciones del tercer mundo, la mayor parte de los países latinoamericanos, con México, Brasil y Argentina a la cabeza, debían decenas de miles de millones de dólares al FMI y a los centros financieros internacionales. Entre intereses y el "servicio", las deudas crecían al punto en que resultaban impagables, porque nunca se liquidaba el capital y los abonos apenas cubrían los intereses y el servicio. Era un círculo vicioso semejante al de las tiendas de raya de las viejas haciendas mexicanas. Si un país, como México, por sus propios errores y con la pequeña ayuda de sus vecinos, se quedaba sin dinero y caía en las trampas del Fondo, a la larga pagaba cantidades superiores al monto del capital, pero la deuda no sólo no se liquidaba, ni siquiera disminuía, sino que había aumentado. Por eso se decía que más que deuda externa era deuda eterna, usura vil que habría fulminado a don Ezra Pound.

En Cuba, Fidel Castro había hecho estudios pormenorizados para demostrar que las deudas latinoamericanas y del tercer mundo eran literalmente impagables, por lo que urgía la unión de los países deudores. Una moratoria conjunta de todos ellos sería un golpe terrible para el primer mundo. Otros mandatarios buscaban fórmulas para amainar el peso terrible de la deuda. El más famoso fue el carismático presidente peruano Alan García, quien le pintó su raya al FMI y pagó conforme podía y no como le exigían. Por su parte, Raúl Alfonsín, presidente de Argentina, proponía una acción integrada de los deudores latinoamericanos para negociar mejores condiciones. Argentina se había negado a cumplir algunas exigencias muy alevosas del FMI y por eso tenía problemas para recibir créditos. "No hay soluciones individuales", le quiso hacer ver a Miguel de la Madrid cuando visitó México en 1985, pero, como era de esperarse, De la Madrid era el Niño Bueno del FMI y se mostró reacio a cualquier club de deudores y en cambio favoreció la negociación unilateral. Por esos días 50 mil manifestantes marcharon por la ciudad de México para exigir una moratoria en los pagos de la deuda. Los partidos de izquierda, muchos intelectuales y algunos empresarios y funcionarios se inclinaban por algo semejante. El gobierno, a través del secretario de Hacienda Jesús Silva Herzog, dio una negativa rotunda a la moratoria. Además, después de varios años de intensas presiones de Estados Unidos, en 1985 México finalmente ingresó en el Acuerdo General sobre Aranceles y Comercio (GATT).

Como premio, se permitió que en octubre se reestructurara la deuda y el plazo para pagar 48 700 millones de dólares, la mitad del total, se extendió de seis a catorce años, además de que se concedieron nuevos créditos. Se exigió mayor austeridad sobre la austeridad, es decir, mayor pobreza de los pobres, pero a cambio el FMI puso a México como ejemplo ante el resto del mundo y Estados Unidos lo eligió para iniciar el Plan Baker, que implicaba aflojar las riendas a los que se portaran bien, pues prestaba más dinero con el fin de que los países endeudados pudieran cumplir sus compromisos con el exterior en "un marco de crecimiento económico interno".

El gobierno de México se abría unilateralmente, ansioso de participar en la globalización. En los dos primeros años delamadridistas se autorizaron 101 nuevas empresas de Estados Unidos con una inversión del 100 por ciento. Con esto, la inversión extranjera, principalmente estadunidense, controlaba la totalidad de la producción de automóviles, alimentos procesados y la manufacturación de caucho y hules sintéticos. Además, dominaba la producción de medicinas, autopartes, aparatos electrónicos, jabones, detergentes, cigarros, el sector moderno de la rama textil, las agencias de publicidad, y participaba en la siderurgia. Con De la Madrid la inversión extranjera entró en los bienes raíces, en los hoteles y en instalaciones turísticas en casi 50 millones de metros cuadrados de playas y fronteras, supuestamente "zonas prohibidas". Además, las filiales de las grandes transnacionales eran las importadoras y exportadoras más importantes del país. En 1985, grandes negocios como Anderson Clayton, Purina, Celanese, Cigarros la Moderna y Spicer obtuvieron ganancias del 80 al 500 por ciento, que en su mayor parte se repatriaban. A pesar de que estas compañías obtenían subsidios, apoyos y mano de obra barata, eran renuentes a introducir la tecnología de punta y a presentar en el mercado nacional sus *goodies* más avanzados y sofisticados; al contrario, muchas veces nos traían tecnología obsoleta o nos asestaban productos que estaban prohibidos en sus países.

A finales de 1985, nuevamente se aprovecharon las fiestas de diciembre para elevar los precios de la gasolina y derivados del petróleo, de la luz, teléfonos y demás servicios públicos, que, como siempre, fue la señal de aaaa¡rrancan! para que los comercios también elevaran los precios de sus productos.

En los ochenta, la radio siguió convirtiéndose en un espacio más abierto, a pesar de los intentos de censura del gobierno. Los noticiarios radiofónicos aumentaban de importancia y surgían los locutores estrella. Sin embargo, el público lamentó muchísimo que el director de Radio Educación, Héctor Murillo Cruz, consentido de Mickey de la Madrid, desvirtuara la línea de la estación como una mínima alternativa en la radio comercial. Para compensar, progresó notablemente Rock 101, dirigida por Luis

Cecilia Toussaint, gran rocanrolera de los ochenta. (Foto: Julio Candelaria/Cuartoscuro)

Gerardo Salas, que dio un mínimo espacio al nuevo rock mexicano en medio de una programación de rock alternativo. Para entonces la frecuencia modulada (FM) había acabado de imponerse en todo el país sobre la vieja AM.

El rock en México cobró un gran impulso en los ochenta con el surgimiento del rock rupestre, un rock pobre, sin recursos, pero mexicanísimo y que expresaba verdaderamente a los nuevos jóvenes del país. El principal exponente fue Rockdrigo González, quien llegó de Tampico para cantar en calles, metro y autobuses del DF, hasta que encontró una gran respuesta por parte de los chavos, quienes lo convirtieron en su gran héroe cultural. Rockdrigo murió cuando el edificio donde vivía cayó durante el terremoto del 85, por lo cual el personal dijo que había muerto de "un pasón de cemento". Canciones como "Metro Balderas", "Oh yo no sé" y "Vieja ciudad de hierro", del disco *Hurbanoistorias*, quedaron como grandes clásicos de una música que era tan roquera como mexicana. A principios de los ochenta, el legendario grupo Three Souls in my Mind se convirtió en el Tri, se consolidó como el grupo base de la banda nacional y a partir de ahí inició su decadencia. Botellita de Jerez también resultó muy divertido, mexicanísimo y provocativo con su guacarrock, y le fue tan bien que pudo abrir un superhoyo roquero llamado Rockotitlán. Otros buenos roqueros fueron Cecilia Toussaint y Arpía, Jaime López, la Camerata Rupestre, Nina Galindo, Rafael Catana y Fausto Arreguín. Por su lado, Guillermo Briseño y Jorge Reyes, ya sin Chac Mool, siguieron su desarrollo sin prisas pero sin pausas, y de España nos llegó la superblusera Betsy Pecanins, quien cantó en el Festival de Blues de 1983, donde también la hicieron el gran Taj Mahal y Papa John Creach.

En la segunda mitad de la década cambió el panorama con la llegada de grupos que se volvieron muy populares en los noventa, como Maldita Vecindad y los Hijos del Quinto Patio, Santa Sabina, con la sensacional Rita Guerrero, y Caifanes, ex Insólitas Imágenes de Aurora. En 1987 y 1988 hubo discos de MCC (Música y Contra Cultura), de Jorge Reyes y su etno-rock (*Comala* y *Viento de*

Luis Miguel, ídolo de la gente cuadrada. (Foto: Miguel Ángel Vázquez/ Cuartoscuro)

navajas), de Cecilia Toussaint y de Margie Bermejo; Maldita Vecindad y Trolebús cantaban en mítines y manifestaciones de izquierda, Álex Lora celebró los 20 años del Tri y gustaron mucho las giras de los españoles Joaquín Sabina, Miguel Ríos y los Toreros Muertos, y del argentino Charly García.

El rock mexicano había logrado rebasar muchas de las obstrucciones del sistema, reconquistó a la clase media y claramente ampliaba sus influencias, por lo que Televisa se alarmó (eran grupos que no controlaba y que daban una visión contracultural, alternativa a la del sistema), así es que urdió la campaña "rock en tu idioma", que aprovechó el interés creciente por los nuevos grupos nacionales y lo canalizó hacia grupos inanes, como los mexicanos Timbiriche, Cristal y Acero, los argentinos Soda Stereo y Enanitos Verdes o los españoles Hombres G, en vez de promover a Rockdrigo, al Tri o a Botellita. Con esto, el naciente rock mexicano quedó fuera del gran sistema industrial y volvió a la marginalidad, otra vez sin acceso a las grandes disqueras, a la radio comercial o a la televisión privada.

Televisa también exprimió al máximo la moda del rock cantado por niños, que tuvo mucho éxito con los españoles Parchís y los puertorriqueños Menudo. México contribuyó a su vez con la creación de Timbiriche, que en un principio era de chavitos y que después se volvería establo de estrellas juveniles como Sasha, Bibi Gaytán y Thalía, esta última actriz, junto con Adela Noriega, de la exitosa telenovela *Quinceañera*. Sin embargo, la gran estrella musical de los ochenta resultó Luis Miguel y, tras él, Yuri, Daniela Romo, Flans, Emmanuel y Mijares.

En la música ranchera, Vicente Fernández y Antonio Aguilar apoyaron las carreras artísticas de sus hijos, pero la superpotencia era Juan Gabriel, cuya fertilidad melódica había producido canciones que penetraron hasta lo más hondo del gusto mexicano. Lola Beltrán ya moraba en los espacios míticos y recibió la medalla de Bellas Artes en París. Para esas fechas, cada vez se escuchaban más canciones norteñas, como las de los Tigres del Norte o los

Alegres de Terán, pues cada vez eran más los mexicanos que trataban de hacerla en el sur de Estados Unidos. Por otra parte, mientras en Yucatán se celebraba el bambuco y el centenario de Ricardo Palmerín, en la capital Guadalupe Pineda tuvo mucho éxito desde principios del sexenio, al igual que la peruana Tania Libertad, y Eugenia León, quien ganó el Festival de la Organización de Televisión Iberoamericana (OTI) de 1985 con una rola de Marcial Alejandro, pero ambos tuvieron que soportar los abucheos del público "progresista", al cual no le gustó que participaran en el festival de Televisa, como tampoco aceptó que Jaime López y Cecilia Toussaint aparecieran en programas del consorcio. Por otra parte, en el periodo fallecieron Chava Flores, Acerina y Carlos Colorado, el director de la célebre Sonora Santanera.

En la música clásica el sexenio se inició con la muerte de un gran violinista, Hermilo Novelo, y concluyó con la de otro, Henryk Szeryng, mexicano de origen polaco y gran estrella internacional. En medio de eso, Federico Álvarez del Toro estrenó, en su Chiapas natal, *El espíritu de la tierra* y después la cantata *Uilotl-Mut*. El Cuarteto Latinoamericano grabó a Jiménez Mabarak, Moncayo, Revueltas, Chávez y Enríquez, y empezó a prestigiarse en el extranjero. Entre 1983 y 1988 surgieron compositores jóvenes como Javier Alcaraz, Víctor Manuel Medeles y Eugenio Delgado. También se dieron a conocer Alida Velázquez, Gloria Tapia, Lucía Álvarez y Lilia Vázquez. Mario Lavista presentó su *Música electroacústica mexicana* y *Dos nocturnos* basados en poemas de Rubén Bonifaz Nuño y de Álvaro Mutis. En 1986 hubo homenajes a Manuel Enríquez y a Carlos Jiménez Mabarak, pero también murió la pianista Alicia Urreta. Por su parte, los cantantes Miguel Cortés, Margarita Pruneda, Adriana Díaz de León, Ernesto Zender y Estrella Ramírez seguían los pasos de Francisco Araiza y Ramón Vargas, quienes ya eran muy conocidos en Europa.

En los ochenta, los niños estaban clavadísimos con los juegos electrónicos que había en todas partes, y los riquillos con los de computación, porque las computadoras caseras empezaron a expandirse en todo el país, primero el sistema Apple y finalmente el IBM. También les gustaban las pequeñas máquinas con pila para todo tipo de juegos. O el Atari, el Nintendo y el Sega, que también causaron furor, al igual que las patinetas, y de éstas se llegaron a vender modelos y aditamentos carísimos. O los minimuñecos de partes movibles, estadunidenses por supuesto; primero "la gente aventurera" y después los héroes de *La guerra de las galaxias*, *He-Man* o los belicistas *GI Joe*. Las niñas, por su parte, enloquecían con las incontables variedades de Barbies con sus vestuarios, mobiliarios, casas y demás parafernalia. Para los chavitos pobretones estaban las imitaciones baratas de Corea o Hong Kong, adquiribles en los numerosos puestos de fayuca que proliferaban en el país; también estaba el "rascahuele", y por supuesto las "maquinitas" electrónicas, que las había por todas partes y se dedicaban a exprimirles el escasísimo dinero a los chamacos a cambio de sumergirlos en un mundo penumbral "del futuro". Por supuesto, siempre estaban al pie las cascaritas, que sólo requerían un balón. O las arquetípicas canicas.

Los chavitos leían las historietas de superhéroes: *El Hombre Araña* (y la Mujer Rasguña) y *Los Cuatro Fantásticos* fueron muy populares en los ochenta, al igual que las caricaturas *Matzinger*, *Los Thundercats* o *Los pitufos*, que causaron estragos e incluso fueron acusados de satanismo; también llegaron las lacrimógenas caricaturas para niñitos como *Heidi*, *Remy* o *Candy*. Eran populares *En familia con Chabelo*, a quien para entonces ya le decían Chabuelo, y *Odisea Burbujas*. A fines de la década, varias escuelas se escandalizaron con las estampitas gringas, sumamente punk, llamadas *Garbage Pail Kids*, en las que los personajes vomitaban, defecaban o hacían finezas de ese tipo. Las frases de la época fueron "no inventes" y "en buena onda", que después se volvió "en buen plan".

En cuanto a los adultos, muchos empezaban a dejar de fumar acuciados por las campañas antitabaco que venían de Estados Unidos y que aducían que fumar causaba cáncer, trastornos en el embarazo, desintegración prepuciana o desvanecimiento del punto G. Después se prohibieron los cigarros en muchos sitios públicos. En cambio, no se dejó de beber. Las cervezas seguían igual de buenas que siempre y se mejoraba el gusto por el vino, cuyo uso claramente se expandía. El ron volvió a desplazar al brandy en las bebidas para mezclar, pero lo más notable fue el auge paulatino del tequila, especialmente los buenos reposados. Los Cuervo y Sauza, incluso el Hornitos, estaban out; la onda eran los Herradura, Tequileño, Centinela, Don Julio o Cazadores, entonces difíciles de encontrar, incluso en Guadalajara. El gusto por el tequila se dio al mismo tiempo en los sectores ilustrados del personal contracultural mexicano y extranjero, especialmente en Estados Unidos, donde el coctel Margarita fue el caballo de Troya de la invasión jalisciense, sólo que durante mucho tiempo los pobres gringuetes bebieron un tequila muy muy malo. En los noventa, el tequila llegaría a las clases altas y en los bares había listas de cientos de distintas marcas que para entonces se producían.

En los ochenta también llegó el gusto por los sushis y la comida japonesa. Se extendían los McDonalds y otras firmas de comida chafarra, especialmente las de pizzas, pero los tacos y los antojitos mexicanos continuaban imbatibles, si acaso el pambazo se volvió raro de encontrar. La nueva moda en los tacos fueron los "hawaianos", es decir, al pastor, o "de trompo", con piña. En las casas de la clase media cada vez se consumía más yogurt y granola, al igual que alcachofas, berenjenas, germinado de soya y coles de Bruselas.

En las casas ya casi no había linóleos ni candiles y quedaban pocos roperos y vitrinas; en cambio se multiplicaban las alfombras, tapetes, lámparas y los clósets. No faltaba por ningún motivo la televisión, hasta en las casas de intelectuales de la nueva vieja ola, y se pusieron de moda los hornos de microondas. En las grandes ciudades llegaron los mercados sobre ruedas y el ambulantaje. La mayor parte de la gente vivía en departamentos o condominios, pues las casas resultaban carísimas y sólo eran relativamente accesibles en las afueras, en los fraccionamientos que no paraban de surgir, usualmente en tierras despojadas a campesinos, o en las viviendas del gobierno, que solían ser casas minúsculas de techos bajísimos, como palomares.

En casi todo el país se advertía un crecimiento acelerado, pero especialmente en la ciudad de México, que de pronto se había llenado de combis comprimepasajeros, ya que viajaban doce o más en vehículos para ocho personas, con choferes campeones de la mala vibra y el agandalle. Las combis proliferaron rápidamente y brotaron en casi todas las ciudades del país, sólo en Tijuana utilizaban grandes camionetonas station wagon. El metro, por su parte, era el medio de transporte más usado y a las horas pico en las estaciones Hidalgo, Pino Suárez o Balderas tenían lugar intensas guerras de trincheras entre los que subían y los que bajaban de los vagones. Era un espléndido símbolo de México, ya que en el metro era tanta la gente que entre todos se sostenían y podían soportar las más extremas incomodidades. Por esas fechas se inició la construcción del metro en Monterrey, donde, por cierto, además de la macroplaza, el gobernador Halconso Martínez Domínguez levantó una enorme estatua del octogenario lobito Fidel Velázquez.

En los ochenta predominó una moda muy flexible. Las muchachas usaban chalecos estampados con flores al frente, ballerinas, mallones, blusones largos, playeras "ombligueras" o tops brillantes para ir a bailar; para las fiestas se estilaban las faldas largas, tipo Chanel, con estampados. Los pantalones volvieron a ser rectos y siguieron de moda los de mezclilla, "de diseñador", pero ahora eran stretch y también se estilaron los de tipo pescador y tres cuartos. Volvieron las minifaldas, plisadas o de mezclilla, con cinturones anchos y hebilla grande. Se usaban los sacos largos, holgados, a veces más largos que la minifalda. O conjuntos de chamarra y falda de piel. Los zapatos tendían a ser bajos con punta delgada o altos con tacón de aguja o botas altas hasta los muslos. Las medias, caladas o con figuras. Se estilaba el pelo esponjado, en capas, y el maquillaje era muy cargado, con sombras tipo arcoiris. También se puso de moda la bisutería de fantasía, aretes largos, collares de cuentas, diademas y moños, además de lucidores lentes oscuros de armazón grande. Por su parte, los hombres rescataron las corbatas delgadas y el traje cruzado con pantalones con pliegues, usualmente holgados. Los tenis se pusieron de ultramoda y había modelos que pesaban varias toneladas y que casi costaban lo que un auto de cuatro cilindros.

Los jóvenes, como rasgo de contracultura, empezaron a usar pantalones de mezclilla desgarrados, aretes en la oreja y camisetas enormes, talla extra grande, negras y con estampas de grupos de rock, especialmente de heavy metal o jevi mechas. En todo caso, avanzaba la informalidad y cada vez era más común ver gente sin corbata o con ropa "informal", incluso políticos o ejecutivos. La gente se expresaba más libremente, con menos fórmulas convencionales y mayor uso del habla coloquial y de las llamadas "malas palabras", que se volvieron comunes.

Los ochenta fueron tiempos oscuros. El sistema insistía en que "las utopías" habían muerto y se vivía el "fin de la historia". Coexistía la fetichización de la alta tecnología con nuevas formas de barbarie. Para los oligarcas era el capitalismo salvaje, y para los más miserables el "no hay futuro". "La ausencia, el vacío de ética es uno de los signos del vacío existencial del hombre contemporáneo y de nuestra sociedad", reflexionó Juliana González. "Hemos vivido una tradición que ha perdido ya sus fuentes vivas. Creo que vivimos una moral acartonada, represiva o negativa, o bien una disolución moral en todos los campos de la vida, y no digamos en lo político, donde hay un divorcio terriblemente peligroso de la ética."

"Culeeeero"

A principios de 1986, el secretario de la Sedue, Guillermo Carrillo Arenas, no salía de sus pleitos con los damnificados del terremoto y era criticadísimo por todas partes. Los partidos de izquierda (PSUM, PMT y PRT) pidieron que se le sometiera a un juicio político, así es que el presidente se hartó y le quitó la chamba. Carlos Salinas de Gortari, supersecretario de la SPP, persuadió al presidente para que remplazara a Carrillo Arenas por Manuel Camacho Solís, connotado intelectual de El Colegio de México, hasta entonces subsecretario de la SPP y uno de sus colaboradores más cercanos. Camacho Solís era muy trucha, pero esa área quedaba fuera de sus especialidades. Al tomar posesión, la prensa le preguntó: "¿Sabe usted lo que es la ecología?" "Este..., pues sí", respondió, "pero les pido de manera amistosa que veamos estos asuntos en los próximos días." Después dijo que el problema de la contaminación de la ciudad de México era preocupante pero no para causar alarma, y que, además, no era de su exclusiva incumbencia sino que le competía también al Departamento del Distrito Federal y al Sistema Nacional de Asistencia Civil y al Programa de Contingencias de la Secretaría de Gobernación. Propuso entonces un Plan Ecológico de 100 Acciones, que contemplaba la suspensión de clases en invierno, el traslado de la refinería de Azcapotzalco, un horario escalonado de negocios, escuelas y oficinas públicas, sacar de la circulación a 400 mil carcachas, reubicar empresas altamente contaminantes y controlar los vehículos con calcomanías para restringir la circulación.

Casi nada de esto se aplicó, pues se afectaban muchos intereses, pero el plan fue preámbulo de la Ley General de Equilibrio Ecológico, que en lo concreto significó un incremento espectacular en el presupuesto para combatir la contaminación: de 7 500 millones de pesos en 1986 a 809 mil millones de pesos dos años después. También se empezó a monitorear la atmósfera con los Índices Metropolitanos de la Calidad del Aire, o imecas, que, según los ecologistas, eran esotéricos de tan confusos y, según Rafael Barajas, el Fisgón, y Carlos Monsiváis, en realidad eran un antiguo pueblo indígena, como los aztecas. 100 imecas era el nivel tolerable, 200 indicaban alta peligrosidad, y de 300 a 500 entraban las fases de emergencia. Poco después, en 1988, se vio que todos los días del año se rebasaban los límites y en más de diez se llegó muy cerca de los

300. De cualquier manera, la Sedue reiteraba que no eran alarmantes los altos niveles de infición. Por otra parte, los grupos ecologistas manifestaron sus sospechas de que, como en la economía, se maquillaban los imecas.

A menos de un año de tomar posesión, Manuel Camacho Solís aseguraba que había disminuido sustancialmente la cantidad de plomo, dióxido de azufre, partículas suspendidas y bióxido de carbono. Sólo el ozono no cedía. Sin embargo, al instante lo contradijeron los grupos ecologistas nacionales y los especialistas ambientales de Canadá. A fines de la década, la contaminación causaba numerosos problemas respiratorios y cardiovasculares, irritación de los ojos, mareos y dolores de cabeza.

El nuevo titular de la Sedue toreaba los problemas de la contaminación, pero sí comprendía el valor político que la ecología ya tenía en Europa y que sin duda tendría en México también, así es que tuvo cuidado de alentar a Jorge González Torres, un ex priísta que no la había hecho y que se moría de ganas de pilotear un partido paraestatal, en la creación del Partido Verde, que después sería el Partido Verde Ecologista Mexicano (PVEM).

Camacho Solís formaba parte del grupo compacto salinista, con Emilio Gamboa, Jaime Serra, Pedro Aspe, Luis Donaldo Colosio, Rogelio Montemayor, José Ángel Gurría, Otto Granados, Patricio Chirinos y Joseph-Marie Córdoba Montoya. Estos últimos se encelaron por los éxitos de Camacho y poco a poco el equipo se fue dividiendo en dos bandos antagónicos. Por su parte, Carlos Salinas *joggeaba* la carrera futurista con gran empeño. Las pugnas por la sucesión presidencial eran intensas entre los otros suspirantes más notorios: Manuel Bartlett, el secretario de Gobernación, y Jesús Silva Herzog, de Hacienda y Crédito Público, a quien los "observadores" le atribuían la delantera. Por su parte, Adolfo Lugo Verduzco, el presidente del PRI, también suspiraba, pero De la Madrid lo sacó del juego en octubre de 1986. En cambio, el que entró en la carrera sucesoria con gran fuerza fue Alfredo del Mazo, gobernador del Estado de México, quien en abril de 1986 pasó a remplazar en la Secretaría de Energía, Minas e Industrias Paraestatales (SEMIP) a Francisco Labastida Ochoa, nombrado prematuramente candidato a la gubernatura de Sinaloa para suplir a Antonio Toledo Corro. El estado estaba infestado de narcotraficantes, policías y militares, la violencia se daba a la vista de cualquiera y las libertades se hallaban severamente restringidas.

Alfredo del Mazo era un hombre tan cercano al presidente Miguel de la Madrid que éste decía: "Es como el hermano que nunca tuve." Estas afirmaciones, más el hecho de que don Mickey le diera personalmente la bienvenida al gabinete en una ceremonia en Los Pinos, hicieron pensar a los políticos y expertos que Del Mazo era el tapado. Tanto De la Madrid como López Portillo habían entrado en el gabinete hasta el cuarto año del sexenio para evitar un desgaste prematuro y para taparlos como era costumbre. En todo caso, se consideró que por lo menos era el "caballo negro" de la sucesión. Del Mazo engrosaba la banda de los juniors, pues su padre, Alfredo del Mazo, también fue gobernador del Estado de México y secretario de Recursos Hidráulicos. Padre e hijo eran conspicuos miembros del influyente grupo Atlacomulco (o "Atracomucho", como le decían), encabezado por el poderoso profe Carlos Hank González. Además, Del Mazo se hallaba muy cerca de Fidel Velázquez, quien ya antes lo había nombrado director del Banco Obrero.

Todo esto apasionaba a los grillos, pero en 1986 el tema dominante era el futbol. No nada más porque Hugo Sánchez era la gran sensación, sino por el campeonato mundial de 1986. Originalmente, la sede de esa Copa Jules Rimet era Colombia, pero los colombianos adujeron estar muy gastados y se echaron para atrás, así es que la Federación Internacional de Futbol (FIFA) adjudicó la sede por segunda vez a México, que decidió asumir los gastos del campeonato a pesar de la crisis económica, o quizás a causa de ella. El campeonato mundial era una oportunidad en bandeja de plata para introducir nuevos métodos de control y de manipulación de las masas.

Los genios del diseño, alentados por Televisa, nos quisieron dejar ir como mascota, agárrense, un chile jalapeño

Ni el pase de México a cuartos de final en el Mundial de 1986 le quitó al presidente la calificación de "culero". (Foto: Fabrizio León/ *La Jornada*)

de nombre Pique, que, dotado de un bigotazo, gran sombrero y discreta panza cervecera, copiaba el estilo estereotipante de los dibujos animados de Hollywood, tipo Pancho Pistolas o Speedy González. Además, la mascota era una mina de albures, como se vio cuando el diseñador Rafael López Castro exclamó: "¿Un chile con bigote? ¡No mamen!" Las críticas de diseñadores, publicistas, editorialistas, comentaristas, sociólogos y demás fueron crueles, y mejor cambiaron de mascota.

Desde febrero de 1986 el gobierno montó un intimidante aparato de seguridad que costó la suma módica de tres mil millones de pesos y que incluía personal especializado, equipos sofisticados de vigilancia, detección y comunicación, vehículos, fuerzas policiacas y de choque. En abril, una madrugada los granaderos y los Zorros (la Fuerza de Tarea) desalojaron del zócalo a los huelguistas de hambre, a los pintores de brocha gorda, plomeros y demás desempleados que ahí ofrecían sus oficios, así como los sempiternos plantones asentados allí. Se trataba de poner la basura debajo del tapete para que México se viera *clean* a los ojos del extranjero, pero también de poner en práctica un impresionante aparato represivo para intimidar ya no a los opositores sino a toda la sociedad. Los tecnócratas sabían que la inhumanidad de sus políticas podía generar disturbios sociales y con cualquier pretexto hacían fintas represivas para atemorizar a la población.

El sábado 31 de mayo, desde las seis de la mañana ya había aficionados en el estadio Azteca que se encontraron con un despliegue de tanques y soldados dentro y fuera del estadio y, para entrar, con cuatro puestos de revisión exhaustiva. A las diez de la mañana el público abarrotaba el estadio y no paraban las porras "¡Mé-xi-có, Mé-xi-có!" A las once y media un animador anunció la llegada del señor presidente don Miguel de la Madrid Hurtado y entonces se inició una rechifla que agarró tal vuelo que acabó combinada con una gran "ola" de todo el público. El locutor, impertérrito, avisó que venían los honores de ordenanza al presidente, lo cual ameritó otra rechifla, más fuerte que la anterior. De la Madrid, con una sonrisita nerviosa, alzó una mano, con lo que creció la rechifla y se empezó a escuchar, cada vez más fuerte, que le gritaban "¡culeeeero, culeeeero!". Cuando Guillermo Cañedo, vicepresidente de la FIFA, mencionó a De la Madrid, otra rechifla ensordecedora se convirtió en "culeeero" y no dejó que se le oyera. Tampoco pudo hablar João Havelange, presidente de la FIFA, ni, por supuesto, el mismo De la Madrid, cuyo discurso duró menos de un minuto porque el Estadio Azteca retumbaba de los chiflidos, abucheos y gritos de "culero". El estruendo era tal que parecía que la selección nacional hubiera metido el gol de la victoria en la final del campeonato.

Desde el inicio del Mundial, pero especialmente a partir de la victoria de México contra Bélgica, la gente se desbordó en las calles a festejar. Cientos de miles se apoderaron de la columna del Ángel de la Independencia y el gobierno creó varios pachangódromos en distintos sitios de la ciudad. Allí la gente bailaba, se emborrachaba, veía los shows patrocinados expeditamente por el gobierno y echaba el relajo del siglo. Cuando México obtenía una victoria, familias enteras salían al encuentro de los automóviles y bailaban encima de los toldos en medio de porras "¡Mé-xi-có, Mé-xi-có!".

La selección mexicana logró llegar a cuartos de final y fue descalificada por Alemania en un anticlimático tiempo extra con tiros penales. En la final, Argentina derrotó a los alemanes. La euforia mundialista llevó al gobierno a otorgar la orden del Águila Azteca a Bora Milutinovic, el entrenador de la selección. Sin embargo, Teleméxico, la empresa creada con un 75 por ciento de Televisa y 25 del gobierno, fue criticadísima, pues la transmisión internacional tuvo muchas fallas de imagen y de sonido. La prensa extranjera no nos bajó de irresponsables subdesarrollados incapaces de manejar grandes acontecimientos mundiales.

En pleno mundial de futbol, Jesús Silva Herzog renunció a la Secretaría de Hacienda, la cual timoneaba desde el último año de López Portillo. Silva Herzog había destacado por sus numerosos viajes para negociar la deuda

En pleno Mundial, Jesús Silva Herzog fue eliminado del gabinete y de la ilusión de ser presidente. (Foto: Pedro Valtierra)

Con la caída de Silva Herzog, Carlos Salinas de Gortari tuvo el camino libre para el dedazo de su protector, el presidente De la Madrid. Aquí los dos aparecen con Arsenio Farell y Francisco Hernández Juárez. (Foto: Aarón Sánchez, tomado del libro *Imagen inédita de un presidente*)

eterna y se hizo popular entre la clase media alta, que para entonces era fan de Octavio Paz. Era el puntero en la carrera por la presidencia, pero fue derrotado en las vencidas que se echó con Carlos Salinas de Gortari, quien diseñaba la política económica y patrocinaba mayores austeridades. Silva Herzog a su vez planteaba que la severa disminución de divisas hacía imposible darle servicio a la deuda, y perdió cuando pidió la unión del gabinete económico para negociar con más firmeza con el FMI y los bancos; todos se le fueron encima y De la Madrid le pidió la renuncia. Se cuenta que Silva Herzog se puso lívido y la presentó con carácter de "irrevocable", lo cual, a su vez, enfureció al presidente, quien dio luz verde para que le pegaran duro al ex secretario de Hacienda. El periódico *El Nacional* lo criticó en un editorial y ésa fue la señal para que las plumas periodísticas al servicio del gobierno lo pusieran plano. Incluso lo acusaron de traidor.

La caída de Silva Herzog fue comentadísima, y los juicios se dividieron en favor y en contra; levantó múltiples interpretaciones y algunos financieros se alarmaron en el extranjero, pues pensaron que México variaría su política económica, por lo que James Baxter, el secretario del Tesoro de Estados Unidos, los tuvo que calmar. Todo esto en cierta medida pavimentó el camino de la renegociación de la deuda que se inició en junio de 1986 cuando se llegó a un acuerdo con el FMI para negociar con los bancos acreedores y sobre todo para recibir 3 641 millones de dólares. Sin embargo, el gobierno mexicano tenía que luchar contra el gran descrédito que padecía en el extranjero. "Prestarle a México ya no es negocio, darle dinero es pagar para hundirnos", decían los banqueros. "Cien veces se ha dicho que México estaba al borde del precipicio. Hoy ya se hundió", asestó *L'Express* por esas fechas. "México parece estar a punto de ser arrollado por su propia ineficiencia, contaminación, pobreza y corrupción: es un país que se pudre", añadió *Newsweek*, que consideraba a De la Madrid como un "tecnócrata tímido, indeciso y poco efectivo". Por lo tanto, el presidente contrató, y no precisamente baratas, a dos agencias de relaciones públicas y asesoría económica para mejorar la imagen de México en Estados Unidos.

Pero, otra vez, urgía el dinero. Los precios del petróleo bajaron hasta 11.25 dólares por barril de crudo y todos los planes se fueron a la lona. Salinas de Gortari anunció otro recorte de 500 mil millones de pesos al presupuesto, bajaron las reservas internacionales y la captación de los bancos, y las tasas de interés subieron al 130 por ciento. Aumentó la taxación, vía el Impuesto Especial sobre Producción y Servicios (IEPS), que gravó gasolinas, teléfono, tabacos y bebidas alcohólicas. Para mayo habían vuelto a subir los precios de las tortillas, el pan y las autopistas. Héctor Hernández, secretario de Comercio, reconoció que, salvo en los básicos, se eliminaba todo control de precios. A cambio, los salarios mínimos aumentaron en 25 por ciento; una cuarta parte de la industria nacional aseguró no estar en condiciones de otorgarlo, pero de la reetiquetación de precios no hubo escapatoria. De cualquier manera, decían los obreros, el aumento servía para un carajo. La CTM daba cifras abismales: el peso se había devaluado en 325 por ciento, la fuga de capitales durante el sexenio ascendía a casi 15 mil millones de dólares y las reservas se habían desplomado de 8 mil a 4 400 millones de dólares. Las cosas se habían puesto tan duras que De la Madrid le declaró la guerra a la palabra "crisis". "Hay que hablar de avances y programas. No hablen de la crisis", tiró línea a los 31 gobernadores y al gabinete legal en el Salón Carranza de Los Pinos.

Ante la dura situación, el gobierno trató de echar a andar un programa de abasto popular que ofreciera carne, pescado, tortillas, verduras y leche a precios inferiores a los de la calle, pero los comerciantes no aceptaron esa medida populista. Después se eliminaron los subsidios y se liberó el precio de la tortilla, que de 45 pesos el kilo llegó a venderse hasta en 600. Para compensar, Héctor Hernández Cervantes se sacó de la manga los tortibonos, unos vales para comprar las tillas a precio más bajo, que después se convertirían en célebre anzuelo para que el PRI pescara votos.

Desde 1983 el gobierno de Miguel de la Madrid había propuesto un Programa Nacional de Alimentación (Pronal), que, como el SAM de López Portillo, pretendía obtener la "soberanía alimentaria" mediante el fomento de la producción interna de alimentos y el aumento de la productividad. La realidad era que el mismo secretario de Agricultura, Horacio García Aguilar, reconocía que se incrementaban "los cultivos de exportación para que con las divisas que se obtengan compremos los alimentos que nos hagan falta". La industria alimentaria, controlada por transnacionales, operaba al 50 por ciento de su capacidad, había escasez de materias primas y 60 mil empresas no tenían dinero ni cómo obtenerlo. Por si fuera poco, la burocracia agraria (SARH, SRA, Banrural, Conasupo, Fertimex, Anagsa, Pronagra, más empresas paraestatales, fideicomisos y patronatos) devoraba todo, y de cada peso dedicado al campo sólo llegaban 30 centavos. La situación era tan dramática que no extrañó que en 1986 se dieran nuevas invasiones de tierras en Chiapas, Jalisco, Michoacán y Sinaloa, que naturalmente fueron desalojadas mediante operativos represivos de la policía y el ejército.

La economía del país seguía en plena crisis. El PIRE no había servido de gran cosa, ni el PERE, así es que Carlos Salinas de Gortari lo remplazó con el PAC, Programa de Aliento y Crecimiento, supuestamente antirrecesivo, que además de los mandamientos neoliberales, recogía elementos de planes como el Austral de Argentina y el Tropical de Brasil, pero sin llegar a la congelación de precios y salarios o a la emisión de una nueva moneda (el azteca). El PAC, como el PIRE, se proponía bajar la inflación a través de "un crecimiento sostenido con estabilidad", defender las actividades productivas y el empleo, sanear las empresas privadas, alentar la inversión, producir alimentos, lograr un tipo de cambio "competitivo", precios "realistas" y una liberalización gradual de la economía. Al PAC le fue peor que al PIRE, pues en 1986 y 1987 la inflación rebasó la cifra terrorífica del ciento por ciento.

El panista Francisco Barrio, gran víctima del Fraude Patriótico en Chihuahua. (Foto: Julio Candelaria/Cuartoscuro)

Los partidos de oposición comentaban que era posible reunirse con Miguel de la Madrid y exponerle puntos de vista. El presidente los escuchaba, pero no les hacía el menor caso. "De ninguna manera pienso yo que voy a convencer a ustedes de mis razones", argumentaba, "ni tampoco creo que ustedes piensen que me van a convencer." No, pos sí. "Parece una charla con un televisor", decía Heberto Castillo, "nosotros hablamos y nos contesta la tele." Por tanto, De la Madrid nunca escuchó las razones del PAN y se metió en la bronca del "fraude patriótico" en las elecciones de Chihuahua para nombrar gobernador, 67 presidentes municipales y 14 diputados locales en 1986.

También había elecciones en Durango, Michoacán, Zacatecas y Oaxaca, pero las de Chihuahua concentraron toda la atención, ya que desde el principio el gobierno se había propuesto dar un golpe duro al PAN para frenar la fuerza que estaba teniendo en ese estado, pues en las elecciones federales de 1985 se llevó cinco de las diez diputaciones, además de que ya gobernaba en la capital y las seis ciudades más importantes. Pero los priístas no querían perder "la primera gubernatura" (en realidad antes ya habían perdido la de Nayarit y muy probablemente la de Baja California Norte); en especial, decían, era vital no ser derrotados por "la reacción". Por el bien de la patria había que parar al PAN, y por eso el de Chihuahua fue llamado el "fraude patriótico".

El PAN eligió como candidato a su mejor carta, Francisco Barrio, el edil de Ciudad Juárez. El PRI a su vez designó a Fernando Baeza Menéndez y se preparó para un triunfo aplastante. Se reformó la ley electoral para confeccionarla aberrantemente a las necesidades del fraude; se manipuló el padrón y se suprimió al 15 por ciento de electores; después éste se entregó lo más tarde posible a la oposición y la ubicación de las casillas sólo se publicó una sola vez. Además se negó el registro a 92 representantes del PSUM, con lo que el PAN no pudo contar con el aval de las actas de otro partido, como había ocurrido un año antes en las elecciones federales. Por último, el PRI también envió a sus solicitados alquimistas, dirigidos por Óscar Saúl.

El 6 de julio, en Chihuahua había fuertes contingentes militares, en vehículos y a caballo. Circulaban también volantes apócrifos en los que el PAN supuestamente indicaba no votar. Después, hubo numerosas urnas rellenas, carruseles de votantes, suplantación de representantes de la oposición, expulsión de panistas, compra e inducción del voto, votación masiva de militares, arbitrariedades de los funcionarios de casilla y otras lindezas de ese tipo. Esa noche, con apenas 27 actas computadas, el delegado Manuel Gurría Ordóñez proclamaba el triunfo aplastante del PRI con el tradicional carro completo; casi todos los medios de comunicación lo dieron por sentado y así lo difundieron. A los dos días el presidente De la Madrid avaló la victoria de Baeza, quien, por su parte, se mostraba prudente y razonable, "las tendencias me favorecen", decía. Como era costumbre, las autoridades electorales tardaron más de una semana en dar resultados oficiales, pues ya se sabe que los procesos alquímicos se llevan su tiempo. Finalmente se anunció que el PRI prácticamente había obtenido todas las posiciones en disputa y que Fernando Baeza Meléndez había derrotado, dos por uno, a Francisco Barrio, quien denunció un "atropello atroz al pueblo de Chihuahua", y exigió la anulación de las elecciones.

Luis H. Álvarez, alcalde panista de la capital del estado, inició una huelga de hambre, acompañado por Francisco Villarreal, un acaudalado empresario, y el médico Víctor Manuel Oropeza, y la sostuvo durante mucho tiempo, pero al final mejor la suspendió cuando ya se estaba poniendo muy malito. En general, la reacción de los panistas chihuahuenses fue lenta pero adquirió una fuerza enorme. Bloquearon calles, carreteras y los puentes internacionales, hicieron manifestaciones de decenas de miles y salieron a las calles de Juárez, Ciudad Cuauhtémoc, Nuevo Casas Grandes, Parral, Camargo, Delicias y de la capital para gritar "¡de-mo-cra-cia!", a pesar de que las ciudades estaban ocupadas por el ejército, de que las fuerzas militares se redoblaron ante las protestas, y de que el gobernador Saúl Hernández Herrera amenazó con aplicar el peso de la ley contra los panistas, porque el gobierno y el PRI siempre alegaron una absoluta legalidad en los resultados de las elecciones y en sus modos de operar. Por cierto, las luchas del PAN fueron apoyadas por los partidos de izquierda PSUM, PMT y PRT, y por activistas de derechos humanos, que por primera vez se unieron con grupos derechistas y ultraderechistas que también apoyaban al PAN. Todos pedían la anulación de elecciones. Un grupo de intelectuales, con Octavio Paz, Enrique Krauze, Carlos Monsiváis y Elena Poniatowska (más el "grupo Chihuahua de la literatura", compuesto por Carlos Montemayor, Ignacio Solares y Víctor Hugo Rascón Banda), publicó un manifiesto en favor de la anulación de las elecciones.

Los obispos de Chihuahua también denunciaron el fraude electoral, y el arzobispo Almeida y Merino ordenó la suspensión de cultos como protesta. Esto aterrorizó a Manuel Bartlett, quien fue a pedir la ayuda del nuncio apostólico Girolamo Prigione. Éste le hizo el paro y logró que el papa Juan Pablo II revocara la suspensión de cultos en Chihuahua. Sin embargo, muchas organizaciones religiosas de todo el país apoyaron a los obispos de Chihuahua y, con ello, al PAN. Para entonces el Fraude Patriótico era noticia internacional y fue muy difundida una fotografía en que el ejército, ante reclamos de los panistas, quemaba tres urnas. Las agencias de noticias y los medios de difusión de Estados Unidos reportaban con relativa asiduidad la resistencia de los chihuahuenses ante "el fraude descarado".

El presidente y el secretario de Gobernación se endurecieron y no quisieron ceder ante las presiones que les llovían. De la Madrid lo pagó bien pronto. En agosto viajó a Washington, nuevamente a reportarse, y no encontró más que protestas y mítines por donde iba. Además, el *Washington Post* publicó un desplegado de toda una plana (costaba 30 mil dólares), de un tal Consejo para la Seguridad Norteamericana, que pedía la anulación de las elecciones en Chihuahua. Al regreso del presidente, el PAN fue acusado de traidor a la patria por sabotear las conversaciones Reagan-De la Madrid, tan importantes para la paz mundial. Durante su informe del 1° de septiem-

Cuauhtémoc Cárdenas y Porfirio Muñoz Ledo formaron la Corriente Democrática del PRI en 1986. (Foto: Tomás Martínez/Cuartoscuro)

bre, De la Madrid insistió en que las elecciones de Chihuahua se habían realizado "con respeto a la ley". Agregó: "No ignoramos que en las elecciones aún se dan deficiencias que debemos corregir. Pero esto no puede ser pretexto para incitar al desorden, intimidar a los ciudadanos o realizar actos de violencia." (También insistió en que su política económica seguía siendo la única correcta, a pesar del aumento en la inflación y de la caída del PIB. Si las cosas estaban tan mal era por la caída de los precios petroleros.) Por supuesto, el presidente siguió montado en su macho y asistió a la toma de posesión del nuevo gobernador, custodiado, eso sí, por un impenetrable cerco militar, mientras afuera 30 mil manifestantes le gritaban a Baeza "¡usurpador!".

Otro gran centro de atención fue la flamante Corriente Democrática del PRI. En mayo, después de la XII Asamblea Nacional, Cuauhtémoc Cárdenas y Porfirio Muñoz Ledo, ambos con un futuro nada halagüeño en el sexenio de De la Madrid, se habían encontrado de casualidad cuando buscaban su coche. "Nos hablamos", se dijeron.

Cuauhtémoc Cárdenas no mostró grandes inquietudes políticas durante mucho tiempo. Lo más relevante fue su apoyo entusiasta a la Guatemala de los años cincuenta, cuando él tenía veinte de edad, y su participación, bastante activa, en el Movimiento de Liberación Nacional diez años después. Hasta la muerte del general Lázaro Cárdenas en 1970, Cuauhtémoc en cierta medida vivió a la sombra de su padre. Pero en los años setenta, cuando ingresaba a la cuarentena, a Cuauhtémoc lo infectó el vicio de la política priísta y buscó la gubernatura de Michoacán. Se dice que Echeverría le dio alas, así es que él hizo su talacha en el estado. Sin embargo, don Luis después se hizo el loco, como acostumbraba, y designó candidato a Carlos Torres Manzo. A diferencia de Echeverría, López Portillo simpatizaba con Cuauhtémoc y lo impulsó para senador, primero, después lo nombró subsecretario Forestal y de la Fauna en la SARH, y finalmente le dio luz verde en sus aspiraciones a gobernar el estado de su padre. La mayor gloria de Cárdenas en Morelia fue el primer Festival Internacional de Poesía, que estuvo bueno. En cambio, se vio puritano y aferrado al cerrar burdeles, impedir las peleas de gallos y no permitir la venta de bebidas alcohólicas los fines de semana. Sin embargo, siempre contó con el apoyo de la gran mayoría de los michoacanos, como luego se vería en las elecciones presidenciales de 1988.

Por su parte, Porfirio Muñoz Ledo entró en la política desde muy joven, pero llegó a la cumbre con Luis Echeverría. Fue aspirante a la presidencia, jefe del PRI y secretario de Trabajo y de Educación. López Portillo lo consideró gente de Echeverría y lo retiró de la SEP, pero después lo pensó mejor y lo envió a las Naciones Unidas. Muñoz Ledo se hallaba bastante contento en Nueva York cuando lo mandaron a la banca. Miguel de la Madrid, su viejo amigo de la Facultad de Derecho, ya no le ofreció nada y Porfirio, de pronto, se quedó suspendido en el vacío.

Los dos se conocían poco, pero esa vez Cuauhtémoc, que aún era gobernador de Michoacán, no dudó en llamar al ex embajador en la ONU. Los dos invitaron después a Ifigenia Martínez, Gonzalo Martínez Corbalá, Leonel Durán, Rodolfo González Guevara, César Buenrostro, Carlos Tello, Severo López Mestre, Jacinto Mújica y Armando Labra, y empezaron a reunirse para hablar de la situación política, de la toma del sistema por la casta tecnocrática, del "abandono de los ideales revolucionarios" y de la sucesión presidencial en puertas, de la que de plano estaban out.

En agosto, el periódico *Unomásuno* los balconeó y los bautizó como una "corriente democrática" del PRI, pues buscaban que los candidatos a puestos de representación popular fueran electos democráticamente y ya no mediante el dedazo delamadridesco. El periódico mencionaba también a Silvia Hernández, Juan José Bremer, Augusto Villanueva, Vicente Fuentes Díaz y otros priístas que la habían hecho durante el echeverriato y que después se reintegraron al redil. De todos se dijo que buscaban chamba. "Cesantes políticos de México, uníos", bromeaban. Adolfo Lugo Verduzco, presidente del PRI, declaró que toda manifestación de los militantes del partido debía encauzarse a través de los sectores, y Fidel Velázquez dijo que los de la Corriente eran unos oportunistas, rompían la disciplina, atentaban contra "la unidad revolucionaria" y debilitaban al Estado, así es que tanto Muñoz Ledo como Cárdenas se reunieron con Miguel de la Madrid, quien aseguró comprenderlos; "algo se puede hacer", dijo, y los remitió con Lugo Verduzco; él a su vez tampoco se les opuso y sugirió que ellos mismos dijeran cómo hacerle. La Corriente Democrática (CD) redactó entonces su primer documento.

Adolfo Lugo Verduzco fue enviado a la gubernatura de Hidalgo, de donde era cacique, y como presidente del PRI entró Jorge de la Vega Domínguez, quien había jurado que sería gobernador de Chiapas "los seis años enteros". De la Vega, severamente monitoreado por el equipo presidencial, llegaba a operar la sucesión y a tratar de contener a los suspirantes, que ya estaban bien encarrerados; todo sería "en el tiempo que marca nuestro calendario electoral, no antes, no después", anunció a la temible cargada de búfalos priístas cuando rindió protesta en el Teatro del Bosque. De la Vega también se mostró cordial y comprensivo con la CD, pero ésta pronto se dio cuenta de que le estaban dando largas y se dedicó a hacer proselitismo en todo el país.

En octubre, la lucha sucesoria se abrió "oficialmente" cuando el líder del PRI en el DF, Jesús Salazar Toledano, alias Chaplinijo, obviamente con línea presidencial destapó a cuatro secretarios de Estado y distinguidos priístas como posibles candidatos del partido oficial a la presidencia: Manuel Bartlett (SG), Carlos Salinas de Gortari (SPP), Alfredo del Mazo (SEMIP) y Miguel González Avelar (SEP), pero este último después dio a entender que no tenía ninguna esperanza de obtener el dedazo y que estaba en la lista para tapar al tapado. Más tarde, se añadieron otros tres distinguidos priístas como suspirantes "oficiales": Ramón Aguirre Velázquez (DDF), quien se la tomó muy en serio; también le puso ganas Eduardo Pesqueira (SRA) y el procurador Sergio García Ramírez fue visto como el caballo negro de la contienda.

El cuasibróder Alfredo del Mazo en verdad quería ser presidente y se empezó a promover como campeón de la mentada reconversión industrial, en teoría una modernización de la industria que contemplaba aumentar la eficiencia y la productividad, introducir innovaciones tecnológicas y optimizar equipos; tampoco podía faltar la consabida apertura al capital extranjero, mayores facilidades a los exportadores, la "depuración" de paraestatales con el riguroso traslado al gobierno de los pasivos y naturalmente con una "reorganización de las relaciones laborales". En realidad, era la misma gata de todo el sexenio, la del Plan Global de Desarrollo, la del "cambio estructural", pero ahora se utilizaba el horrendo tecnicismo "reconversión". En la práctica, esta política había significado ya el despido de cientos de miles de obreros por lo que los contratados tenían mucha más carga de trabajo y menos prestaciones, y por supuesto requerían nuevos sistemas. En la industria automovilística, por ejemplo, la modernización había significado 25 mil trabajadores despedidos.

Por cierto, a fines de 1986, el gobierno seguía "reduciendo su obesidad", es decir, había privatizado 660 empresas paraestatales de las más de mil que había en 1982. En los medios bursátiles, los inversionistas pagaban entre 35 y 45 centavos por cada peso de las paraestatales en venta, por lo que se podían comprar hasta en 65 por ciento menos de su valor, porque el Estado tenía prisa en venderlas y entonces las malbarataba. Los expertos decían que el gobierno no estaba preparado para vender empresas ya que sólo sabía comprarlas. En cuatro meses se recababa la información, se analizaba y se ponía a la venta otro paquete de paraestatales. Muchas de ellas funcionaban bien y generaban buenas utilidades, pero la Secretaría de Comercio explicaba: "No se venden porque sean mal negocio, sino porque no son prioritarias." Por otra parte, algunas empresas embotelladoras, cementeras, electrodomésticas, petroquímicas, hoteleras o de autopartes, regulaban la competencia en su ramo y ejercían un virtual control de precios.

La carestía continuaba imbatible mientras el gobierno seguía apoyando a los ricos, ahora con el Fideicomiso para la Cobertura de Riesgos Cambiarios (Ficorca), que asumía hasta el 63.5 por ciento (11 801 millones de dólares) de la deuda externa privada, y con los pagarés de la Tesorería de la Federación (pagafes), que con el fin de que no los afectaran las devaluaciones se compraban y se vendían en pesos pero con denominación en dólares. "El gobierno no puede evitar que se deteriore el nivel de vida de las grandes mayorías, porque en eso consiste precisamente la crisis", reiteraba De la Madrid. En lo que iba del año ya habían subido otra vez todas las cosas. A fin de año los salarios mínimos aumentaron en un 25 por ciento, aunque los expertos indicaban que se requería un incremento del 71 por ciento para que recuperaran su valor adquisitivo, sin contar con que los economistas demostraron que por cada peso que subían los salarios, los precios se elevaban dos.

Los estragos de la crisis habían generado la consolidación de una economía paralela, subterránea, con variadas y sorprendentes formas de subempleo, cuya magnitud fluctuaba entre el 25 y el 35 por ciento del PIB y que evadía el pago de impuestos. De ésta formaba parte la venta de productos de contrabando o piratas, el mercado negro de divisas, los trueques de bienes y servicios, los trabajos de inmigrantes ilegales; el trabajo doméstico, la prostitución, el tráfico de drogas, tabaco y alcoholes; las operaciones financieras por fuera de los mercados institucionales; la compraventa de autos, terrenos y casas no reportada; la aparición de tragafuegos, lavaparabrisas y actos circenses en las calles, así como la venta de todo tipo de cosas en los altos de las grandes avenidas. Según cálculos oficiales, esta economía subterránea significaba no obtener un 26 por ciento de ingresos tributarios. El gobierno la toleraba por distintas razones, pero muy especialmente porque al hacerlo obtenía una formidable clientela política para el PRI a través de lideresas como Guillermina Rico y Alejandra Barrios, quienes, of cors, se enriquecieron espectacularmente.

Por otra parte, a fines de 1986 la Universidad Nacional Autónoma de México volvió a ser escenario de un gran movimiento estudiantil. El 11 de septiembre, en plenas vacaciones, el Consejo Universitario aprobó las reformas emanadas del documento *Fortaleza y debilidad de la Universidad Nacional*, en el que el rector Jorge Carpizo planteaba que la UNAM era gigantesca y estaba mal organizada, con una estructura obsoleta; era necesaria una reforma profunda para corregir la coexistencia de áreas de excelente nivel académico, los institutos, con otras de bajísimo nivel, las facultades. Las reformas consistían en crear exámenes departamentales, otorgar el pase automático sólo a los que tuvieran ocho de promedio y no hubieran reprobado ningún año, reducir (y subir de precio) los exámenes extraordinarios que podían presentar los reprobados, aumentar la cuota de inscripción y el costo de los servicios.

Las reformas fueron aprobadas a pesar de las protestas de los consejeros estudiantiles, así es que a fines de octubre se creó el Consejo Estudiantil Universitario (CEU), el cual pidió la derogación de las reformas carpicianas. Defendía el pase automático de los alumnos que habían aprobado la preparatoria en las escuelas de la UNAM porque "la Universidad no puede desconocer una educación que ella misma imparte" y también la cuota simbólica de 200 pesos, porque la Constitución amparaba la gratuidad de la educación. Decía también que la política educativa tendía a volverse más autoritaria conforme aumentaban los recortes presupuestales de la SPP, y recomendaba que la UNAM exigiera un aumento del 100 por ciento al subsidio en vez de la solución de moda: recortar. Los consejeros además se quejaban de la falta de becas, de la insuficiencia de las bibliotecas, del cierre de las cafeterías universitarias y de la clausura de los dormitorios estudiantiles. Querían una universidad de masas y gratuita, lo cual no se reñía con la excelencia si se contaba con recursos, y no creían que la educación universitaria tuviera que "reconvertirse" y ser selectiva y de alto costo para tener un alto nivel académico, como se infería del proyecto del régimen.

Antonio Santos, Carlos Imaz e Imanol Ordorica, líderes de la huelga universitaria de 1986-1987. (Foto: Eloy Valtierra/Cuartoscuro)

El rector Carpizo tuvo que parar la aplicación de las reformas ya aprobadas, pues advirtió que el CEU contaba con la adhesión de la gran mayoría de los jóvenes universitarios y una gran capacidad de movilización y de convocatoria. En noviembre las autoridades hicieron concesiones menores, para dorar la píldora, pero los ceuístas aumentaron las marchas, amenizadas por el grupo de rock Maldita Vecindad y los Hijos del Quinto Patio entre varios otros; mientras el presidente De la Madrid echaba a la basura los viajes austeros en favor de los faraónicos con su debido recibimiento de miles de acarreados, a mediados de diciembre, eran ya más de 50 mil los estudiantes y simpatizantes izquierdistas que manifestaban y echaban un relajazo, "¡el que no brinque es porro!", gritaban, y ahí iban todos dando de brincos. "Aplaudan aplaudan, no dejen de aplaudir, el pinche Carpizo se tiene que morir", decían los aguerridos chavos del CCH Oriente. Las mantas pedían el 100 por ciento de aumento al subsidio universitario, educación gratuita, derogación de las reformas y un gran congreso resolutivo. Significativamente, los estudiantes no se metían ni con el presidente, el gobierno o el PRI, no impugnaban las condiciones usureras de la deuda externa ni la política privatizadora, además de que la mayoría de los líderes no militaba en ningún partido político, por lo que se descartaba la mano negra en el conflicto.

El gobierno desechó la línea dura por muchas razones: era muy fuerte el peso mítico de 1968, el CEU tenía una base estudiantil solidísima que podía convocar la adhesión de mucha gente inconforme, el presidente y el régimen habían sido repudiados severamente durante el terremoto y el Mundial de Fut, la crisis económica se había recrudecido con el consiguiente malestar popular y por si fuera poco ya habían llegado los tiempos del dedazo presidencial. Rectoría entonces reconoció que "eran válidos los argumentos para adecuar las primeras medidas" y aceptó crear una comisión de autoridades y estudiantes para analizar la reforma en sesiones públicas y transmitidas por Radio Universidad.

El diálogo tuvo lugar en enero de 1987 en el legendario auditorio Che Guevara de Filosofía y Letras, lleno en su totalidad de ceuístas. La comisión de rectoría, encabezada por José Narro Robles y Mario Ruiz Massieu, chocó al instante con los líderes del CEU Carlos Imaz, Imanol Ordorica, Antonio Santos, Guadalupe Carrasco, Juan Rivera y María del Carmen López, quienes se mostraron inteligentes, seguros, naturales, directos y concisos, con altas capacidades irónicas y una preparación muy sólida; veían con toda claridad las tácticas legalistas, formalistas y autoritarias de rectoría, las desmenuzaban con cuidado de cirujano y después se pitorreaban de ellas. En realidad siempre derrotaron fácilmente a los representantes de rectoría y al que se les puso enfrente, como cuando Imaz y Ordorica se comieron vivo al doctorcito Ignacio Burgoa en el programa de televisión de Ricardo Rocha.

Finalmente, rectoría propuso suspender los aumentos en los pagos de inscripción y servicios, y bajar a siete el promedio para el pase automático, pero el CEU reviró con una contrapropuesta en la que urgía a la realización del Congreso General Universitario resolutivo, con la participación de todos los sectores de la UNAM, para discutir el rumbo y el proyecto de la Universidad Nacional. La última sesión tuvo lugar el día 16 en el Che Guevara más repleto que nunca porque rectoría llevó a sus porros de Voz Universitaria, un grupo que se había sacado de la manga para simular apoyo estudiantil. En quince minutos la Comisión de Rectoría analizó y desechó la contrapropuesta del CEU, y planteó que sólo el Consejo Universitario, la máxima autoridad de la UNAM, podía convocar a un congreso. Ambos lados se acusaron de intransigencia, pero Narro y Ruiz Massieu se pusieron furiosos cuando Imanol Ordorica dijo que ante la poca seriedad de la reunión el CEU se retiraba, así es que los ceuístas se fueron cantando "¡CEU, CEU!". "¡Que quede constancia dónde está la UNAM!", gritó Narro, y todos los representantes de rectoría se echaron un goya, la porra de la UNAM.

El CEU armó una manifestación de 100 mil gentes, y la huelga estalló el 29 de enero. Rectoría sacó sus triques y el CEU colocó las banderas rojinegras sin ningún dramatismo. Después propuso la reanudación del diálogo, pero ahora con el Consejo Universitario, y realizó marchas por distintos rumbos de la ciudad que culminaron con otra gran manifestación de más de 200 mil simpatizantes. Carpizo, por su parte, anunció que el gobierno había aumentado el subsidio a la Universidad en un 121 por ciento, con lo que se satisfacía esa demanda estudiantil. Después se deshizo de Voz Universitaria, su brazo armado, e inició una consulta sobre los mecanismos para realizar un congreso general. El Consejo Universitario finalmente aprobó por mayoría calificada la suspensión de las reformas y la realización del congreso, cuyas resoluciones serían asumidas por la más alta autoridad de la UNAM. Los estudiantes del CEU discutieron agriamente sobre si debían continuar la huelga; en un principio votaron por mantenerla, pero después, a los veinte días de iniciada, la levantaron. Entraron entonces en operación las tortuosas discusiones sobre los mecanismos del famoso congreso, que tardó años en hacerse y resultó un parto de los montes.

El gobierno trató a los estudiantes con pinzas por el trauma de 1968, pero reiteró que usaría la mano dura con las protestas obreras cuando aplastó la huelga de los electricistas en demanda de un aumento de emergencia que tuvo lugar en marzo de 1987. Para empezar, se negó a negociar, después "intervino administrativamente" la empresa, declaró inexistente la huelga y requisó la Compañía de Luz y Fuerza. La huelga sólo duró cinco días, pues el Sindicato Mexicano de Electricistas (SME), a pesar de que llevó a cabo grandes movilizaciones, se quedó sin el apoyo del Congreso del Trabajo. En esa ocasión, Carlos Salinas de Gortari, titular de la SPP, dijo que cerraría las empresas que se declararan en huelga, y eso fue lo que ocurrió con Aeroméxico. Tan pronto los trabajadores de la aviación (SNTAS) se pusieron en huelga, con el apoyo de las y los sobrecargos y la neutralidad de los pilotos, el gobierno declaró la quiebra de la aerolínea. Se liquidó entonces a todos los trabajadores, se creó Aerovías de México (otra vez Aeroméxico) y luego se recontrató a un 60 por ciento de los que habían sido liquidados, que ahora cobraban menos y habían perdido prestaciones a cambio de más trabajo y autoritarismo. Pero así era eso de la privatización. Los patrones aprovechaban la cercanía del destape presidencial y presionaron en favor de reformar el artículo 123 de la Constitución para "modernizar" los procedimientos de huelga; también querían reformar el artículo 27 para privatizar los ejidos, limitar el llamado "sector social" de la economía y la privatización de la banca, de Teléfonos de México y de Pemex. No se imaginaban en ese momento que pronto verían rebasadas sus expectaciones.

En 1985, el secretario de Comunicaciones (SCT), Daniel Díaz Díaz invitó a 40 gorrones a Cabo Cañaveral, Florida, para apreciar el lanzamiento del vehículo espacial Discovery que, ya en el espacio, desprendió el Morelos 1, el primer satélite mexicano de comunicaciones, que en noviembre fue seguido por el Morelos 2, en cuyo cohete impulsor viajaba Rodolfo Neri Vela, funcionario de la SCT, quien así se convirtió en nuestro "primer astronauta". Científicos, intelectuales y comunicólogos cuestionaron el uso legal y práctico de los satélites Morelos, pues no había suficientes estaciones para recibir las señales, ni programas para su aprovechamiento, así es que en un principio los beneficiarios del costosísimo proyecto fueron Televisa, para no variar, y los usuarios de antenas parabólicas.

A mitad de la década, las zonas ricas de las ciudades mostraban un nuevo paisaje urbano compuesto de parabólicas, que ciertamente eran caras, por lo que se volvieron un inmediato símbolo de estatus. A través de ellas se podía tener una programación estadunidense muchas veces sin comerciales y con énfasis especial en los canales de películas y de deportes. Las opciones eran muchas, pero de cualquier manera la programación no variaba gran cosa. Por esas fechas se extendieron también las redes de televisión vía cable, con Cablevisión, de Televisa, que después compitió con Multivisión. Igualmente, proliferaron los videoclubes, que del DF se regaron por todos los rincones de la república. En un principio, los clubes de video trabajaban con cintas piratas. El gobierno, presionado por Televisa, pronto legisló en contra de la piratería y la mayor parte de los clubes se legalizó. De nuevo el gran beneficiado fue el consorcio de la televisión privada, que armó una distribuidora de casetes, Videovisa, y una red de franquicias que se llamó Videocentro. Videomax fue otra distribuidora legalizada y en torno a ella se creó un grupo de videoclubes llamados "independientes". Como Televisa no logró sacarlos del mercado, al final optó por venderles parte de su material, lo cual fue pésimamente visto por los dueños de los Videocentros, que hasta ese momento tenían la exclusividad de las películas de Videovisa. También fue legalizada la distribución de videocasetes pornográficos, que, curiosamente, también pasaban por la censura de Gobernación, quizá para que los censores se entretuvieran viendo "actos licenciosos, lúbricos, contrarios a la continencia y las buenas costumbres", porque quién sabe qué les censuraban.

Con la novedad del cable y de las parabólicas llegaron también los videoclips, ese nuevo género que fusionó música y video y que en un principio en México sólo se exhibía por cable; los clips se hicieron muy populares y pronto pasaron a los canales masivos de VHF, pero a doña Paloma Cordero de De la Madrid, la primera dama del país, no le gustaron y los condenó, por lo que regresaron a los canales de cable. Sin embargo, los videoclips habían llegado para quedarse y bien pronto los cantantes locales grabarían los suyos.

La televisión seguía claramente controlada por Televisa. Además de su incursión en la televisión vía cable y en los videocasetes, Televisa se incorporó a los aires culturales que se daban en los canales estatales 13 y 11, pasó su canal 8 al 9 y lo convirtió en educativo-cultural con el eslogan "la alegría de la cultura", pues en teoría quería eliminar el carácter aburrido, solemne e intimidatorio que muchas veces presentaban los actos culturales. El canal

Ricardo Rocha tuvo gran éxito con sus programas "Para gente grande" y "En vivo". (Foto: Pedro Valtierra)

cultural de Televisa fue un fuego de pradera, pues no duró gran cosa ni llegó a crear series memorables.

No le iba mal a Televisa. Además de sus popularísimas telenovelas (*El maleficio* acaparó la atención hasta de los doctos varones), Verónica Castro tuvo un éxito inmenso con *Mala noche, no*, en la que se confirmó como una conductora fresca, graciosa y carismática; Héctor Suárez también atrapó al público con su programa *Qué nos pasa*, cuyos personajes, como el No Hay, fueron popularísimos. También fue un éxito *El mundo de Luis de Alba*, donde el cómico creó su inane personaje el Pirruris y logró que medio mundo se la pasara diciendo "¿ves?", "o sea" y "oyes". Por su parte, Ricardo Rocha la hizo en grande con sus programas *Para gente grande* y *En vivo*, que duraba toda la madrugada. A mediados de los ochenta, Televisa transmitía 21 335 horas al año, contaba con 61 repetidoras en el país, llegaba ya vía satélite a Estados Unidos, a buena parte de Canadá, Latinoamérica y Europa. Era dueña de Spanish International Network (SIN), de Univisión y Galavisión (que dominaban al público de habla hispana en Estados Unidos), de empresas de televisión por cable, de productoras de televisión y de cine, de teatros (que se desplomaron durante el terremoto), de estaciones de radio, de equipos de futbol (el América por delante), de aerolíneas para ejecutivos, de todo lo relacionado con los videocasetes, de editoriales y revistas, de grabadoras de discos, de dibujos animados, hoteles, inmobiliarias y centros nocturnos.

Le iba tan bien a Televisa que a mediados del sexenio delamadridista se lanzó a la conquista de Estados Unidos. Emilio Azcárraga y Jacobo Zabludovsky viajaron a Nueva York, desde donde coordinarían las actividades del consorcio en el país del norte a través de su empresa. En México, por lo tanto, hubo grandes reacomodos. Se habló, incluso, de una apertura, una "primavera de Praga" en el gran consorcio. Sin embargo, como era de esperarse, los gringos pararon en seco a los emprendedores mexicanos. La cobertura de las elecciones de Chihuahua de 1986 que había hecho *24 horas* francamente indignó a muchos estadunidenses y al público de habla hispana en Estados Unidos, ya que toda la prensa y la televisión gringa habían denunciado ampliamente el llamado Fraude Patriótico del PRI. Por lo tanto, como en el caso de la UPI de Vázquez Raña, numerosos reporteros decidieron renunciar: "La presencia de Zabludovsky pone en peligro la objetividad y la independencia de las noticias por su servilismo al partido gobernante de México", argumentaron. Además, Estados Unidos no iba a permitir que los mighty Mexicans dominaran el mercado televisivo de habla hispana en su territorio y acusaron al emporio de prácticas monopólicas, así es que Azcárraga y Zabludovsky plegaron sus alas y se retacharon a México, donde, para sentir de nuevo el poder irrestricto, acabaron con todo aire "primaveral" de Televisa, si es que acaso lo hubo. Don Jacobo hizo a un lado a Guillermo Ochoa y su programa *Nuestro mundo*, repuso *24 horas* y asestó a los televidentes nacionales las "Econoticias", su versión de la CNN, la estación de cable que sólo transmitía noticias.

Por su parte, en 1985, Imevisión, del Instituto Mexicano de Televisión, creció hasta convertirse en una gran empresa estatal que abarcaba el canal 13, el nuevo canal 7 y el canal 22. Éste sólo se veía en la ciudad de México a través de la frecuencia ultra alta (UHF) y después se volvería un canal cultural. En realidad, para la creación de la nueva empresa no se invirtió casi nada y sólo se conjuntó la infraestructura ya existente. El canal 7 se inició en abril de 1985 y en teoría era nacional, aunque no llegaba a muchas partes de la república. Surgió de los vestigios de Televisión de la República Mexicana (TRM), que había sido el juguete preferido de Margarita López Portillo en el sexenio anterior y se destinaba a un público rural y estudiantil de bajísimos recursos. En un principio se veía mal y pasó sin pena ni gloria, pero poco a poco se fue dando a conocer. La Unidad de Televisión Educativa (UTEC) de la SEP se encargó de producir programas para la nueva corporación y contrató a cineastas como Paul Leduc, Arturo Ripstein, Jorge Fons y Alberto Cortés.

En la televisión estatal se dio un auge de televisión cultural que por desgracia abortó durante el gobierno de Salinas. En el 11 era lo debido, pero en Imevisión, dirigida por Pablo Marentes, se dio la grata sorpresa de programas como *A capa y espada*, *Tianguis*, *Los barrios*, *Letras vivas*, *Hoy en la cultura*, *En su tinta* o *La almohada*, que dieron espacio a escritores e intelectuales como Armando Ramírez, Ángeles Mastretta, Germán Dehesa, Ricardo Garibay, María Luisa Mendoza, Agustín Ramos, Francisco Prieto, Rafael Ramírez Heredia, Cristina Pacheco, Julio Derbez y José Agustín. Un grupo de jóvenes inquietos quería hacer cosas buenas, pero, por desgracia, la situación económica de la corporación eternamente coqueteaba con la quiebra y vivía en medio de déficit y deudas.

En los ochenta hubo avances en la lucha contra el mal de Parkinson, y los doctores René Drucker Colín e Ignacio Madrazo Navarro desarrollaron una técnica para trasplantar células fetales al cerebro del paciente a fin de estimular la producción de dopamina. Por desgracia, se extendió en proporciones alarmantes el virus de inmunodeficiencia humana (VIH), que transmitido a través del contacto sexual, de transfusiones o de jeringas infectadas, creaba el síndrome de inmunodeficiencia adquirida (sida), el cual significaba una caída fatal de las defensas del organismo. El primer caso en México se detectó en 1981, pero en 1988 ya eran más de tres mil. Las muertes por sida aumentaban progresivamente; primero ocurrían entre homosexuales, pero después en heterosexuales y también cada vez más entre mujeres, niños y gente muy pobre. Los enfermos de sida muchas veces eran rechazados o agredidos por sus familiares, amigos y vecinos, e incluso por sus parejas; eran discriminados en los hospitales (en los públicos aducían que "no había camas", y en los privados "se reservaban el derecho de admisión"). Para colmo, un buen tratamiento era carísimo y en 1987 costaba 20 mil dólares al año; el frasco de 100 cápsulas (y había que tomar seis al día) de A25, el mejor antiviral, simplemente valía 180 dólares. Además, los infectados de VIH eran despedidos u hostigados en los sitios de trabajo, y Televisa, Pemex, los bancos Nacional de México, Serfín e Internacional, aseguradoras, aerolíneas, universidades y muchas empresas o dependencias gubernamentales se destacaron por la violación a sus derechos humanos. Ante esta situación, surgieron las organizaciones para combatir al sida y en favor de los infectados. Se creó el Consejo Nacional para el Sida (Conasida) y aparecieron asociaciones civiles como la Fundación Mexicana contra el Sida, los grupos Acción Metropolitana, Cálamo, Rock y Sida, el Círculo Cultural Gay y la Guerrilla Gay. Se trató de crear conciencia sobre el mal y se prepararon campañas de prevención a través del uso del condón, pero éstas fueron sistemáticamente combatidas y bloqueadas por la iglesia católica y asociaciones ultraderechistas como el Grupo Pro Vida. Televisa, por ejemplo, se negó a participar en las campañas preventivas.

A fines del sexenio, el sida había hecho estragos en el medio artístico: murió Julio Haro, inteligente y divertidísimo creador del grupo de rock El Personal, y dibujante de la tira "Gay Lussac, el azote de los bugas"; también fallecieron el roquero del grupo MCC Mario Eduardo Rivas, el novelista Nelson Oxman, el poeta Arturo Ramírez Juárez, el dramaturgo Óscar Liera, el director de teatro Gustavo Torres y su pareja, el bailarín Arturo Gómez, y José Cuervo, pintor y escenógrafo. Los grupos gay, que se iniciaron en los setenta y mediante esfuerzos notables iban logrando que la sociedad poco a poco respetara sus derechos, tuvieron un enemigo formidable en el sida, pues entre las primeras víctimas se hallaron numerosos gays y desde un principio el sistema relacionó el mal con las actividades homosexuales y la promiscuidad sexual. Por lo tanto, los grupos gay concentraron una gran parte de sus esfuerzos en combatir el sida y en denunciar la discriminación que se daba entre las víctimas. Desde 1982 iniciaron sus marchas gay, imaginativas y divertidas, que después fueron "lésbico-gay".

Por otra parte, en los ochenta el movimiento punk llegó a México, aunque con variaciones al modelo original. Para entonces ya había chavos muy pobres que, orgullosos, proclamaban: "Nuestro rey Cuauhtémoc fue el primer punk mexicano." Los punks aztecas eran nómadas urbanos cuyo punto de unión era el rock y la facha. Les gustaba salir a rolarla por la ciudad en busca de aventura y para lucir el pelo pintado de colores, engominado para formar puntas de estrella, o cabeza de maguey, o rapado a la mohicana. Con semejante fachada, los punks llamaron mucho la atención e inevitablemente fueron objeto del amarillismo de los medios. La gente los rechazaba o se burlaba de ellos. Por lo general no armaban escándalos y su manera de vestir y de peinarse era su proclama para mandar a todos a la chingada. No tenían una manera específica de pensar, salvo la idea de que nada valía la pena porque el apocalipsis había llegado. De cualquier forma, la policía nunca dejó de hostigarlos y de arrestarlos por la mera apariencia.

En los ochenta también continuó con gran fuerza el fenómeno de las bandas. Como los punks, los chavos banda ya no creían en nada, ni en la familia, la escuela, el trabajo, la religión, el gobierno, los medios de difusión. No es de extrañar entonces que se vieran pintas con el lema punk: "No hay futuro." Como todo se les cerraba y se les deparaba el último escalón social, las bandas canalizaron su energía juvenil en una extrema violencia. Ya no se trataba nada más de navajas, cinturones y cadenas, como a fines de los años cincuenta, sino que abundaban las pistolas y en las batallas podía haber muertos. Las bandas se hallaban compuestas por muchos chavitos. Casi todos venían de familias miserables con incontables problemas y mucha violencia, por lo que los niños salían de casa lo antes posible. Dentro de la banda había que probarse a golpes y aprender a atracar. Volverse el machín, y aquí el término no significaba "macizo", sino el jefe de la banda, que era eminentemente machista. Todos recibían un apodo, lo que equivalía a una iniciación, una nueva identidad (yo soy la banda) y todos se ponían locos con cemento, tíner, mariguana, alcohol, pastillas y lo que hubiera. Usaban aretes, pantalones pegados, chamarras negras, y las chavas se maquillaban con untuosidad fellinesca.

Por supuesto, la policía los combatió con ferocidad. Las redadas se volvieron comunes en las fiestas de los barrios pobres. Después de repartir golpes y de su acostumbrada práctica de picarles las nalgas con alfileres, los policías saqueaban las escasas pertenencias de los chavos, los montaban en autobuses urbanos y los llevaban a la delegación policiaca, donde, para empezar, los acusaban de haberse robado los autobuses en que los acababan de transportar; naturalmente, unos no salían hasta que alguien llegaba con la multa y/o mordida; otros eran consignados y tenían que salir bajo fianza, si es que no los acusaban de delitos contra la salud.

Entre los punks y las bandas, a fines de los años setenta, aparecieron los cholos en la costa suroeste de Estados Unidos; eran los herederos directos de los pachucos y de los chicanos, y de ellos vino la idea del barrio como territorio sagrado, el uso del paliacate en la frente, casi cubriendo los ojos, los pantalones muy guangos y sombrero. También heredaron la reverencia por el pasado mítico: Aztlán, los aztecas y una religiosidad profunda cuyo centro era el culto a la Virgen de Guadalupe. De los chicanos también tomaron el gusto por la expresión a través de la pintura mural, que derivó en la práctica de los placazos, los cuales podían ser elaborados murales o grafías casi indescifrables. Como suele ocurrir, en poco tiempo los hubo en Tijuana, Ciudad Juárez, Culiacán, Mazatlán y Guadalajara. Los cholos podían ser violentos y consumían drogas; la pobreza impidió que se aficionaran a la heroína, pero, como las bandas, le entraron al alcohol, la mariguana, los inhalantes y las pastillas. Por otra parte, crearon un espanglés sensacional, rico en coloquialismos inéditos y en giros idiomáticos. Como todos sus hermanos contraculturales, padecieron represiones incesantes, así como incomprensión y desprecio por parte de la cultura institucional. En Ciudad Juárez, el entonces presidente municipal Francisco Barrio salió con su programa "barrios unidos con Barrio", con el que, sin dejar de reprimirlos, quiso manipular a los cholos, integrarlos al sistema y despojarlos de sus rasgos culturales para que lo apoyaran a él y al PAN.

En México, la capital de la contracultura se localizó en el tianguis del Chopo, que se inició en octubre de 1980 como "un canal de comunicación" para el intercambio y la venta de discos, libros y revistas rocanroleras en la calle, frente al legendario Museo del Chopo. Desde un principio tuvo un gran éxito, pues fue un inmejorable punto de reunión para los chavos que oían rock en México y que podían intercambiar discos, además de que, al menos en las dos cuadras que comprendía el tianguis, se podía circular libremente con las fachas más locas del mundo. Abundaban los tatuadores, los discos, cintas y videos pirata, y ahí estaba la ropa, la indumentaria, la parafernalia, las revistas y fanzines para punks, metaleros, posjipis, darks, tecnos, rastas y machines de todo tipo. Para no variar, el tianguis del Chopo tuvo que soportar muchos acosos de los vecinos más azotados, de los periodistas antichavos y de la policía, que, si no hacía redadas, acechaba por los alrededores. Con el tiempo, el museo retiró el apoyo al rock y al tianguis, y éste tuvo que mudarse por distintos sitios de la ciudad hasta que finalmente quedó junto a la estación de ferrocarriles de Buenavista.

En las olimpiadas de 1984, Raúl González se llevó la medalla de oro e impuso una nueva marca en la caminata de 50 kilómetros; Ernesto Canto, por su parte, obtuvo la medalla de oro en la de los 20 kilómetros. Esos dos primeros lugares fueron suficientes para que el país, tan necesitado de triunfos, se sintiera gratificado. En el beisbol, Fernando Valenzuela hizo un papel francamente notable en las ligas mayores de Estados Unidos en los ochenta e incluso lanzó un juego sin jit ni carrera, aunque no llegó a acabar con el cuadro como en un momento pareció que lo haría. Con menor espectacularidad, el también lanzador zurdo Teodoro Higuera se desempeñó muy bien con los Cheleros de Milwaukee. 1986 fue un buen año para él y para el gordito Valenzuela, pues los dos lograron ganar 20 juegos en la temporada, y en el juego de estrellas Higuera ponchó a tres bateadores seguidos; Valenzuela, a cinco.

En 1988, el futbol nuevamente fue noticia cuando se descubrió que varios jugadores de la selección nacional ju-

"Nada quedará de ellos", parece decir Luis H. Álvarez, presidente del Partido Acción Nacional en 1987 y padre del neopanismo. (Foto: Cuartoscuro)

venil habían falsificado sus actas de nacimiento. La FIFA los cachó y castigó a México excluyéndolo de toda competencia internacional durante dos años, incluyendo el mundial de Italia. "No sabíamos", se justificaron los jugadores, "los dirigentes hicieron todo." De cualquier manera, fueron un oprobio nacional, el público los insultó en todos los tonos y los niños les gritaban "¡cachirules!" cuando los veían.

La caída del sistema

El PAN vivió una transformación sustancial a principios de 1987, cuando Luis H. Álvarez contendió con Pablo Emilio Madero por la presidencia del viejo partido conservador. Álvarez, cuyos bonos se hallaban muy altos por la resistencia en Chihuahua, pidió al Consejo Nacional del PAN que le diera su voto para lograr "la radicalización de Acción Nacional". Esta estrategia de Luis H. Álvarez, cuyo asesor y redactor de discursos era el ex periodista yucateco Carlos Castillo Peraza, se convertiría en el programa del PAN durante los diez años siguientes. "Podemos abrirnos a todo diálogo, a toda alianza, a toda opción, en la medida en que sólo puede ser factor de cambio quien sea capaz de convocar y encabezar un esfuerzo plural de solidaridad", sentenció el dúo Álvarez-Castillo Peraza.

El 21 de febrero Luis H. Álvarez fue electo presidente del PAN, y con él ascendieron los que para entonces eran llamados "bárbaros del norte", un grupo de empresarios entre quienes se contaban Manuel J. Clouthier, Francisco Barrio, Ernesto Ruffo Appel, José Luis Coindreau, Rodolfo Elizondo Torres, Guillermo Prieto Luján, Adalberto Rosas, Vicente Fox Quesada y Carlos Medina Plascencia. Los panistas tradicionales, encabezados por Pablo Emilio Madero, el nieto de don Francisco I., quedaron inconformes ante los cambios, pues creían que los principios básicos del PAN estaban a punto de ser desplazados por un nuevo pragmatismo. Los neopanistas, como también fueron llamados, desdeñaron la oposición de los viejos militantes y los identificaron como "doctrinarios", con lo cual implicaban rigidez y obsolescencia.

"La caballada del PAN está gorda, no como la del PRI, que está escuálida, porque está integrada por amorales ladrones de votos como Bartlett y juniors como Salinas y Del Mazo. Son puros sifirios que no pegan el tiro", dijo Manuel Clouthier, quien buscaba intensamente la candidatura del PAN a la presidencia de la república. Otros que sonaban eran Francisco Barrio, Fernando Canales Clariond, Rodolfo Elizondo Torres y Adalberto Rosas, todos ellos neopanistas. El único contendiente por parte de los doctrinarios era Jesús González Schmall. Finalmente, la tendencia de Luis H. Álvarez y los empresarios fue la que triunfó y en la segunda mitad del año el candidato del PAN a la primera magistratura del país fue el sinaloense Manuel J. Clouthier, quien había destacado a fines del sexenio anterior como el líder del Consejo Coordinador Empresarial que se opuso a José López Portillo y después cuando perdió, a la mala —decía él—, las elecciones por la gubernatura de Sinaloa.

En el campo de la izquierda, la noticia de 1987 fue la "fusión de la crisis", que conjuntó al Partido Socialista Unificado de México (PSUM) y al Mexicano de los Trabajadores (PMT) en el Partido Mexicano Socialista (PMS), cuya meta inmediata era enfrentar la lucha electoral más eficazmente. Ambos partidos hasta ese momento se habían desarrollado con más pena que gloria, pero juntos sumaban 15 alcaldías y 20 diputaciones federales. Aunque esta fusión se logró entre negociaciones cupulares, con escasa participación de las más bien famélicas bases, en agosto el nuevo partido decidió abrir su elección de candidato a la presidencia a todo el que quisiera votar, militante del PMS o no, y Heberto Castillo le ganó al escritor Eraclio Zepeda, al dirigente chihuahuense Antonio Becerra y a José Hernández Delgadillo. Por su parte, el Partido Revolucionario de los Trabajadores (PRT) no quiso entrarle a la fusión y lanzó como candidata, por segunda vez, a Rosario Ibarra de Piedra, la gran luchadora social.

En el PRI, en tanto, la aparición de la Corriente Democrática causaba un fuerte impacto y se oían más críticas. Los obreros y campesinos, a través de sus sectores corporativos, se quejaban de que cada vez les hacían menos caso. "Nos tienen marginados en el reparto de gubernaturas, senadurías, diputaciones federales y locales y presidencias municipales", decían. "Ahora los cargos de la administración pública se distribuyen entre amigos, compadres y condiscípulos." Es decir, entre los tecnócratas y su banda. La CTM contaba con tres gobernadores, 13 senadores, 55 diputados federales, 65 legisladores locales, 200 alcaldías y 450 síndicos y regidores. Pero, hombre, quería más, y exigía que la pelaran en la lucha por la grande, en la que estaba con Alfredo del Mazo.

Las luchas por la sucesión eran muy intensas, especialmente entre Salinas, Bartlett y Del Mazo. Se decía que el secretario de Gobernación era un experto en intrigas, y que su control del espionaje político le había permitido obtener información clave sobre todo el sistema. Se rumoraba que Bartlett tenía fotografías del presidente en situaciones muy comprometedoras para el paladín de la renovación moral. Por cierto, se contaba que De la Madrid estimaba tanto a su secretario particular que un día, bromeando, le colocó la banda presidencial. "No me la ponga si no va en serio", le dijo al instante Emilio Gamboa.

El presidente De la Madrid jugó a tapar a su candidato. La aparición de la Corriente Democrática lo obligó a simular burdamente cierta democracia interna, por lo que tres presidenciables de los destapados por Jesús Salazar Toledano (Del Mazo, Bartlett y Salinas) tuvieron como pasarela sendas comparecencias ante la Cámara de Diputados. Después vinieron unas "jornadas de análisis", o minipasarelas, en las que aventaron a más suspirantes para hacer bulto.

En tanto, Cuauhtémoc Cárdenas, Porfirio Muñoz Ledo y sus amigos seguían promoviendo una elección abierta y democrática para la candidatura del PRI a la presidencia. La idea de una corriente democrática en el partido oficial sin duda había atraído a los medios y los analistas recordaban que Daniel Cosío Villegas había escrito que el fin del partido oficial tendría que venir de una escisión del PRI.

Por tanto, en marzo, el PRI organizó su "asamblea de la unidad", la XIII, en la que De la Madrid, emulando a López Mateos, juntó a Luis Echeverría y a José López Portillo, quienes se dieron un fariseico abrazo mientras a la sorda algunos presentes silbaban y gritaban "¡ladrón!" Los dos habían sido estigmatizados por los tecnos, y a sus sexenios se los conocía como la Docena Trágica. Sin embargo, además de embarcar a los ex presidentes, la asamblea fue clave por varias razones. Primero, en la estratégica mesa de economía, Pedro Aspe, subsecretario de la SPP, fue enviado por Carlos Salinas de Gortari para que lidiara contra Ifigenia Martínez, de la CD, y contra Armando Labra, los que proponían una política de deuda externa ajustada a los intereses y prioridades nacionales y no a las necesidades de Estados Unidos y del gran capital internacional. De esa forma, el PRI abandonó su programa histórico y adoptó el neoliberal de la SPP y del presidente. "Ahí se consolidó la candidatura de Salinas", escribió después Carlos Ramírez.

Más ostensiblemente, la XIII asamblea sirvió para romper con la Corriente Democrática. "No toleraremos que se invoque la democracia para trastocar nuestra actividad partidista. Ni quinta columna ni caballos de Troya", advirtió Jorge de la Vega Domínguez, el presidente del PRI. "Lucharemos unidos contra nuestros adversarios de afuera; los de adentro, si los hay, tienen las puertas abiertas para actuar en donde más convenga a sus intereses personales."

Cuauhtémoc Cárdenas replicó al instante que la XIII asamblea había optado por "mantener, para la selección de candidato a la presidencia de la república, el esquema tradicional. Eso está muy claro". Después acusó a De la Vega de "autoritarismo, antidemocracia e intolerancia" que impedía "una colaboración digna y respetuosa". Porfirio Muñoz Ledo también le entró al quite, por lo que el Comité Ejecutivo Nacional, azuzado por Fidel Velázquez y por Héctor Hugo Olivares de la CNC, amenazó con expulsar a los indisciplinados. Éstos no se arredraron y siguieron las críticas, que motivaron intimidaciones de todo tipo: intervención de aparatos telefónicos, presiones a los medios para que los atacaran y obstaculización de reuniones públicas, en las que no faltaban los provocadores. Los democratizadores se habían convertido en enemigos del régimen. Por esos días Pedro Ojeda Paullada asistió a una comida que Manuel Moreno Sánchez le ofreció a Cuauhtémoc Cárdenas y a Porfirio Muñoz Ledo en su rancho Los Barandales. Los periodistas le preguntaron si simpatizaba con la Corriente Democrática. "Yo vine a una comida que cada año organiza mi amigo Moreno Sánchez", respondió. "No", le replicaron, "ésta es una comida de reconocimiento a la CD." "¡Ah qué cabrones!", respondió el ex presidente del PRI, "me llevaron al baile."

Mientras, Luis Martínez Villicaña, el nuevo gobernador de Michoacán, se encargaba de desmantelar las redes cardenistas en el estado y despidió a tres mil funcionarios de la anterior administración, al líder del Frente Juvenil Revolucionario, Alejandro Rojas, y sus principales colaboradores fueron destituidos, por lo que en el acto armaron una marcha contra la política económica gubernamental y la antidemocrática dirección del PRI. Por su parte, Alfonso Corona del Rosal y otros matusalénicos priístas como Leopoldo Sánchez Celis, hablaron de formar una "corriente opositora" dentro del Revolucionario Institucional. Otras defecciones tuvieron lugar, como la de Ricardo Valero, viejo izquierdista, quien de subsecretario de Relaciones Exteriores fue enviado como embajador a Moscú y ahí De la Madrid lo destituyó sorpresivamente, quizá porque se había dado cuenta de sus simpatías por la CD. A su regreso, Valero también se unió a Cárdenas y Muñoz Ledo.

A mediados de junio Miguel de la Madrid ordenó la realización de "audiencias públicas" para que la ciudadanía participara en las reformas a la ley electoral, que había quedado en entredicho después de las broncas del año anterior. Cumplida burocrática y manipuladamente la "consulta", De la Madrid envió al Congreso una iniciativa de

Manuel Bartlett, Carlos Salinas y Alfredo del Mazo, los principales suspirantes de 1987. (Foto: Elsa Medina/*La Jornada*)

reformas a la Constitución para un nuevo código federal electoral, que fue severamente cuestionado por la oposición, ya que una vez más estaba confeccionado a la medida del régimen y de nuevo el gobierno conservaba el control de los principales mecanismos electorales. PAN, PDM, PSUM, PMT y PRT se unieron para presentar una contrapropuesta, que fue bloqueada al instante por el PRI, el cual después, en diciembre, recurrió al mayoriteo y aprobó la nueva ley.

Para dar la pala democrática, el PRI finalmente presentó una lista oficial de suspirantes: Carlos Salinas de Gortari (SPP), Manuel Bartlett Díaz (SG), Alfredo del Mazo (SEMIP), Ramón Aguirre Velázquez (DDF), Sergio García Ramírez (PGR) y Miguel González Avelar (SEP). A estos "distinguidos priístas" se les preparó una magna pasarela que se extendía durante una serie de desayunos en el edificio del PRI. En lo que se reventaban los huevos rancheros y la machaca, eran "sopesados" por el CEN del PRI, su Consejo Consultivo, los líderes estatales del partido y los medios de difusión. Todos los precandidatos elogiaron impúdicamente al presidente De la Madrid y prometieron continuar y profundizar su obra histórica. Como nadie dijo nada interesante, por aquello de que "el que se mueve no sale en la foto", los periodistas se entretuvieron interpretando la manera en que los suspirantes habían llegado al edificio del PRI, qué tanta porra llevaban, cómo oscilaba el aplausómetro y cosas por el estilo.

Pero este homenaje a los métodos de Luis Echeverría por supuesto era una farsa, pues para entonces Carlos Salinas de Gortari ya sabía que él era el Bueno. Posiblemente lo supo desde siempre, pues pudo hacer callados preparativos en distintas áreas del gobierno desde antes del destape. Fue un dedazo meticulosamente orquestado, en el que ya no importaron las necesidades políticas del sistema sino llevar a fondo el gran viraje hacia el neoliberalismo que se fue preparando a lo largo de esos cinco años. México tenía que dejar el "nacionalismo revolucionario" y "entrar en la globalización". Sólo Salinas garantizaba este cambio, que jamás se expuso a los votantes, porque él era

1) Alfredo del Mazo "destapó" a Sergio García Ramírez y muchos se lo creyeron. 2) Los periodistas se enteran de que el procurador no es el bueno y lo abandonan en estampida. 3) Llegada de la prensa a la casa de Salinas de Gortari. 4) Don Carlos y su familia después del destape oficial. (Fotos: Fabrizio León/*La Jornada*)

artífice del proyecto desde el principio, cuando Miguel de la Madrid recurría a brujos y oráculos para que López Portillo lo agasajara con el Gran Dedo. Incluso el ex presidente comentaba: "A Miguel lo tienen dominado Salinas y el francés." Los demás que parecían rifarla en la carrera sucesoria, Bartlett y Del Mazo, no tenían la menor oportunidad: uno por intruso y otro por *latecomer* en la Casta Tecnocrática. Salinas era el principal sostén de De la Madrid, y además contaba con la complicidad de su cuate Emilio Gamboa, el secretario del presidente, quien lo tenía al tanto de todo lo que ocurría en Los Pinos. Por eso, cuando lo destaparon, algunos dijeron que en realidad Salinas se estaba reeligiendo.

Según él, se hallaba en su despacho cuando, a las nueve quince de la mañana, zas, le habló Jorge de la Vega y luego el presidente Miguel de la Madrid y le dijeron que él era Aquél. "Mi padre se levantó llorando, me abrazó y apenas alcancé a decirle: '¡Ya la hicimos!, nos tardamos veinticinco años pero llegamos'." Por su parte, el presidente De la Madrid, fiel a las formas, se mostró "sorprendido" cuando "mis compañeros de partido fueron tan amables en comunicarme la decisión de los tres sectores".

La verdad es que el día del destape fue muy divertido. En la mañana del 4 de octubre de 1987 Alfredo del Mazo, sacadísimo de quicio porque finalmente supo que su casi hermano no lo había escogido, inició el relajo cuando felicitó por la radio a Sergio García Ramírez por su elección como candidato priísta a la presidencia. La finta corrió con buena suerte en un principio, así es que varios incautos, entre ellos Pedro Ojeda Paullada, corrieron a incorporarse a la cargada que crecía en casa del procurador, quien, muy prudente e institucional el hombre, no decía nada, pues no había recibido notificación alguna del presidente, pero sin duda tuvo en sus manos la posibilidad de armar un lío fenomenal de haber caído en la provocación. A mediodía, De la Vega, desde el edificio del PRI, anunció que el único y verdadero candidato del PRI era Salinas de Gortari, por lo que los búfalos abandonaron a García Ramírez y corrieron a cargarse con el chaparrito de Programación y

Presupuesto, quien, para que vieran que no era tan tecno, declaró que haría política, "mucha política moderna". What?, se preguntaron los prinosaurios, inquietos, ¿qué ser eso de política motherna? Salinas tenía 39 años de edad, vendría a ser el segundo presidente más joven que ha tenido México y sería el adalid de la modernidad en plena posmodernidad.

Sin embargo, muchos priístas, además de la Corriente Democrática, distaban de estar contentos. Fidel Velázquez, por ejemplo, no ocultó su descontento. "¿Por qué se va?", le preguntaron al ver que se retiraba, furioso, del PRI. "¡Me voy porque se me antoja!", escupió. "Pues si no era nuestro candidato, ya lo es ahora", asentó, salomónico, Leonardo Rodríguez Alcaine, el líder de los electricistas del SUTERM, mejor conocido como la Güera. O Hank González, quien poco después declaró que "el sistema se estaba debilitando". O la Quina, que había tenido varios choques con Salinas. No se diga la gran cantidad de bartletistas y delmacistas que acabaron como el perro de la carnicería, o las mantas que se quedaron enrolladas frente a la casa de Ramón Aguirre, quien le puso empeño al espejismo de ser presidente. "Miguel de la Madrid se salió con la suya", escribió después Gabriel Zaid, "pero provocó lo que se temía: la insubordinación extendida en todo el sistema, que en extremos llegó a la ruptura abierta."

En tanto, Cuauhtémoc Cárdenas ya se hallaba en conversaciones con los agónicos partidos Popular Socialista (PPS) y Auténtico de la Revolución Mexicana (PARM), ambos insatisfechos con el dedazo a favor de Salinas de Gortari. El PARM nominó a Cuauhtémoc como su candidato a la presidencia sin ninguna dilación. Después de algunos estira-y-afloja el PPS se adhirió a la candidatura de Cárdenas, al igual que el Partido Socialista de los Trabajadores (PST), el cual, al hacerlo, adoptó el kilométrico nombre de Partido Frente Cardenista de Reconstrucción Nacional (PFCRN), que pronto fue reducido a "el Ferrocarril". A la cabeza de este partido se hallaba uno de los campeones mundiales del oportunismo y el folclor, Rafael Aguilar Talamantes, quien no dudó en ver qué sacaba

Cuauhtémoc Cárdenas, candidato del Frente Democrático Nacional. (Foto: Pedro Valtierra)

de ese insólito complejo de grupos políticos paraestatales que se formó en torno a Cuauhtémoc Cárdenas y que se denominó Frente Democrático Nacional (FDN), con grupos como Unidad Democrática, Poliforum, Movimiento al Socialismo (MAS), Punto Crítico, la Asamblea de Barrios (cuyo candidato, Superbarrio, declinó en favor de Cuauhtémoc) y otros grupos de la izquierda independiente. Más tarde se integrarían en el FDN el Partido Social Demócrata (PSD), de Luis Sánchez Aguilar; el Verde, el Liberal, Fuerzas Populares y el Consejo Obrero Campesino de México, entre otros.

Se trataba de un frente muy frágil, obviamente temporal, pero que hubiera sido inimaginable un año antes. En ese momento, el PMS y el PRT decidieron seguir por su cuenta. Cuauhtémoc Cárdenas inició su campaña a finales de noviembre en Morelia, Michoacán, donde el gobierno de Luis Martínez Villicaña le había declarado la guerra. Rosario Ibarra de Piedra (PRT), Heberto Castillo (PMS), Manuel Clouthier (PAN) y Carlos Salinas de Gortari (PRI) también hacían campaña por todo el país. A ellos se añadió, fantasmalmente, Gumersindo Magaña Negrete, postulado por el Partido Demócrata Mexicano (PDM).

La política tomaba un cariz nuevo y sorprendente cuando ocurrió el crack de la Bolsa. A pesar de que en 1979 y 1981 tuvieron lugar auges artificiales y sus correspondientes derrumbes en la Bolsa Mexicana de Valores (BMV), el gobierno de Miguel de la Madrid desde un principio fomentó una banca paralela a través de las casas de bolsa, que empezaron a captar gran parte del ahorro y relegaron bien pronto a la banca nacionalizada. Las casas de bolsa hicieron crecer a la BMV, cuyo Índice de Precios y Cotizaciones se elevó de 676 puntos a fines de 1982 a 47 101 en 1986. Sin embargo, lo bueno vendría en 1987.

Desde enero la Bolsa fue creciendo espectacularmente hasta que en octubre ofrecía rendimientos de un inconcebible 690 por ciento y un múltiplo de 22 veces. "Descontada la inflación, los especuladores ganaban, sin despeinarse, 596.9 por ciento, aunque no hubiera sustento alguno con los números de las empresas. La irracionalidad había llegado a su clímax", escribió Alberto Barranco. A nadie le interesaba comprar dólares, ahorrar en la banca nacionalizada o invertir su dinero en algo productivo si las ganancias de la BMV eran tan elevadas y se obtenían en días o semanas. La codicia se despertó entre mucha gente que sabía muy poco de asuntos bursátiles y que depositó su fortuna en las casas de bolsa. Lo mismo ocurrió con varias empresas. Corrió muy fuerte la voz del auge de la BMV, alentado por el gobierno; los empleados de la banca nacionalizada recomendaban a sus clientes que invirtieran en la bolsa de valores. "Hay ganancias del 300, 400 y hasta 700 por ciento", decían. El presidente mismo dijo que el boom bursátil era una muestra de la "confianza recuperada" y de la efectividad de su política económica. Teníamos 16 millones de dólares de reservas, ¿cómo la veíamos?

Después, la clase media también le entró a la fiebre especulativa. Todos querían invertir poco y ganar mucho (*ya*, ahora mismo) en la economía casino. En 1982 había 66 mil inversionistas en la BMV, pero en septiembre de 1987 ya eran 417 mil. Mucha gente puso lo que aún conservaba, otros hipotecaron o vendieron sus casas y automóviles. Las cosas estaban tan calientes que el 5 de octubre, un día después del destape de Salinas de Gortari, la BMV ganó 26 677.53 puntos en la primera media hora, por lo que la Comisión Nacional Bancaria tuvo que suspender las actividades para imponer el orden.

Dos semanas después, el día 19 se convirtió en lunes negro, cuando tuvo lugar una esperable "toma de utilidades" y la BMV perdió 24 mil puntos y otros tantos el martes 20. El pánico cundió en la bolsa y todos querían vender, pero las acciones se habían depreciado trágicamente y además nadie compraba. Más de 180 mil inversionistas perdieron de golpe su dinero, y muchos presentaron demandas, que no prosperaron, y formaron una asociación de Damnificados de la Bolsa, pues la defraudación fue por más de 40 billones de pesos. La operación había salido redonda y con ella Los Que No Nos Volverían a Saquear acabaron de desplumar a los incautos que habían conservado o que consiguieron dinero. Inversiones multimillonarias se redujeron a polvo y más de 100 mil "inversionistas" se retiraron de las casas de bolsa, pero éstas, especialmente las de los hermanos Eduardo y Agustín Legorreta, Operadora de Bolsa e Inverlat, habían ganado cantidades demenciales ("Es fabuloso el negocio bursátil", decía Eduardo Legorreta, quien año y medio después iría a la cárcel por defraudar a sus clientes). Por si fuera poco, la especulación se trasladó al mercado cambiario; las tomas de utilidades se utilizaron en compras masivas de dólares y la fuga de capitales fue de 2 500 millones de dólares, por lo que el peso se devaluó en un 30 por ciento. Más ganancias para los grandes especuladores.

Con la devaluación se disparó la inflación, que ese año llegó a niveles récord: casi 10 por ciento en noviembre y 14.8 en diciembre. Con esto los planes económicos del gobierno se vinieron abajo. El gobierno había respirado en agosto, cuando la renegociación de la deuda finalmente se tradujo en créditos por 7 700 millones de dólares y Miguel de la Madrid presumía de que contaba con 16 mil millones de dólares de reservas internacionales, pero todo se había descompuesto nuevamente y, como cuando iniciaba su administración, tuvo que recurrir a un programa de emergencia llamado Pacto de Solidaridad Económica (PSE) con una cruel ironía, pues de pacto tenía poco, ya que fue impuesto por las autoridades a obreros y patrones, y de solidaridad tenía menos, porque golpeaba durísimo a los más pobres. Con el PSE los salarios subieron en un 20 por ciento, que quedó de tope, pero también se congeló el tipo de cambio y los precios de garantía, aumentaron los impuestos, bajó el gasto público y desaparecieron los estímulos a la inversión. El propósito era parar la inflación, pero antes el PSE la alimentó con nuevos aumentos devastadores a las gasolinas y a los servicios públicos, incluyendo los transportes, lo que trajo consigo, una vez más, una elevación generalizada de los precios. Ese año la inflación llegó a 159 por ciento.

A principios de 1988 la ciudad de México se ensombreció un día de invierno en que, debido a la contaminación, amanecieron muertos muchos pájaros en las Lomas de Chapultepec. Aunque se hizo el chiste de que el regente Ramón Aguirre Velázquez había declarado que los pájaros murieron de cansancio, la verdad es que ese año la capital llegaría a ser declarada zona de emergencia ambiental a causa de los altos índices de ozono, el cual propiciaba el deterioro del sistema respiratorio. "Hacer ejercicio en el DF puede causar daños permanentes", advirtió, muy serio, el doctor Rubén Shturman. Homero Aridjis por su parte denunció que no servía la mayor parte de las estaciones de monitoreo atmosférico. "El presupuesto de la Sedue en ecología es mínimo", explicó, "pero en la vivienda es alto, porque ahí están los negocios." La contaminación también avanzaba en Monterrey, Guadalajara, Tijuana, Ciudad Juárez y Puebla, que crecían aceleradamente.

El candidato del PRI entró con pie izquierdo en su campaña presidencial, especialmente después de la devaluación posterior a la debacle de la Bolsa de Valores. Todo el mundo le presentaba quejas y él trataba de verse muy motherno. "A mí no me ofende la verdad", decía. Para que vieran que iba en serio con la "modernidad", en Tabasco repudió el "arcaico" sistema de acarreo priísta. Sin embargo, en San Pedro de las Colonias, La Laguna, Salinas fue recibido entre abucheos e insultos e incluso, como a Luis Echeverría en CU, le tiraron varias piedras. El PRI se quejó ruidosamente e inculpó al Frente Democrático Nacional.

"No prende la campaña", decían en el PRI, donde aumentaban las presiones para sustituir al candidato. Y la campaña no prendía porque Salinas de Gortari no ayudaba gran cosa. Era demasiado bajo de estatura, calvo irremediable y orejón, por lo que en sí mismo constituía una caricatura y le ahorraba mucho trabajo a los moneros. "Como que no parece presidente", decía, pensativo, el doctor Elías Corral.

A partir de enero de 1988 se reforzó la campaña con un gasto ilimitado en propaganda y publicidad, pues para entonces Salinas decía que siempre sí eran buenos los acarreos. Además, la gran mayoría de los medios estuvo a su servicio. Expertos en "imagen" lo presentaron como una mercancía atractiva, hasta donde les fue posible, y la televisión bombardeó inmisericordemente a la pobre nación durante meses con la pelona del candidato; en cambio, a Cárdenas y a Clouthier los medios no les hacían el menor caso, salvo para insultarlos, inclusive Zabludovsky presentó en 24 horas a dos "hijos" del general Cárdenas que criticaron la "traición" de Cuauhtémoc al PRI. Salinas también contó con todos los recursos del gobierno federal y de los estatales, y con aportaciones importantes de miembros de la iniciativa privada, aunque esa vez no se pasó la charola como lo harían en 1993. Las calles de las ciudades se inundaron con tableros, carteles, banderolas y demás parafernalia electoral. La presencia de Salinas de Gortari durante la campaña presidencial de 1988 fue tan excesiva que a la larga funcionó en sentido opuesto y le quitó simpatías y votos al PRI. El muy anodino lema, "Que México hable", tampoco ayudó. Además, la campaña priísta sufría muchos tropiezos: salvo los acarreados, iba muy poca gente y en todas partes se quejaban. También insultaron a Salinas en Guerrero y Michoacán. Ante eso, y los avances de Cuauhtémoc Cárdenas, Salinas de Gortari cambió su retórica de campaña por el populismo que tanto detestaba ("No me pidan la privatización del ejido, porque entonces los ejidatarios podrían pedirme la desaparición de la pequeña propiedad"), así es que se metió entre la gente, se declaró centroizquierdista y de lo más tranquilo se adueñó de las consignas de la oposición ("¡el que no brinque es cardenista!").

Por su parte, Cuauhtémoc Cárdenas empezó despacio, pero a finales de febrero fue recibido con un entusiasmo extraordinario en La Laguna, zona cardenista por excelencia; después, en la Universidad Nacional hubo grandes controversias sobre si podía o no hacer campaña en la Autónoma de México; el rector Jorge Carpizo no quería, pero tuvo que ceder, y Cuauhtémoc finalmente llegó a Ciudad Universitaria, le fue muy bien y a partir de entonces las universidades fueron su territorio natural; paulatinamente su campaña fue cobrando más fuerza y cada vez eran mayores las multitudes que iban a los mítines del FDN en Morelos, Oaxaca, Jalisco, Estado de México, Veracruz, Colima, Baja California y otras partes del país. En junio, la candidatura de Cárdenas era ya un fenómeno muy visible que empezó a inquietar a los tecnos de Salinas, quienes todo el tiempo habían menospreciado al FDN y después empezaron a decir que Cuauhtémoc era "populista" y "añoraba el pasado", a la vez que arreciaba la guerra sucia con carteles apócrifos y volantes con consignas burdas ("Vota por Cárdenas por un gobierno marxista-leninista").

La fuerza de la campaña de Cárdenas se consolidó cuando Heberto Castillo, del PMS, haciendo un sacrificio monumental cedió a las presiones de sus camaradas y declinó su candidatura en favor de Cuauhtémoc, con lo que llegaron a cuatro los registros electorales que conjuntaba el Frente Democrático Nacional. La sociedad mexicana, que se transformaba en civil, desde un principio resintió los efectos de las devastadoras políticas delamadridistas y las rechazó con toda claridad a partir del terremoto de 1985 y un año después en el Mundial de Futbol; finalmente, el fraude electoral en Chihuahua, el crack bursátil y el Pacto de Solidaridad cimentaron el repudio al gobierno y sus vicios antidemocráticos. Esta corriente de inconformidad fluyó derechita al hijo del general, quien cerró su campaña con el zócalo repleto con más de 200 mil simpatizantes.

Manuel Clouthier también tuvo una campaña que fue creciendo, especialmente en el norte, donde había un gran descontento hacia el PRI, por lo que se habían llevado a cabo numerosas acciones de resistencia civil. En la capital organizó una "cadena humana" que juntó a 100 mil panistas en las calles y, al final, Maquío cerró en grande en Mérida, Guadalajara y en el zócalo de la ciudad de México. Ante esto, el PRI recurrió a todas sus formas de seducción, coacción, chantaje y extorsión para acarrear cautivos al cierre de campaña de Carlos Salinas de Gortari, que no logró superar al del FDN y terminó rapidísimo. De cualquier forma, Jorge de la Vega Domínguez pronosticó que el PRI obtendría 20 millones de votos.

Desde mayo se fueron acumulando los signos de fraude electoral en todo el país. Para empezar, la nueva ley seguía permitiendo al PRI-gobierno ser juez y parte de los comicios, pues controlaba la Comisión Federal Electoral (tenía 19 votos contra 12 como máximo de toda la oposición junta) y también casi todas las casillas; además el padrón se alteró en un 30 por ciento (se encontraron 72 empadronados en la casa de Ramón Aguirre Velázquez, por ejemplo) y se diseñaron casillas "bis", especiales para operaciones chuecas; también circulaban miles de boletas electorales previamente marcadas a favor del PRI, se recogían credenciales electorales al que se dejaba, se compraban votos con los tortibonos, la leche de Conasupo y a veces con dinero, los sindicatos presionaban a los trabajadores para que votaran por el PRI, se prepararon acarreos de votantes, los medios de difusión favorecían alevosamente al partido oficial, se gastaron más de dos billones de pesos en las campañas priístas y se publicaron encuestas, aunque éstas aún no tenían mucho peso, según las cuales Salinas ganaría con el 65 por ciento de los votos.

Por supuesto, todos los partidos de oposición denunciaron esos preparativos fraudulentos y la recién creada Asamblea Democrática por el Sufragio Efectivo (Adese), una organización no gubernamental de las varias que habían surgido, imprimió un instructivo para contrarrestar las tentativas de fraude. El presidente De la Madrid, airado, rechazó "tajantemente" esas imputaciones; "no se vale, con propósitos de táctica electoral, manchar con profecías anticipadas e infundadas de fraude a los mexicanos", dijo, con su gran estilo. "Derrotaremos la subcultura del fraude", declaró a su vez, displicente, el candidato Salinas. Además, la Secretaría de Gobernación se ufanaba de que había adquirido un modernísimo sistema de cómputo cibernético que costó 17 millones de dólares y que permitiría tener resultados preliminares minuto a minuto y no hasta una semana después de las elecciones, como siempre se hacía para arreglar las cifras a conveniencia.

Las elecciones se ensombrecieron con los asesinatos de Francisco Javier Ovando, colaborador muy cercano de Cuauhtémoc Cárdenas y secretario de Acción Electoral del FDN, y Román Gil Heráldez, su asistente, unos días antes del 6 de julio. Ovando había reunido una impresionante documentación de los mecanismos de alquimia electoral que preparaba el gobierno, había sufrido acosos constantes desde la llegada de Luis Martínez Villicaña al gobierno de Michoacán, y llevaba consigo importantes documentos electorales del FDN cuando fue ejecutado. El gobierno se apresuró a decir que el asesinato no tenía connotaciones políticas, como aseguraban Cuauhtémoc Cárdenas y el Frente. Fidel Velázquez, por su parte, dijo que se trataba de "una riña de cantina". Después se dijo que las ejecuciones habían sido ordenadas por Raúl Salinas de Gortari.

El 6 de julio la gente salió a votar en grandes cantidades y, salvo algunos incidentes, la jornada transcurrió con tranquilidad. Cuauhtémoc Cárdenas escandalizó a muchos cuando anunció que había votado por Superbarrio, porque "era un luchador", lo que ciertamente fue un buen puntacho. A su vez, Salinas, rodeado de corresponsales extranjeros, fue reprendido por un funcionario de casilla porque no llevaba una identificación. Era mediodía y el candidato del PRI se veía contentísimo. Sin embargo, conforme transcurrió el día su optimismo se evaporó. Por una parte, se acumulaban las denuncias de irregularidades: carruseles, votación de uniformados en grupo, inducción descarada del voto, urnas embarazadas, tacos de votos, ratón loco, operación Manitas, uso de tinta no indeleble, expulsión de representantes de la oposición, muertos que votaron y casillas sobrecargadas en las zonas opositoras para que hubiera colas larguísimas todo el día.

Poco después de las seis de la tarde, cuando se suponía que la información fluiría "minuto a minuto", el secretario de Gobernación Manuel Bartlett informó a los comisionados de la CFE que el modernísimo sistema de cómputo "se había caído", así es que se suspendía la información de los resultados electorales hasta las diez de la

Rosario Ibarra de Piedra, Manuel Clouthier y Cuauhtémoc Cárdenas ("el trostkismo, la derecha y el comunismo", los bautizó Televisa) se unieron para protestar por el fraude electoral de 1988. (Foto: Pedro Valtierra)

noche. Todos se quedaron atónitos y nadie se tragó semejante patraña. Después se supo que los primeros resultados de las casillas, que venían del DF y del Estado de México, favorecían espectacularmente a Cuauhtémoc Cárdenas. Los mapaches de Gobernación se aterraron. El gobierno no estaba preparado para una situación de ese tipo, pues se hallaba segurísimo de ganar con todo lo que ya había mapacheado y porque nunca llegó a creer que Cárdenas resultase un peligro. Se dice que Joseph-Marie Córdoba, con Patricio Chirinos, Fidel Herrera y Marco Antonio Bernal, tomó control de la situación, ordenó la desconexión del sistema y que ese cuarto fuera resguardado por una guardia feroz, en lo que veían la magnitud del daño y preparaban la alquimia necesaria.

Para sorpresa de todos, los candidatos de oposición Cárdenas, Clouthier y Rosario Ibarra de Piedra ("el comunismo, la derecha y el trotskismo", los calificó Jacobo Zabludovsky), se unieron y esa noche llevaron a Gobernación un *Llamado a la legalidad* en el que denunciaron el fraude. Bartlett, conciliador, les dijo que entendía su suspicacia pero que ahora sí ya iba a funcionar el sistema, sin embargo, en la madrugada se vio amenazador al acusar a los tres candidatos de presentar quejas infundadas.

En el edificio del PRI se había preparado una "verbena popular", un superpachangón para festejar la victoria, en la que se reunió a "las bases" y a los jerarcas del PRI, pero pronto flotaron los rumores del desastre y los ánimos se aplastaron. Salinas, a quien esperaban fervientemente, nunca llegó, pero a la una y media de la mañana Jorge de la Vega Domínguez proclamó sin empachos "el triunfo rotundo, contundente, legal e inobjetable" de Carlos Salinas de Gortari, quien, al día siguiente, muy serio y, también sin cifras, en cinco minutos anunció que "había alcanzado la victoria nacional en la elección presidencial" y que "las oposiciones muestran fuerza mayoritaria en varios distritos del país". Con ello, añadió, terminaba la época de "partido prácticamente único". Para entonces se sabía que el FDN había arrasado en el Distrito Federal y que los petroleros habían votado por Cuauhtémoc, al igual que muchos militares. La CFE seguía sin dar cifras.

El PAN aseguraba haber ganado en Jalisco, Sonora, Sinaloa, Chihuahua y San Luis Potosí. El FDN se adjudicó la victoria en Michoacán, Morelos, Guerrero, Oaxaca y Estado de México, y proclamó el triunfo de Cuauhtémoc Cárdenas (40 por ciento) sobre Manuel Clouthier (26 por ciento) y Carlos Salinas de Gortari (26 por ciento). Esas cifras sin duda eran "tácticas", pero el PRD estaba seguro de que Cuauhtémoc había ganado. La verdad es que ni él mismo ni nadie en el FDN, y muy pocos en México, habían imaginado esa victoria y por tanto ellos tampoco estaban preparados. A lo más pensaban que en 1988 avanzarían mucho y que en 1994 presentarían la gran batalla. De cualquier manera, el PRT avaló las cifras del Frente, y Clouthier declaró que ante la gravedad de las irregularidades no se podía saber quién ganó, pero implícitamente dio su anuencia a Cárdenas y anunció medidas de resistencia civil. Maquío tenía el control en esos momentos y la dirección del PAN no dijo nada.

Por su parte, la CFE rompió su silencio el viernes 8 cuando aseveró que las tendencias favorecían al PRI, que ganaba con 47 por ciento de los votos; al FDN le atribuyó 27 por ciento y al PAN, 20. Como respuesta, al día siguiente el zócalo casi se llenó con una multitud que proclamaba la victoria de Cárdenas. "¡Cárdenas presidente!", coreaban, o si no: "Ay Cuauhtémoc no te rajes", "20 millones de votos jajajá" y "Sacaremos al pelón de las orejas". Ahí Cárdenas dijo que la consumación del fraude equivaldría, técnicamente, a un golpe de Estado.

Como siempre, hasta una semana después de las elecciones la CFE dio los resultados oficiales, idénticos a los que había revelado Bartlett a los corresponsales extranjeros un día antes: 50 por ciento (diez millones de votos) para Salinas de Gortari, 31 por ciento (seis millones) para Cuauhtémoc Cárdenas, y 17 por ciento (tres millones) para Maquío Clouthier. El PDM y el PRT perdían el registro y el Frente Democrático no pudo hacerse de 37 distritos del Distrito Federal porque no postuló candidatos comu-

Grandes manifestaciones de protesta por la "caída del sistema". (Foto: Guillermo Castrejón)

nes, salvo Cárdenas, así es que el PRI se embuchacó esas curules. Salinas también fue superado por Cuauhtémoc en Michoacán, Estado de México y Morelos, y el PRI dejó de ser mayoritario ahí y en Baja California, Colima, DF, Guanajuato y Jalisco. Además, Porfirio Muñoz Ledo e Ifigenia Martínez ganaron las dos senadurías del DF por encima de los candidatos de la CTM; sumando los dos de Michoacán, el FDN tenía cuatro senadores. Era la primera vez que una verdadera oposición llegaba al senado y todo el sexenio Porfirio traería de cabeza a la mayoría priísta. Para el Institucional eran 249 distritos, 31 para el PAN y 20 para los partidos del FDN. De cualquier manera el PRI conservaba la mayoría en la Cámara de Diputados con 256 curules contra 244 de toda la oposición junta. PARM, PPS y PFCRN estaban felices, pues poco antes vivían una existencia lastimera y ahora tenían una cantidad de diputaciones que no hubieran previsto ni en sus sueños más delirantes.

No obstante, el FDN y el PAN al instante desconocieron los resultados y pidieron limpieza en el recuento o la anulación de las elecciones. Clouthier se lanzó al interior del país para formar Comités de Defensa y preparar un referéndum. Por su parte, el sábado 16 de julio Cuauhtémoc Cárdenas volvió a llenar el zócalo capitalino con más de 300 mil simpatizantes. Aseguró que él no se saldría de la ley. Rechazó la violencia, pero añadió que se pelearían los triunfos obtenidos y que llegaría "hasta donde el pueblo lo pida". De ahí él también se fue a provincia y reunió grandes multitudes en Morelos, Guerrero, Veracruz e Hidalgo, ya que su estatura había crecido enormemente. En tanto, el gobierno pidió, y obtuvo, el reconocimiento de Salinas como presidente electo a Estados Unidos, España, Cuba, Nicaragua, la URSS, China y otros países. También se inició una campaña para identificar a Cárdenas y al FDN como violentos, de ambiciones desmedidas y retrógrados.

La gente estaba prendidísima ante una situación que cada vez se ponía más cardiaca, pero que era absolutamente inédita. Al día siguiente de las elecciones, los periódicos, en especial *La Jornada*, volaron desde temprano y se escuchaban los noticieros radiales, porque la falta de credibilidad en Televisa era total (por cierto, a raíz de las elecciones Televisa suprimió a Lázaro Cárdenas de la telenovela histórica *Senda de gloria*). Por otra parte, la prensa extranjera cubría ampliamente la situación en México y daba cuenta de todo lo que olía a fraude electoral. Los corresponsales extranjeros se volvieron importantísimos y por lo general el gobierno les daba las noticias antes que a los medios nacionales.

Los intelectuales orgánicos del grupo Nexos se apresuraron a urgir al FDN a que "festejara sus triunfos". "Las elecciones fueron limpias, los del FDN tómense sus ecuaniles", declaró Héctor Aguilar Camín, y Raúl Trejo Delarbre opinó: "Salinas ganó, pero no en el margen que se le atribuye." Todos ellos querían que el FDN depusiera su actitud de "todo o nada" y se pusiera a negociar. El poeta del libre mercado Octavio Paz dijo a su vez que Carlos Salinas era uno de los jóvenes inteligentes del PRI y que representaba la modernización; Cárdenas era el todo-o-nada y el FDN el populismo, el culto al Estado y el regreso al patrimonialismo. En contra del fraude hubo excelentes artículos de Luis Javier Garrido, Pablo González Casanova y Adolfo Gilly.

En efecto, se habían iniciado conversaciones privadas entre el gobierno y el FDN, pero se suspendieron al poco rato pues Manuel Camacho Solís, el "concertador" estrella del salinismo ofrecía más senadurías y diputaciones; todo menos la presidencia. Por cierto, para que se moviera mejor, Camacho fue colocado en la secretaría general del PRI y al instante tomó control del partido. De la Vega siguió en la presidencia como figura decorativa.

Por el lado del PAN, Clouthier era firme en su lucha contra el fraude, pero Camacho Solís encontró más receptivo al presidente del blanquiazul, Luis H. Álvarez, y a su eminencia gris, Carlos Castillo Peraza. Con ellos se fraguó una alianza entre el salinismo y el PAN que resultaría determinante para el país en los años siguientes. A cambio del reconocimiento de Salinas como presidente y del apoyo en el Congreso a las reformas neoliberales, el nuevo gobierno iría cediendo gubernaturas al PAN; además, se decía, el acuerdo incluía la alternancia: la presidencia para el PAN en el año dos mil. Esto se conservó en la máxima reserva, pero Luis H. Álvarez lo dejó entrever al decir: "La política es el ámbito del avance gradual. Tenemos que ser capaces de negociar y aceptar fórmulas de transición, parciales y provisorias."

En tanto, avanzaba impertérrita la aplanadora de legalización del fraude. El Tribunal de lo Contencioso Electoral rechazó como infundados o improcedentes casi todos los recursos de queja presentados, por lo que poco después renunció Emilio Krieger Vázquez, pues el Tricoel, dijo, "se había convertido en un hipócrita barniz legalista que no legitimaba nada, ni aportaba nada al proceso de democratización de México". Por su parte, la Comisión Federal Electoral repartía constancias de mayoría como si fueran barajas, ante la protesta indignada de los comisionados de la oposición. Todos los casos fuertemente impugnados se aprobaban por mayoría mecánica. Ni Salinas ni De la Madrid decían nada, pero el PRI se endureció. "Lo que buscan es provocar la ruptura del orden público", declaró Jorge de la Vega, y ante eso los priístas despotricaron contra "la contrarrevolución y la antipatria", aseguraron que "miles de ciudadanos estamos dispuestos a defender la voluntad mayoritaria de los mexicanos" y Fidel Velázquez pidió mano dura contra la oposición.

El Colegio Electoral se constituyó a mediados de agosto entre negociaciones frenéticas que cuando menos evitaron que el ejército custodiara las inmediaciones del palacio legislativo, como había pedido el PRI, y desde un principio resultó un relajo nunca visto. El Revolucionario Institucional no quería ceder en ningún caso para no perder la exigua mayoría. A su vez, la oposición (PAN y FDN unificados) no estaba dispuesta a que la grillaran. Mientras las galerías aullaban y Manuel Camacho Solís se daba sus vueltas para monitorear todo, pronto empezaron los gritos, los insultos, los trapitos al sol, los pleitos por los micrófonos y los asaltos al presídium. De nada servía mostrar evidencias, presentar testimonios o invocar la Constitu-

El Diputado Costales, Félix Salgado, tira cientos de boletas electorales semidestruidas desde la tribuna del congreso. (Foto: Fabrizio León/ *La Jornada*)

ción, pues "la ley es la ley aunque sea anticonstitucional", respondían los priístas.

Uno de los más acalorados puntos de discusión fue el de la presentación de los paquetes electorales cada vez que se requerían, especialmente los de 25 mil casillas de las que no había información. El PRI se negó rotundamente y mayoriteó para evitarlo. Los paquetes se hallaban en los sótanos del edificio y el domingo 21 los panistas trataron de tomarlos; bajaron muy decididos, pero los soldados que los custodiaban lo impidieron con las armas al pecho. El Colegio Electoral se declaró en sesión permanente. Ante la premura del tiempo, se aprobaron dictámenes en paquete, pero los tumultos continuaron; la oposición recurrió entonces a darle la espalda a los oradores del PRI; Vicente Fox, del PAN, se puso unas grandes orejas para burlarse de Salinas y Jaime Enrique Félix, del FDN, ocupó sus cinco minutos en tribuna para quedarse callado; "a las razones no se les hace caso", dijo, "ojalá mi silencio tenga fuerza". "¡Bájate, payaso!", "¡Mamón!", le gritaban varios priístas anónimos pero muy gandallas que después fueron conocidos como "el Bronx". El guerrerense Félix Salgado, del FDN, tiró cientos de boletas semidestruidas desde lo alto de la tribuna. El PRI se quedó paralizado, mientras las porras del FDN rugían "¡20 millones de votos, jajajá!" y "¡Repudio total al fraude electoral!" Se tuvo que cantar el himno para restablecer el orden y después se decretó un receso de 30 minutos. "¡30 minutos, jajajá!", coreó la gayola, por lo cual se impidió el acceso al público a las sesiones. En las afueras de San Lázaro siempre hubo plantones, manifestaciones y grandes gentíos. Finalmente, el poder del mayoriteo se impuso y la Cámara de Diputados se instaló tal como lo había determinado la Comisión Federal Electoral (PRI: 256; oposición, 244), naturalmente con el voto en contra de la oposición en pleno.

Esta atmósfera de desorden total se extendió al informe presidencial, en el cual nadie le hizo caso a Miguel de la Madrid cuando presumía de su adelgazamiento del Estado y de las privatizaciones, a causa de la gritería y el duelo de insultos. El FDN lo interpeló en doce ocasiones hasta que Porfirio Muñoz Ledo, ya senador, exigió explicaciones por el monumental fraude del 6 de julio, tras lo cual Heberto Castillo y él encabezaron el retiro del FDN del recinto. Los priístas odiaban a Muñoz Ledo como a nadie y Miguel Barberena le apretó el cuello, Borge Martín le gritó en la cara, Xicoténcatl Leyva le tiró un puñetazo y todos lo insultaron, delirantes de furia. Por si fuera poco, los legisladores panistas mostraron boletas electorales; "¡fraude, fraude!", gritaban. "¡Mé-xi-có, Mé-xi-có!", contragritaron los priístas, como si estuvieran en el Mundial de 1986, aunque esta vez nadie le cantó "culero" al presidente. El toque final lo dio Fidel Velázquez, quien dijo: "Quisieron interpelar y se la interpelaron." Al día siguiente el gobierno y la iniciativa privada acusaron al FDN de violencia, intolerancia, infantilismo, insulto y provocación.

El 8 de septiembre el PRI presentó un dictamen, elaborado por Joseph-Marie Córdoba, que declaraba presidente electo a Carlos Salinas de Gortari. Era un típico albazo y la oposición, indignada nuevamente, abandonó la sesión bajo una lluvia de insultos. Regresó al poco rato y tomó la tribuna. Quería evitar que se leyera el dictamen. Durante el día 9 más de 65 oradores peroraron hasta la madrugada y el 10 los priístas tuvieron que hacer una valla compacta para que José Murat pudiera leer el dictamen a toda velocidad. Para entonces los diputados se entretenían haciendo avioncitos, se insultaban y se jaloneaban, hasta que el Frente abandonó definitivamente la sesión y el PRI volvió a mayoritear; declaró válidas y legales las elecciones y a Carlos Salinas de Gortari, presidente electo, lo cual fue festejado por la IP con un buen aumento de precios del 50 por ciento en casi todos los productos.

"Será legal, pero es ilegítimo", dijo mucha gente. Cuauhtémoc Cárdenas por su parte protestó y volvió a llenar el zócalo, en donde pidió la renuncia de Salinas y anunció la creación "del partido que nació el 6 de julio". Después se lanzó de nuevo al interior. Mucha gente le reprocharía que no hubiera actuado con más beligerancia y que no haya recurrido a la resistencia civil o a formas más imaginativas y efectivas de lucha, pero él argüía que el gobierno tenía todo el poder y esperaba la menor oportunidad para aplastar al movimiento, de ahí que decidiera no salirse de la legalidad por ningún motivo.

Se vivían días muy tensos. Además de Ovando y Gil, cuatro jóvenes del FDN fueron asesinados, un delegado del PFCRN fue apuñalado, los halcones arremetieron contra grupos de ciudadanos que gritaban vivas a Cárdenas en la noche del Grito de Independencia, la policía golpeó a grupos de costureras que iniciaban una marcha, fue desalojado el plantón que el PAN había instalado en el Ángel, el local del CEU fue allanado y saqueado, y un mitin cardenista fue atacado ferozmente en Tabasco.

Aún no terminaban los festejos de los católicos por la beatificación del Padre Pro (que tuvo lugar precisamente el día del aniversario de la muerte de Plutarco Elías Calles) cuando, como respuesta inmediata al 6 de julio, el gobierno creó la Asamblea de Representantes del Distrito Federal (ARDF), la primera medida encaminada a que la ciudad de México tuviera autonomía y pudiera elegir a sus gobernantes. El 6 de octubre empezó a sesionar el colegio electoral de la ARDF y por supuesto el PRI se quedó con la mayoría, pues mediante un procedimiento kafkiano con el 28 por ciento de los votos en el DF obtuvo el 51 por ciento de los representantes en la Asamblea. En esa ocasión no hubo desórdenes como en el congreso.

Para colmo de infortunios, el huracán Gilberto arremetió con una violencia increíble contra Cancún y todo Quintana Roo fue declarado zona de desastre. Después causó grandes destrozos en Campeche y Tamaulipas antes de lanzarse contra Monterrey, en donde el río Santa Catarina atrapó a 200 personas y a cuatro autobuses. Para que no los volvieran a acusar de insensibles, De la Madrid se fue a Quintana Roo y Salinas a Monterrey y a Tamaulipas.

El presidente De la Madrid, que no había abierto la boca desde el día de las elecciones, se puso las cananas y advirtió a sus adversarios políticos, a "los académicos de cubículo" y a "los especuladores de café" que no dejaría "que manos extrañas, ni de la reacción de derecha ni de la reacción de izquierda, le quiten poder a la Revolución Mexicana". A partir de ese momento no paró de hablar. Toda la discreción que guardó a lo largo de su sexenio se esfumó en los últimos dos meses. En noviembre se fue de viaje a Uruguay, de ahí pasó a Brasil y, sorpresivamente, saltó a Cuba, donde sin grandes dificultades convenció a Fidel Castro de que asistiera a la toma de posesión de Salinas. En Uruguay ya había asegurado la presencia del presidente argentino Raúl Alfonsín y del colombiano Virgilio Barco. Regresó contentísimo con esos regalos para su pequeñito y ordenó una serie de autoevaluaciones de las oficinas de gobierno que por supuesto resultaron autolaudatorias. Todo había salido requetebién. "El balance sexenal, en lo agropecuario, es irrebatiblemente positivo", decía De la Madrid, a pesar de que la misma CNC sostenía que el 40 por ciento de los campesinos vivía en la miseria extrema, el 60 por ciento se hallaba desocupado, 9.5 millones no tenían acceso a los servicios de salud, 30 mil comunidades rurales no disponían de servicios educativos y el 68 por ciento de la población del agro se hallaba desnutrida. Además, había aumentado en 15 por ciento la importación de básicos como granos, oleaginosas y leche en polvo.

El 30 de noviembre concluyó un sexenio terrible, la parte medular de la década perdida. El PIB bajó a 0.5 por ciento en los seis años. El dólar, que empezó a 150 pesos acabó en 2 300. Entre 1983 y 1988 México había pagado 88 588 millones de dólares de la deuda externa pero aún debía 103 mil millones de dólares. Eso sí, Estados Unidos concedió un préstamo de 3 500 millones de dólares más como apoyo al nuevo gobierno, por lo que Salinas dijo que esa lana era responsabilidad de su administración. Las tasas de interés cerraron a 40 por ciento y en 1988 la inflación fue de 52 por ciento, pero un año anterior había sido de 159 y todo el sexenio hizo estragos, pues los precios aumentaron en 4 400 por ciento. Además, el déficit fue de 1 600 millones de dólares, el desempleo llegó a una tasa del 12 por ciento, el deterioro salarial fue del 54 por ciento y el mercado interno cayó en más de 50 por ciento. Era el balance económico más negativo desde 1929.

En cambio, las ganancias empresariales fueron superiores a las de la época del auge petrolero, casi seis billones de pesos de utilidades para 111 empresas, entre las que se contaban Celanese, Televisa, Kimberly-Clark, Peñoles, Aurrerá, Cervecería Moctezuma, ICA, Cementos Tolteca, VISA, Alfa, Herdez, Spicer, Industrial Minera México y Bimbo. La crisis le resultó extraordinariamente redituable también a las casas de bolsa y a las empresas extranjeras que llegaron con el nuevo modelo de economía abierta atraídas por la mano de obra baratísima y el trueque de deuda externa por inversión, los llamados SWAPS.

A fines de 1988 el sutil financiero Agustín Legorreta dijo primero que el salario mínimo de ocho mil pesos (menos de cuatro dólares) alcanzaba para que viviera bien una familia, y luego reveló que eran 30 los millonarios ("un número muy cómodo") que manejaban el país, todos miembros del Consejo Mexicano de Hombres de Negocios. Entre ellos poseían el 60 por ciento de los certificados de la Tesorería (cetes), los bonos de deuda interna, que les permitieron ganar 30 billones de pesos de intereses en cinco años y los constituyó como una de las principales fuentes de financiamiento del déficit del sector público, por lo que resultaban vitales para el gobierno. Los activos de sus empresas representaban el 40 por ciento del producto interno bruto y entre ellos se llevaron casi cuatro billones de pesos de utilidades en el sexenio. Eran los verdaderos amos del país y entre ellos estaban Gilberto Borja, Bernardo Garza Sada, Carlos Slim, Jerónimo Arango, Antonio Ruiz del Valle, Juan Sánchez Navarro, Emilio Azcárraga y Miguel Alemán, además, claro, de Agustín Legorreta y su carnal Eduardo. A estos señores les había ido bien con Miguel de la Madrid y sabían que Salinas de Gortari los haría aún más ricos.

Al final del sexenio de Miguel de la Madrid se vivía una gran tensión y muy pocos veían con esperanza los años venideros. El estado de ánimo colectivo era oscuro. En el mejor de los casos se esperaba que los años de crisis se convirtieran en una transición que efectivamente pusiera al día al país y se pudiera revertir un poco la concentración de la riqueza que prevalecía hasta ese momento. Se esperaba que las políticas de apertura, privatización y adelgazamiento del Estado en verdad frenaran la corrupción y revitalizasen al mercado para que la productividad se reactivara. Se esperaba también que Carlos Salinas de Gortari ahondase el proceso democrático y abriera el sistema priísta que claramente se había resquebrajado, que las reformas económicas fuesen de la mano de las políticas. Es decir, el país le daría su oportunidad a Salinas de Gortari. Pobre de él si no la aprovechaba.

2. El espejismo
(1988-1994)

Dibujo de Augusto Ramírez.

El pequeño César

El primero de diciembre de 1988 fue un día muy tenso. Desde temprano se desplegaron impresionantes fuerzas de seguridad en torno al palacio legislativo de San Lázaro. Numerosos policías de todas las corporaciones y contingentes de militares se ubicaron en los sitios estratégicos, se levantaron muros de contención en muchas calles y para llegar al congreso había que pasar un laberinto de retenes. Por doquier la policía y el ejército bloqueaban el paso de los que querían protestar por la toma de posesión de Carlos Salinas de Gortari. De cualquier manera, de uno en uno ("la Operación Hormiga"), muchos simpatizantes de Cuauhtémoc Cardenas lograron llegar hasta San Lázaro.

A esas horas los representantes de la oposición le hablaban a un público que no les hacía el menor caso, pues llegaba, se saludaba y hacía un ruidero. Marcela Lombardo, la hija del viejo jefe Vicente Lombardo Toledano, lo hizo en nombre del Frente Democrático Nacional (FDN). "Hoy es un día aciago", se lamentó. "Carlos Salinas no llega como resultado de la decisión mayoritaria, que se expresó a favor de otro candidato, Cuauhtémoc Cárdenas. Todo poder público que no emane del pueblo es ilegítimo", afirmó, pero a continuación Juan Vicencio Tovar dejó ver hacia dónde se inclinaría su partido, el de Acción Nacional (PAN), al plantear que Salinas podía legitimarse "en el ejercicio del bien común".

Casi a las once, Miguel de la Madrid fue saludado con rechiflas de la oposición y porras de los priístas. Los del

"No saben lo que les espera", podría estar pensando el calculador Carlos Salinas al ocupar la silla presidencial por primera vez el 1° de diciembre de 1988. (Foto: Luis Humberto González, tomada del libro *Imagen inédita de un presidente*)

PAN levantaron carteles que decían: "MMH, sexenio de fraudes." Más tarde llegó Carlos Salinas y los del FDN estallaron en abucheos. "¡Sólo el pueblo legitima!", gritó Jorge Martínez Almaraz y los del Frente salieron ruidosamente del salón, haciendo la V mientras los priístas gritaban: "¡Mé-xi-có, Mé-xi-có!" Los panistas alzaron sus carteles y los del PARM le dieron la espalda a Salinas antes de irse. Los invitados de honor, los presidentes Fidel Castro (Cuba), Raúl Alfonsín (Argentina), Manuel Esquivel (Belice), Virgilio Barco (Colombia), José Simón Azcona (Honduras), José Napoleón Duarte (El Salvador) y Daniel Ortega (Nicaragua) no daban crédito a la fenomenología del relajo que presenciaban, al igual que George Schultz, secretario de Estado de Estados Unidos. También llamaron mucho la atención los ex presidentes Luis Echeverría y José López Portillo y seis altos y ensotanados jerarcas de la curia católica, encabezados por el nuncio Girolamo Prigione y Adolfo Suárez Rivera, del Episcopado, lo cual anunciaba la pronta normalización de relaciones entre las iglesias y el Estado mexicano.

Socorro Díaz, presidenta de la asamblea, deleitó a la concurrencia cuando declaró a Salinas "Presidente Constitucional de los Estados Unidos de la Palabra", y después el flamante ejecutivo anunció "tres grandes acuerdos nacionales": la ampliación de la vida democrática (una nueva reforma electoral); la recuperación económica ("la prioridad ya no será pagar, sino volver a crecer") y el bienestar popular. Sin embargo, avisó que se mantendría la austeridad, se seguirían privatizando paraestatales no prioritarias, proseguirían los pactos y continuaría la apertura al capital extranjero. No habría moratoria, pero se endurecería la negociación del pago de la deuda; la iniciativa privada era vital y se generaría un ambiente propicio para la inversión, pero Salinas también se comprometió a "luchar frontalmente contra la pobreza y la marginación", para lo cual contaba con un Programa Nacional de Solidaridad Social. También aludió a las elecciones al explicar que "tácticas preelectorales de algunos opositores y deficiencias en el mecanismo oficial de información, no explicadas a tiempo por autoridad competente, contribuyeron a dejar dudas en algunos grupos sobre el resultado de la elección". ¡Zas!, dijeron todos y se volvieron a ver a Manuel Bartlett, recién nombrado secretario de Educación.

Al terminar, los panistas volvieron a mostrar sus carteles y se reinició el relajo. Afuera de San Lázaro había ruidosas protestas y los cardenistas abuchearon a De la Madrid y a Salinas cuando salieron. Se suponía que después de la ceremonia habría un desfile militar, algo jamás visto en una ocasión semejante y que se leyó como mensaje de intimidación, pero éste no duró ni media hora porque la tensión arreciaba, ya que parte del público del desfile gritaba "¡fraude!" y "¡que renuncie!". Además, grupos de cientos de personas avanzaban por las calles del centro sin intimidarse ante las fuerzas policiacas, que a duras penas los desviaban. Pronto se dieron enfrentamientos en el Eje Central, Corregidora, frente a Palacio y en todo el zócalo; también en Madero, Cinco de Mayo y Reforma hubo fuertes choques entre manifestantes y policías, granaderos, tiras bancarios, zorros y soldados, que recibían rechiflas por todas partes. Ese día hubo cientos de heridos.

El FDN hizo un mitin, al que acudieron miles de personas, en el Hemiciclo a Juárez, en el que Cuauhtémoc Cárdenas, Porfirio Muñoz Ledo y Rosario Ibarra de Piedra desalojaron su frustración por medio de discursos. Ahí llegó también Manuel J. Clouthier, quien anunció la formación de un gabinete paralelo. Los frentistas después instalaron un custodiadísimo plantón en el Ángel de la Independencia, y de ahí salió una marcha del silencio hacia la Secretaría de Gobernación. Por su parte, quince mil panistas marcharon por la Avenida de los Insurgentes; "¡farsantes!", gritaron al pasar por el Registro Federal de Electores; y "¡ésos son los que roban la nación", frente a la Contraloría. "¡Mientes Pelón, perdiste la elección!", coreaban con entusiasmo todo el tiempo, y Maquío calificó al gobierno como "de facto, ilegal e ilegítimo".

El gabinete del nuevo gobierno dio mucho de qué hablar y fue calificado como "de duros e inmaduros". Por una parte estaban los veteranos, como Fernando Gutiérrez

Barrios, el gobernador de Veracruz, quien agasajó como nadie a Salinas durante la campaña, además de que conocía muy bien a la izquierda, pues hasta era valedor de Fidel Castro. Salinas lo ubicó en Gobernación para que lidiara con el FDN, pero le quitó funciones y poder para maniatarlo. Otro duro, Arsenio Farell, repitió en Trabajo y Previsión Social para desolación de los obreros. En cambio, causó gran sorpresa el nombramiento, en Turismo, del profe Carlos Hank González, quien se alió con Salinas muy a tiempo. Igualmente sorpresivo fue que otro duro, Javier García Paniagua, encabezara la Secretaría de Protección y Vialidad del DF. Con todos ellos el mensaje era claro: el nuevo gobierno no dudaría, si el contexto lo demandaba, en recurrir a la mano dura.

Por otra parte se hallaban los jóvenes tecnócratas del primer círculo, como Manuel Camacho Solís, el supernegociador, quien fue nombrado regente del Distrito Federal; o Pedro Aspe, que aterrizó en Hacienda mientras Jaime Serra Puche lo hacía en Comercio. Patricio Chirinos ligó boleto en la Secretaría de Ecología y Desarrollo Urbano y otros viejos amigos fueron a dar a posiciones menos prominentes: Emilio Gamboa al Infonavit, Emilio Lozoya al ISSSTE y Otto Granados a Comunicación de la Presidencia. En cambio, Ernesto Zedillo ligó la Secretaría de Programación y Presupuesto; Luis Donaldo Colosio, la jefatura del PRI; María de los Ángeles Moreno fue a dar a Pesca y la joven María Elena Vázquez Nava encabezó la Contraloría. Por encima de todos estaba el tenebroso José María Córdoba Montoya, para quien se creó el cargo de Coordinador de la Presidencia, y de la Vida Nacional se podría añadir, pues el francés concentró tal poder que después muchos lo consideraban como un vicepresidente, primer ministro o de plano el verdadero poder tras *la chaise*.

El capo indiscutible de la banda por supuesto siempre fue el chiquito pero picoso Carlos Salinas de Gortari, quien nació el 3 de abril de 1948 en la ciudad de México. Su padre, Raúl Salinas Lozano, fue funcionario prominente y llegó a secretario de Industria y Comercio en el sexenio de López Mateos; un tiempo se esforzó por obtener el dedazo,

Los nenes Salinas de Gortari, o la Familia Corleone mexicana: Raúl, Carlos, Adriana, Enrique y Sergio.

pero vio que no tenía la menor posibilidad y entonces se equivocó de candidato, así es que fue a dar a la banca durante años. Don Raúl no sólo se casó por poder con su esposa Margarita de Gortari sino que decidió que sus hijos fueran estudiantes de 9.5, deportistas y cultos. Tuvo cinco: Raúl, Carlos, Adriana, Enrique y Sergio Salinas de Gortari. A los dos mayores les desarrolló la pasión por el poder político, y Raúl y Carlos siempre fueron muy unidos, desde que los hermanitos ejecutaron a una sirvienta cuando jugaban a las guerritas. "¡Yo la maté! ¡Soy un héroe!", exclamó el pequeño Carlos, entonces de tres años de edad, y Papá Raúl tuvo que mover todas sus influencias para que su hijo no tuviera problemas. Carlos y Raúl fueron miembros de la Asociación Nacional de Charros y compitieron en concursos hípicos de Europa, Estados Unidos y en los Juegos Panamericanos. También tomaron clasecitas de boxeo con Kid Azteca y, adolescentes, viajaron a Europa con la única compañía de un amigo de su edad. Después, en la universidad, eligieron distintas carreras (economía e ingeniería) y Carlos se hizo amigo de Manuel Camacho Solís, José Francisco Ruiz Massieu y Emilio Lozoya Thalmann, y formaron el grupo Política y Profesión Revolucionaria; sin embargo, los demás les decían los Toficos, porque eran "uy qué ricos". Se contaba que desde entonces se propusieron llegar a la presidencia.

Carlos Salinas se licenció de economista en 1971 e hizo su posgrado en la Universidad de Harvard, pero, a través de su hermano, tuvo relación con Hugo Andrés Araujo y Alberto Anaya, que fueron tremendos maoístas, además de alumnos de Adolfo Orive, fundador de Política Popular e hijo de Adolfo Orive Alba, quien fue ministro durante el alemanismo. Los hermanos Salinas vivieron su primavera maoísta y se decía que cuando menos Raúl apoyó económicamente a sus amigos de Política Popular y de Línea de Masas en los años setenta, cuando era director de Caminos Rurales de la Secretaría de Asentamientos Humanos y Obras Públicas. Se decía también que los hermanos Salinas habían sido "observadores" de varias acciones de Orive y de Hugo Andrés Araujo; estaban, pues, familiarizados con el mundo y la retórica de la ultraizquierda. Salinas también conocía bien las leyes no escritas de la política a la mexicana y sus esotéricos mecanismos de poder, y a esta explosiva combinación de acelere maoísta y de grilla mexicana, Salinas añadió después el neoliberalismo militante y belicoso, tipo Thatcher o Reagan. El resultado fue un estilo personal de gobernar tan agresivo como corruptor, que mezclaba lo más viejo y viciado del sistema con neoliberalismo *high tech*.

Sin embargo, antes que nada, Salinas necesitaba afianzarse en el poder y para ello recurrió a grandes golpes que excitaron el morbo del público. El más espectacular fue una carambola de varias bandas cargada de densos mensajes. Desde 1984 Salinas había chocado con Joaquín Hernández Galicia, el "líder moral" de los petroleros, al suprimir la capacidad que tenía el sindicato para contratar obras de Pemex. Después, el entonces ministro de la SPP le filtró al periodista Manuel Buendía datos de las riquezas alucinantes de la Quina y sus compas Salvador Barragán Camacho y Sergio Bolaños. Como respuesta se dice que la Quina mandó publicar el pasquín *Un asesino en la silla*, en el que se denunciaba la muerte de la sirvienta a manos del niño Salinas de Gortari. Al igual que los demás líderes obreros, la Quina le iba a Alfredo del Mazo en la carrera presidencial y enfureció cuando el dedazo fue a favor de Salinas. "No podemos decir que somos los primeros en su precandidatura", le soltó después al baldo Salinas, "sino, sencillamente, así como suena, sencillamente, que es nuestro candidato", y agregó: "El partido se la está jugando con usted." Salinas invocó entonces nada menos que a Plutarco Elías Calles al revirar: "En México se acabaron los caudillos y caciques. Sólo perduran las instituciones." A partir de entonces se rumoró que la Quina calladamente apoyaba a Cuauhtémoc Cárdenas, por lo que el candidato del PRI le advirtió: "Las cosas que se hacen contra mi partido tendrán que atenerse a las consecuencias", y después, ya jefe de la policía capitalina, Javier García Paniagua declaró: "El gobierno siempre ha dado un trato a los disidentes y otro, muy distinto, a los infidentes."

Salinas decidió fortalecerse, y de paso vengar viejas rencillas, enviando a la cárcel a Joaquín Hernández Galicia, la Quina. (Foto: Pedro Valtierra)

Salvador Barragán Camacho, gran compa de la Quina, también fue a dar a la cárcel. (Foto: Fabrizio León/*La Jornada*)

En la mañana del 10 de enero de 1989, varios vehículos militares bloquearon las calles y un centenar de comandos, llevados desde la ciudad de México, tomó por asalto la casa de la Quina, en Ciudad Madero, Tamaulipas. Nadie vio a agentes vestidos de civil. A balazo limpio unos soldados saltaron las bardas y los demás entraron por la puerta principal, que fue abatida con un bazukazo al estilo 1968. Con precisión (y muchos disparos y culatazos) sometieron a los incautos que esperaban audiencia y a la gente de la Quina, que no presentó la menor resistencia. De todos modos, los soldados gritaban "¡no se muevan, hijos de la chingada!", disparando al aire, y luego arrestaron a Hernández Galicia, que todavía andaba en camiseta, calzones (tarzaneras en su caso) y pantuflas. Con veinte de los detenidos fue llevado a un avión militar que lo transportó en el acto a la ciudad de México. En tanto, los soldados bajaron de los vehículos veinte cajas con ametralladoras y municiones, y las apilaron (o "las sembraron", como se diría después) en el recibidor. El operativo se realizó con eficacia en veinticinco minutos y el ejército se retiró. Poco después, un camión militar llevó a la agencia del ministerio público federal de Tampico el cadáver de Antonio Zamora Arriola, muerto de un tiro a quemarropa supuestamente durante la toma de la casa de la Quina, aunque nadie vio cuando ocurrió esto.

Al mismo tiempo, el ejército asaltó a balazos la casa de Salvador Barragán Camacho en la ciudad de México. No lo encontró, pero el buen Chava se impresionó tanto que tuvo que ser hospitalizado. También arrestaron a José Sosa Sosa, líder en turno del sindicato petrolero, y a Sergio Bolaños, el socio y prestanombres de la Quina.

La versión oficial de la Procuraduría General de la República (PGR) estableció que se habían recibido denuncias de acopio de armas en la casa de Joaquín Hernández Galicia y que agentes de la PGR fueron a constatarlas, apoyados por la tropa. Al llegar a la casa fueron recibidos a balazos por los guaruras de la Quina y en la tupida balacera murió el agente Zamora Arriola. Además, se encontraron 200 ametralladoras Uzi y 25 mil cartuchos.

La noticia del arresto de la Quina causó conmoción. Los petroleros protestaron en el acto con manifestaciones en Ciudad Madero que llegaron a reunir hasta a diez mil personas durante unos días. En la ciudad de México también hubo conatos de protestas y el ejército tomó la refinería 18 de Marzo. Los líderes obreros se molestaron en un principio y Fidel Velázquez se quejó por el allanamiento, pero Salinas lo mandó llamar y el senil líder se dejó convencer, así es que a los dos días la CTM y el Congreso del Trabajo desconocieron al cacique petrolero. En tanto, se inició a toda prisa el desmantelamiento del imperio quinista. Empezaron a caer todos los funcionarios incondicionales del líder en Ciudad Madero, Tampico y en el STPRM. Nadie defendió a la Quina, ni el Rayo Macoy, sólo el pobre de Guillermo Ochoa, quien por hacerlo perdió su programa matinal en Televisa. Después, Salinas, Arsenio Farell, secretario de Trabajo, y Fernando Gutiérrez Barrios, de Gobernación, impusieron como nuevo líder nacional al sumiso ex quinista Sebastián Guzmán Cabrera, quien ya estaba jubilado, pero a quien se reinstaló en *fast track*, faltaba más.

En general, la población se impresionó por la contundencia del golpe de Salinas, que fue seguido por una intensa campaña de apoyo y en todos los medios se presentó como un intento en serio por limpiar al sindicalismo de los cacicazgos premodernos. Como en 1946, cuando Miguel Alemán aplastó a los petroleros, la iniciativa privada aplaudió "la enérgica acción del presidente", y aunque algunos dijeron, aterrados, "¡estamos en manos de gángsters!", muchos opinaron que, parafraseando el viejo chiste, el presidente "era enano pero con unos güevotes". En general, la operación le salió redonda a Salinas, quien se vengó, se quitó de encima a alguien que le habría dado incontables problemas, envió el aviso de que no titubearía en recurrir a la represión brutal vía el ejército, y, lo más importante, se empezó a "legitimar".

Al mes del golpanazo a la Quina, Salinas enguantó la mano dura y ordenó el arresto de Eduardo Legorreta, dueño de Operadora de Bolsa, hermano de Agustín Legorreta, de Inverlat, e hijo del dueño del Banco Nacional de México.

Desde principios de 1988 la Procuraduría había investigado las denuncias en contra de las casas de bolsa a raíz del crack bursátil de 1987 y descubrió que Operadora de Bolsa; Mexval, de Isidoro Rodríguez; Inversora Bursátil, de Carlos Slim; Ábaco, de Jorge Lankenau y Casa de Bolsa México, de la familia Autrey, compraban y vendían certificados de la Tesorería (cetes) o contrataban préstamos de cetes con títulos de emisión vencida, es decir, sin ningún valor; también vendían acciones a precios infladísimos que después caerían estrepitosamente, o hacían retiros de fondos sin autorización del cliente, alteraban los registros contables, evadían los reportes al Banco de México o a la Comisión Nacional de Valores, hacían firmar contratos en blanco y mil transas más.

Por tanto, la PGR pidió la consignación de Legorreta y de varios funcionarios de casas de bolsa, pero el entonces secretario de Hacienda, Gustavo Petriccioli, nunca pidió la acción penal, como le correspondía. Primero se hizo el loco, pero después manifestó que arrestar financieros desalentaría la inversión y por tanto los solapó hasta el final del sexenio delamadridista. Sin embargo, para que no se dijera que nada más la agarraba con los líderes obreros corruptos, sino que era parejo, Salinas indicó a Pedro Aspe, secretario de Hacienda, que pidiera la acción penal contra el dueño de Operadora de Bolsa, por lo que el 13 de febrero y sin bazukazos de por medio, Legorreta fue arrestado con uno de sus ejecutivos y dos funcionarios de Mexval. Algunos empresarios protestaron, como Eduardo García Suárez, de la Concanaco, quien amenazó: "Con la misma velocidad con que metan gente a la cárcel saldrán las divisas", pero el gobierno tranquilizó a la IP. El escándalo fue "más terso" esa vez, pero mucha gente se excitó ante lo que parecía ser una seria campaña contra la corrupción. Oh ilusos. Naturalmente, Legorreta estuvo poco tiempo en el reclusorio y pronto volvió al "fabuloso negocio de las casas de bolsa".

El siguiente golpe, coyuntural, ocurrió en abril y cayó sobre el senador y ex gobernador de San Luis Potosí Carlos Jonguitud Barrios, líder vitalicio de Vanguardia Revolucionaria, asesor permanente y cacique definitivo del Sindicato Nacional de Trabajadores de la Educación (SNTE). Desde principios de año los maestros de la Coordinadora Nacional de Trabajadores de la Educación (CNTE) y otros grupos magisteriales independientes habían iniciado grandes movilizaciones para obtener mejores salarios y una verdadera democracia sindical. Jonguitud estuvo en contra de ellos, naturalmente, pero no pudo contener las protestas de los maestros, quienes hicieron paros y manifestaciones impresionantes en todo el país. La SEP, encabezada por Manuel Bartlett, en abril ofreció un aumento salarial del 10 por ciento, el cual fue aceptado por el SNTE pero rechazado por los disidentes, y éstos se fueron al paro el 17 de abril. Bartlett amenazó con despedir a los huelguistas. Como respuesta, éstos armaron una manifestación de más de 100 mil simpatizantes en el zócalo capitalino. Era el momento oportuno para deshacerse del viejo cacique, así es que el domingo 24, temprano, Salinas mandó llamar a Jonguitud a Los Pinos y éste, en menos de media hora, demudado, firmó la renuncia a todos sus cargos sindicales, y para que no quedara duda de la autoría del golpe, la Dirección de Comunicación Social de la Presidencia informó escuetamente la renuncia del profesor.

Fernando Gutiérrez Barrios, secretario de Gobernación, concentró en Bucareli a Refugio Araujo del Ángel, secretario general del SNTE, y lo hizo pedir una licencia limitada al cargo. En Bucareli también ungió como nueva lideresa a Elba Esther Gordillo, quien de trotskista había pasado a protegida de Jonguitud y luego a cacique de la Sección 36. A la vez, el gobierno dio la orden de arraigar y trasladar al DF a los secretarios generales del SNTE de todo el país, lo cual se hizo con un espectacular despliegue de autoridad para disuadir cualquier resistencia al golpe. En un ambiente helado y tenso, se llevó a cabo el XV congreso del SNTE y Elba Esther Gordillo tomó el control del sindicato. Nuevamente un cacique poderoso era removido desde arriba, pero en vez de impulsar la democracia interna de los sindicatos, el presidente impuso a un nuevo líder tan dúctil como el anterior. Como era de esperarse, esto no solucionó la huelga magisterial y sólo hasta que se acercó el día del maestro, los disidentes aceptaron el ofrecimiento de una alza salarial del 25 por ciento y levantaron su movimiento.

Otro cacique sindical abatido fue Venus Rey, quien cayó por su propio peso después de treinta años de reelegirse. A fines de 1988, el viejo líder del Sindicato Único de Trabajadores de la Música (SUTM) le había encargado a Wallace de la Mancha, el temible brazo armado de la CTM, la represión violentísima de un grupo de músicos opositores, lo que propició que una asamblea extraordinaria desconociera al trombonista Venustiano Reyes y eligiese a Jaime Mora, un líder nuevo sin ligas con el PRI. Como esta remoción no fue controlada por el gobierno, la Secretaría de Trabajo (STPS) no reconoció al nuevo comité ejecutivo y sostuvo a Venus hasta que Fidel Velázquez arregló todo a su manera. Obligó a renunciar al viejo líder en una asamblea grotesca que se sacó de la manga e impuso como secretario general a Federico del Real, a quien nadie conocía, pero que al instante fue reconocido por la STPS. Jaime Mora y sus seguidores protestaron todo lo que quisieron, pero no sirvió de nada, y durante años montaron un plantón musical que animó la esquina de Reforma e Insurgentes.

Otro gran golpe publicitario de Salinas fue la renegociación de la deuda. Desde su toma de posesión Salinas advirtió que buscaría mejores condiciones, y la comunidad financiera internacional se sacudió ante la posibilidad de una moratoria, así es que el presidente explicó que no dejaría de pagar, pero que el país necesitaba crecer, pues "un cliente muerto nunca pagará".

Después, en los primeros días del sexenio, se firmó el Pacto para la Estabilidad y el Crecimiento Económico (PECE), que sustituyó al PSE; era la misma receta neoliberal, sólo que ahora prometía "una nueva era económica que México se merece". Pero eso sería "después", porque, antes que nada, el PECE aumentó un peso al deslizamiento diario de la paridad y elevó los precios de la luz, teléfono, agua, predial, gas, ferrocarriles, carreteras, autobuses y servicios públicos, además de los principales productos básicos. Los incrementos fueron en una proporción del 35 al 50 por ciento, así es que la elevación a los salarios mínimos de 8 por ciento definitivamente fue cruel. Todo era igual que antes y los centros financieros se tranquilizaron. Además, Pedro Aspe Armella (SHCP) y Ernesto Zedillo Ponce de León (SPP) con toda claridad indicaron que en lo inmediato habría que recurrir al ahorro interno y que continuaría la austeridad y la contención del gasto público. Admitieron, como Salinas, que se pagaba una cantidad desmesurada por la deuda externa y Aspe reconoció que en todo el sexenio no se cubriría un solo centavo del principal. A lo largo de la primera mitad de 1989 Salinas abundó en el tema de la deuda, pidió la unidad nacional para renegociarla y fue centro delantero de una intensa campaña para que la población rechazara la forma en que se había venido pagando.

La verdad era que Aspe, acompañado por los subsecretarios José Ángel Gurría y Guillermo Ortiz o por el director del Banco de México, Miguel Mancera, iba y regresaba de Estados Unidos, Japón y Europa. Les reiteraba a los acreedores que, por cumplir las exigencias de los bancos, México padeció un terrible deterioro en la economía y en el bienestar; entre 1981 y 1988 el PIB no se alzó de la tasa cero, el producto por habitante cayó en 15 y 20 por ciento, el salario disminuyó 50 por ciento y el déficit de empleos llegó a 5 millones. Por tanto, los negociadores mexicanos pedían una reducción del 55 por ciento de la deuda y que los pagos fueran del 2 por ciento del PIB. No era ningún secreto que al gobierno le urgía el dinero, porque ya se le estaban acabando las reservas y tenía en puerta los pagos del servicio de la deuda.

Por supuesto, los banqueros internacionales no se conmovieron y trajeron dando vueltas a Aspe, Ortiz y Gurría. En julio las negociaciones parecían perdidas, así es que Salinas se jugó la carta de la suspensión de pagos. Aspe retiró todos los fondos mexicanos en Estados Unidos, previendo que los congelasen, como habían hecho recientemente con los de Ecuador, y los transfirió a bancos japoneses y europeos. Después, se retiró de las negociaciones "para hacer consultas". A los centros financieros no les gustó la idea de una moratoria pero aun así no cedieron, así es que el presidente George Bush tuvo que intervenir y los banqueros aceptaron hacer algunas concesiones y llegar a un acuerdo, que finalmente se firmó el 23 de julio con el Comité Asesor de Bancos, representante de 500 instituciones crediticias de todo el mundo. Era bastante complicado. Los acreedores podían elegir una o la combinación de tres opciones: una reducción del 35 por ciento del principal, fijar la tasa de interés en 6.25 por ciento o dar nuevos préstamos a quince años con siete de gracia. Lo que seguía era negociar con cada uno de los bancos, lo cual concluiría varios meses después. En vía de mientras, se concedió un crédito puente por 2 mil millones de dólares para que el gobierno salinista respirara.

Era un acuerdo importante, pero ni remotamente cubría las necesidades del país. El experto del MIT Rudiger Dornbusch consideró: "El nuevo acuerdo, más que a una real reducción, se parece a una reestructuración de la deuda, en la que se alargan los periodos de pago, se bajan las tasas de interés y se ofrecen nuevos préstamos." Esos nuevos préstamos, por otra parte, significaban mayor endeudamiento, lo cual se había prometido evitar.

Con todo y eso, Salinas hizo el teatro de su vida. En un mensaje televisado proclamó la renegociación como "un gran momento para nuestro país, producto de un esfuerzo sin paralelo", y añadió: "Hemos resuelto el problema de la carga excesiva de la deuda que pesaba sobre los hombros de los mexicanos." La crisis empezaba a quedar atrás y la prosperidad estaba a la mano. La renegociación era tan trascendente para la concordia de los hombres y las naciones que Salinitas, como le decía Manú Dornbierer, pidió que cada mexicano le dijera a sus hijos que el futuro sería difícil, pero que ahora estábamos capacitados para enfrentarlo, y pidió también que nos pusiéramos de pie y en el recinto más sagrado del hogar cantáramos el himno, aunque no aclaró si el mexicano o el de Estados Unidos, y no lloró para que no lo fueran a comparar con Jolopo.

El gobierno, que hacía un uso estratégico de la publicidad y los medios, exprimió la ocasión al máximo. Los priístas elogiaron a Salinas como uno de los grandes patriotas de todos los tiempos y todas las dimensiones paralelas. Los desplegados de apoyo inundaban los periódicos, como en las viejas épocas en que todo el mundo se cuadraba con el preciso, quien, por su parte, aprovechó lo que en su realidad virtual se había convertido en una victoria de proporciones epopéyicas y criticó a la oposición porque no se le había ocurrido algo semejante. Se mostró tan eufórico, y como lo de las tres opciones no era muy claro que digamos, que muchos creyeron que ya estaba ahí la lana. Todo tipo de empresarios voló a las instituciones de crédito a pedir su parte. La Confederación Nacional Campesina (CNC) y la Central Campesina Independiente (CCI) también se apuntaron, y varios políticos dieron doctos consejos sobre cómo utilizar el dinero. Por tanto, Pedro Aspe tuvo que hacer aclaraciones y aguar la fiesta: no había dinero por el momento e ignoraba cuándo caería; se trataba de una mera oportunidad no garantizada para recuperar el crecimiento, así es que no se relajaría la austeridad y la disciplina.

Finalmente, en enero de 1990 terminaron las negociaciones con los bancos acreedores. Casi la mitad optó por la tasa fija de interés; los demás eligieron la reducción del capital y el 10 por ciento escogió dar dinero fresco. Para fines prácticos, la renegociación de la deuda había logrado una rebaja de 5,800 millones de dólares, lo que no estaba mal, pero era un inyección de morfina en un caso de cáncer.

Salinas de Gortari lo sabía, tenía un poco de dinero para un rato y había que hacer algo, ya que las inversiones extranjeras no llegaban, a pesar de la renegociación de la deuda, y las privatizaciones se tomarían su tiempo. Fue entonces cuando Salinas y Córdoba rescataron la idea del acuerdo de libre comercio con Estados Unidos que Ronald

Reagan había propuesto machaconamente a través del ex embajador John Gavin. De la Madrid no quiso, pero las presiones eran muy fuertes e inició conversaciones al respecto que desde 1986 fueron regulares y cada vez más frecuentes. Cuando Salinas entró, Bush insistió en un acuerdo de libre comercio, pero don Carlos no quiso. Era algo que estaba fuera de sus planes, porque ni en su campaña electoral ni en el Plan Global de Desarrollo hubo referencia alguna a un libre comercio entre México y Estados Unidos. Sin embargo, a principios de 1990 Salinas veía muy inquieto que la nueva y computarizada casta de inversionistas prefería las bolsas de valores del sudeste asiático o los nuevos mercados de Europa oriental. De alguna manera había que atraerlos a México o la situación se iba a poner muy difícil en el futuro inmediato. Las privatizaciones iban a dejar dinero y darían buena imagen ante los centros de poder, pero con un tratado de libre comercio "llegarían más divisas al país y se reactivaría la economía".

Por tanto, Salinas le propuso al presidente estadunidense un acuerdo de libre comercio con México y, para seducirlo, como si hiciera falta, añadió que así se formaría un poderoso bloque económico en América del Norte que le daría calambres a la Unión Europea y a Japón. A Bush, claro, le encantó la idea porque le estaban poniendo la fuerza de trabajo de un país al alcance de la mano. No por nada el vicepresidente Al Gore dijo algunos años después que el TLC era tan ventajoso para Estados Unidos como la compra de Luisiana o de Alaska. En febrero de 1990, en medio del secreto absoluto, José María Córdoba y Jaime Serra Puche, secretario de Comercio, se lanzaron a Washington a conversar con Robert Mossbacher y Carla Hills, del Departamento de Comercio, y también con James Baker, el secretario de Estado. A partir de ese momento, las conversaciones siguieron sin pausas y en riguroso secreto hasta que Estados Unidos decidió filtrar la noticia. Salinas prefirió dejar que se supiera todo y dijo: "La pregunta clave es dónde queremos que trabajen los mexicanos, en México o en Estados Unidos. Yo prefiero exportar bienes que fuerza de trabajo." En junio de 1990 el presi-

Los del TLC: Carla Hills y su bróder Jaime Serra Puche. (Foto: Juan Antonio Sánchez/Cuartoscuro)

dente mexicano viajó a Washington y añadió: "No queremos llegar tarde a la cita con el nuevo siglo. Queremos ser parte de la comunidad global."

A partir de ese momento se formalizaron las conversaciones entre Carla Hills, el canadiense Michael Wilson y Jaime Serra Puche, debidamente piloteado por José María Córdoba, para elaborar un borrador inicial de lo que sería el Tratado de Libre Comercio, que se conoció como TLC o telecé, en México, y NAFTA (North American Free Trade Agreement) en Estados y Canadá, y que debería estar listo en 1991 para iniciar las negociaciones oficiales. Si todo salía bien, el TLC estaría negociado, aprobado, inicializado, firmado y ratificado por los órganos legislativos de los tres países para fines de 1992, antes de las elecciones presidenciales, con las que Bush pretendía reelegirse. Por su parte, Carla Hills resultó, como se preveía, una negociadora dura que pronto amaestró a Jaime Serra Puche. "¿La negociación se dará con base en una reciprocidad relativa, matizada por la asimetría?", preguntó una vez el empresario mexicano Jacobo Zaidenweber. "La negociación todavía no empieza", cortó bruscamente Carla Hills, "¿verdad, brother?", añadió dirigiéndose a Serra Puche, quien asintió mansamente.

Desde un principio se habló de un acuerdo entre México, Estados Unidos y Canadá, pero al gobierno de Brian Mulroney le costó entrarle porque en su país había visibles descontentos por la forma en que se había desempeñado el libre comercio con los estadunidenses, y ése fue el inicio de una discusión intensa y profunda en los tres países. En México la idea del TLC fue aplaudida por la cúpula de hombres de negocios, el PAN y los intelectuales de *Nexos* y *Vuelta* porque atraería inversiones al país, aumentarían los empleos, regresarían capitales fugados, entraríamos a la modernidad posmoderna y nos colocaríamos de golpe en el *first world*. Por supuesto, el TLC fue denostado por la oposición de izquierda, por muchos investigadores y por los sectores nacionalistas, que para entonces empezaban a comparar a Salinas con Antonio López de Santa Anna, el gran vendepatrias, pues eran los ricotes gringos y mexicanos los únicos que se beneficiarían, decían; la asimetría era insalvable y la industria nacional nunca podría competir con la de Estados Unidos, como había demostrado el intento de Televisa de penetrar en el país del norte a fines de los ochenta. México, resumían los críticos, sería una gran maquiladora, pues acabaría vendiendo mano de obra con sueldos de miseria. Era entrar en el primer mundo por la puerta de servicio y un insulto a los países latinoamericanos, nuestros aliados naturales. Además, se trataba de un hecho tan trascendente que cuando menos merecía un plebiscito.

En Estados Unidos, los principales opositores al TLC fueron los obreros de las grandes centrales como la AFL-CIO, pues aducían que con los miserables salarios al sur de la frontera una gran cantidad de empresas estadunidenses se instalaría en México, lo que dejaría sin empleo a los trabajadores gringos, además de que las condiciones laborales en nuestro país eran deplorables y los obreros estaban atrapados en las corporaciones oficiales. También se opusieron las organizaciones ecologistas y de los derechos humanos, las que consideraban que las leyes mexicanas no protegían debidamente el medio ambiente de la alta industrialización, además de que privaba la tortura, la corrupción, la impunidad y las violaciones a los derechos humanos. Asimismo, muchos agricultores se opusieron al TLC, pues según ellos el ejido era un subsidio y ellos no gozaban de ningún apoyo federal. Todo esto se manifestó cuando Bush pidió al congreso de su país que diera vía rápida (*fast track*) al TLC, pues para entonces México se había convertido en un asunto de política interna de alta importancia para los estadunidenses. Por tanto, el presidente mexicano se vio obligado a invertir enormes cantidades de dinero en publicidad y cabildeo en Estados Unidos en favor del TLC. Se contrataron agencias de publicistas, de relaciones públicas y a connotados cabilderos del congreso. No se escatimaban los gastos. El TLC se convirtió en noticia internacional de primera plana, pues la unión comercial de los tres países afianzaba a Estados Unidos como la gran potencia del mundo.

En tanto, como seguía sin haber dinero, el gobierno se propuso privatizar todo lo posible para hacerse de recursos. Además, la privatización era dogma, columna vertebral del proyecto neoliberal, pues "mejoraría la eficiencia del gobierno y disminuiría el tamaño del Estado". Miguel de la Madrid ya había vendido las empresas estatales de la petroquímica "secundaria", de los ramos automovilístico y farmacéutico, de la industria manufacturera (textiles, cemento, electrodomésticos, refrescos) y casi se había retirado del turismo. Salinas, por su parte, aceleró el proceso, así es que de las 1,115 empresas estatales que había en 1983 diez años después sólo quedaban 213.

En agosto de 1989, otro golpe presidencial, éste claramente simbólico, sacudió al país. Como en 1906, los obreros de la Compañía Minera de Cananea se pusieron en huelga en busca de un aumento salarial del 60 por ciento y de prestaciones, y como respuesta el gobierno declaró en quiebra a la empresa, que trabajaba con números negros, porque ésta no había enfrentado "compromisos de pago ya vencidos". El ejército tomó las instalaciones de la mina y más de veinte dirigentes fueron arrestados. Se liquidó a todo el personal y luego se le recontrató en condiciones desventajosas. El recurso de quebrar empresas fue de los favoritos del salinismo, que se volvió "experto en quiebras instantáneas". Por lo general, en un día los jueces estudiaban, redactaban, dictaban, listaban y publicaban las sentencias de cada caso y llegaron a legalizarlas en 25 minutos, como ocurrió con el ingenio azucarero de El Mante. Más de 30 empresas fueron declaradas en quiebra antes de ser vendidas.

Compañía Mexicana de Aviación siguió los pasos de Aeroméxico, que había sido privatizada en 1988 y que durante casi dos años le pagó 1,700 pesos mensuales, simbólicos pero obligatorios, a sus pilotos "en lo que se componían las finanzas de la empresa". Mexicana pasó al grupo Xabre, que la vendió a Aeroméxico, y las dos empresas se fusionaron bajo el control del después fugitivo Gerardo de

Prevoisin. Esa vez la desincorporación no se dio por venta ni por quiebra, sino a través de una ampliación de capital, en la que el gobierno diluyó su participación y quedó como socio minoritario. En medio de todo esto surgieron nuevas aerolíneas, como Aviacsa, que pertenecía al gobernador de Chiapas Patrocinio González Garrido, o Transportes Aéreos Ejecutivos (TAESA), del hijo de Carlos Hank González, Carlos Hank Rhon, que prosperó gracias a que apenas invertía en el mantenimiento de los aviones y pagaba sueldos de miseria, lo que le permitía ofrecer tarifas más bajas a pasajeros dispuestos a jugarse la vida con tal de ahorrarse unos pesitos. TAESA, o Chafesa, fue la aerolínea consentida del régimen y los funcionarios usaban sus aviones para viajes personales, como hizo Carlos Salinas de Gortari recién salido del gobierno y en busca de la dirección de la Organización Mundial de Comercio.

La Compañía Minera Real del Monte fue vendida a los hermanos Autrey y su Grupo Acerero del Norte, dueño de la Casa de Bolsa México, de Aeromar y de Altos Hornos de México, que también se privatizó. Después, para el inmenso regocijo de los grandes tiburones de la empresa, en septiembre de 1989, a la vez que se iniciaba con gran éxito la telefonía celular, se anunció la venta de Teléfonos de México.

Para empezar se inició una gran campaña de descrédito contra Telmex, lo cual no era nada difícil porque, en efecto, el servicio telefónico en México era siniestro. Después se procedió a mejorar la capacidad tecnológica de la empresa, y también su situación financiera, para que resultara más atractiva a los compradores. Se negoció también con el Sindicato de Telefonistas (STRM) y el líder Francisco Hernández Juárez de pronto vio fascinado que el nuevo presidente lo invitaba con frecuencia y lo trataba muy bien. Lo llevó a un viaje a Washington y ahí el líder requirió unos tenis para salir al *jogging* con los tecnócratas, así es que le dieron un grueso fajo de billetes de 100 dólares para que fayuqueara a gusto. No es de extrañar entonces que Hernández Juárez aceptara dócilmente la modificación de 50 cláusulas del contrato colectivo, entre ellas la eliminación de 57 acuerdos laborales y la reducción del número de categorías de trabajo de mil a 140. El anzuelo para la aquiescencia del líder se basó en la promesa de que el STRM sería dueño de un pequeño paquete de acciones de la nueva Teléfonos de México.

Luego la empresa fue transferida de la Secretaría de Comunicaciones y Transportes (SCT) a la de Hacienda (SHCP), la cual derogó el impuesto al consumo en los servicios telefónicos, con lo cual Telmex pudo aumentar sus ingresos entre un 68 por ciento en el servicio local residencial y un 100 por ciento en la larga distancia comercial. En cambio, se creó el Impuesto por Prestación de Servicios Telefónicos (IPST), que equivalía al 29 por ciento de los ingresos de la empresa, pero durante cinco años ésta podía deducirlo del impuesto sobre la renta, retener el 65 por ciento del IPST y acreditarlo como inversión; es decir, en vez de que el impuesto fuera aplicado al gasto público, como mandaba la Constitución, de hecho era devuelto a Telmex. Por si fuera poco, y como ya era usual en las privatizaciones, una gran parte de la deuda externa de la compañía fue absorbida por el gobierno. También se fusionaron Telégrafos Nacionales y la Dirección de Telecomunicaciones de la SCT para constituir Telecomm, que en el acto vendió la red federal de microondas a Teléfonos de México para que ésta pudiera operar los sistemas de larga distancia sin problemas, sin contar que la venta incluía 20 subsidiarias de Telecomm, todas con activos importantes y finanzas saludables.

Para que este paquete fuera un verdadero banquete, se estableció un increíble "periodo de ajuste" a fin de que Telmex tuviese el virtual monopolio de los servicios telefónicos hasta 1996, pues sólo entonces la larga distancia se abriría a la libre competencia. Más aún: se reestructuró el sistema de acciones para que la empresa pudiera ser controlada por un solo individuo, mexicano eso sí, y por último se modificó el título de concesión, de modo que los compradores pudieran tener la empresa hasta el año 2026, pero después podrían renovar la concesión por 15 años más, hasta 2041, los que, contados a partir de 1990, sumaban nada menos que 51 años para que los nuevos dueños exprimieran a su gusto Teléfonos de México. Como pilón, se permitió una auténtica "licencia para matar", pues la empresa podía aumentar las tarifas mensualmente durante 1991 y de forma trimestral de 1992 a 1996 sin ningún control y al margen de los supuestos pactos económicos. Obviamente, una vez que se legalizó la privatización, los nuevos dueños incrementaron las tarifas en un 150 por ciento en los primeros dos años.

Estas condiciones, que sólo eran las más notorias entre muchas otras, resultaban tan favorables que convertirían a Telmex en la empresa más redituable del mundo. Con el argumento de que se buscaba la modernización y de que se pretendía "aliviar la presión que implicaba un programa de cuantiosas inversiones", las ventajas para los compradores rebasaban cualquier precedente y era el negocio de negocios. A fines de 1990 tres grupos pujaban por comprar Teléfonos de México: Gentor, Accival y Carso, de Carlos Slim Helú, conjuntamente con Seguros de México, Southwestern Bell International y France Cable et Radio. A través de procedimientos notoriamente turbios, el ganador fue Carlos Slim, quien con sólo 442.8 millones de dólares se hizo del control de Telmex, cuyo valor oficial era de más de 7 mil mdd. Por cierto, el gobierno accedió a que Slim pagara a plazos una parte ¡con las ganancias que obtuviera al usufructuar la empresa!

Por supuesto, hubo numerosas protestas por la forma en que se había llevado a cabo la privatización, pero éstas fueron ignoradas. En 1991, la revista estadunidense *Business Week* señalaba que "para preparar el libre comercio, Salinas se vuelve a sus amigos de la infancia... Rumores y alegatos de amiguismo rondan por todo el proceso de administración". Carlos Slim Helú, de origen libanés, se inició en los negocios a los veinticinco años de edad con una compañía refresquera y la casa de bolsa Inversora Bursátil y después creó el grupo Carso, una combinación de su nombre y el de su esposa, Soumaya, heredera de Zapatos Domit. Slim expandió sus inversiones, compró numerosas empresas, entre ellas los restoranes Sanborns, y

Beneficiados por las privatizaciones: Carlos Slim (Telmex), Carlos Peniche (BCH), Isodoro Rodríguez (Banpaís) y Ricardo Salinas Pliego (Televisión Azteca): una casta empresarial a la medida del "modelo" de Salinas de Gortari. (Fotos: Pedro Valtierra; Eloy Valtierra, Germán Romero, Rodolfo Valtierra/Cuartoscuro)

en los años ochenta ya era un magnate de grandes riquezas. A partir de 1989 se convirtió en el empresario consentido de Carlos Salinas de Gortari, quien desde un principio decidió cederle Teléfonos de México. Ya con el control de Telmex, en sólo tres años Slim había duplicado su capital de 3,700 a 6,600 millones de dólares y el *hit parade* de ricachones de la revista *Forbes* lo ubicaba como el cuarto hombre más rico del mundo; su familia ocupaba el lugar 12 entre las más grandes fortunas familiares. Con Teléfonos de México Slim ganó dinero en proporciones desmesuradas, entre otras cosas porque la empresa subió sus tarifas cada vez que quiso. Como se trataba de un monopolio, nadie podía hacer nada. Las quejas superaron todos los récords y el servicio fue pésimo, peor aún que cuando era paraestatal, por lo que en 1996, cuando se abrió la larga distancia a la competencia, Telmex tuvo que enviar de regalo a muchos de sus clientes un disco con canciones de amor que en esencia decían "te golpeé todo lo que quise, me porté como un canalla, pero ahora sí voy a cambiar y a ser bueno, quédate conmigo, mi amor".

El programa de privatizaciones también incluyó a la banca. Hasta ese momento el Estado concesionaba a particulares la prestación del servicio, pero la concesión podía revocarse, y eso fue lo que hizo José López Portillo en 1982 cuando, a la voz de "ya no nos volverán a saquear", nacionalizó los bancos. El 34 por ciento fue devuelto a sus ex dueños por Miguel de la Madrid, y Salinas, por su parte, siempre defendió la banca nacionalizada y al tomar posesión prometió fortalecerla, porque era "una actividad estratégica de la economía nacional". Sin embargo, en mayo de 1990 decidió que la banca ya sólo era "una importante actividad" y anunció que sería privatizada para hacerla "más eficiente y competitiva" y ¡"con más capacidad para detener las fugas de capital"! Dado el acelere privatizador del pequeño presidente, este anuncio no extrañó mucho, pero motivó protestas intensas por parte de la izquierda. ¿Qué sigue después?, se preguntaban, ¿Petróleos Mexicanos?

Era de esperarse que la iniciativa privada se entusiasmara con el botín que significaban 18 bancos múltiples, 4,500 sucursales (40 de ellas en el extranjero), 200 mil empleados sin derecho a huelga y 40 millones de cuentas anuales. Así fue. Los dueños de casas de bolsa, los empresarios y financieros de Monterrey y los ex banqueros, se apuntaron en el acto a competir por los bancos, pero la iniciativa del ejecutivo motivó fuertes resistencias de la oposición en el congreso, al punto que los diputados del PRD, PARM y del PAN se declararon en "huelga" y se negaron a asistir a varias sesiones. Sin embargo, una vez más en el último momento el PAN volvió a unirse con el PRI y el PRIAN aprobó las modificaciones a la Constitución, que remplazaban el sistema de concesiones por el de "autorizaciones", con lo cual la privatización adquirió la máxima garantía jurídica. Después se creó el Comité de Desincorporación Bancaria, dependiente de la SHCP, con el subsecretario Guillermo Ortiz como gran timonel, y se decidió vender los bancos en cinco grandes paquetes, lo cual tuvo lugar entre junio de 1991 y marzo de 1992. Por supuesto, antes los bancos fueron "saneados"; es decir, puestos en condiciones óptimas para que resultaran un negociazo, y se aclaró que se venderían a las ofertas más altas.

El banco más codiciado era el Nacional de México (Banamex), fundado en 1884 y manejado por la familia Legorreta hasta 1982; era el más importante de todos, con agencias en varias ciudades de Estados Unidos y oficinas en Europa, Japón, Sudamérica y Las Bahamas. Su venta constituyó "una de las mayores operaciones de compraventa del mundo", dijo el no menos pequeñín Guillermo Ortiz, y Banamex fue adjudicado, por 9.7 billones de pesos (2.62 del capital contable), a Roberto Hernández y Alfredo Harp Helú, de la casa de bolsa Acciones y Valores (Accival). El segundo banco en importancia, el de Comercio (Bancomer), fundado por William Jenkins y administrado durante muchos años por Manuel Espinoza Yglesias, presentó un empate entre los regiomontanos del grupo OBSA y Eduardo Garza Lagüera, de VAMSA, el brazo financiero de VISA, del notorio grupo Monterrey. Finalmente, Bancomer se vendió a esta última por 7.7 billones de pesos (bdp), que representaban el 2.88 del valor contable del banco. El gran perdedor fue Espinoza Yglesias, quien no estaba en la mafia del presidente Salinas.

Otros bancos que se vendieron por billones de pesos fueron Serfin, que esa vez sí obtuvo el grupo OBSA, encabezado por Adrián Sada y Octavio Igartúa, por 2.8 bdp; el Comercial Mexicano (Comermex), que por la módica suma de 2.7 bdp se llevó el grupo Inverlat, de Agustín Legorreta y Enrique Robinson Bours; el Mexicano Somex fue adjudicado por 2.6 bdp al grupo Creel, de Eduardo Creel y Vicente Ariztegui, que dos días después renunció a la compra, por lo que Somex fue otorgado al grupo Inverméxico, de Miguel Somoza y Carlos Gómez, por 1.87 bdp; esto creó críticas entre la iniciativa privada que externó sospechas de una operación turbia. El Banco Mercantil del Norte fue a dar al grupo Maseca, de Roberto González Barrera, cuatazo e incondicional del presidente, quien de hacer tortillas pasó a megamillonario; el Internacional (Bital) se lo llevó Antonio del Valle, del grupo Prime; y el Banco del Atlántico fue para Alonso de Garay y su grupo Bursátil Mexicano.

Nuevos banqueros resultaron también el jalisciense Raymundo Gómez (Cremi), los poblanos Marcelo y Ricardo Margáin (Banorie), Hugo Villa Manzo (Banco del Centro), Eduardo Carrillo (Promex), Roberto Alcántara (Bancrecer) y Rodolfo Esquer (Banoro). Por su parte, José Madariaga Lomelín, de Probursa, se quedó con el viejo banco de la comunidad judía, el Mercantil de México; Julio César Villarreal y Policarpo Elizondo, del regiomontano grupo Vitro, compraron Banpaís, pero después incorporaron a Isidoro Rodríguez, alias el Divino, quien resultó el verdadero dueño y con el tiempo causó un gran escándalo cuando fue perseguido por la justicia y apresado en España por defraudador; otra fichita a quien unos años más tarde arrestaron con guante blanco por sus movidas fue el también regiomontano Jorge Lankenau, quien se agenció la Banca Confía. El comprador más criticado fue el tabasqueño Carlos Cabal Peniche, quien se quedó con el Banco de Cédulas Hipotecarias (BCH). En ese momento lo acusaban de ser prestanombres de la familia De la Madrid, pero después, cuando huyó del país, resultó uno de los más temibles rateros financieros, muy ligado al presidente Salinas de Gortari y al PRI.

Como se puede ver, entre los compradores había gente muy dudosa. Además, la reprivatización de la banca favoreció enteramente a dueños de casas de bolsa, que formaron poderosísimos grupos financieros compuestos por aseguradoras, arrendadoras, sociedades de inversión y empresas de factoraje, precisamente lo que Pedro Aspe aseguró en un principio que se evitaría. En realidad, como hizo ver Carlos Ramírez, el presidente aprovechó la reprivatización para "crear una clase bancaria afín al proyecto transexenal de Carlos Salinas". Como en el caso de Teléfonos de México, muchos de los nuevos banqueros se dedicaron a entrarle duro a la especulación financiera, la afamada "economía casino", y a hacer negocios discutibles, si no es que francamente ilegales; ya en 1991, cuando apenas se habían vendido tres paquetes de bancos, fueron responsables del llamado "agosto negro" al fijar altas tasas de interés que cambiaban de banco a banco y que eran sumamente abusivas, pues, en promedio, la tasa activa (para préstamos) era de 35 por ciento, mientras que la pasiva (para depósitos) resultaba de 21 por ciento, lo que implicaba un negociazo. Además, concedieron créditos, muchas veces a ellos mismos, que rebasaban sus reservas, así es que para tener liquidez se lanzaron a comprar certificados de la Tesorería (cetes), lo que elevó las tasas de interés de éstos a más del 50 por ciento y las bancarias a más de 70 por ciento. Por tanto, los créditos se congelaron y se suspendieron durante un tiempo, a pesar de que el Banco de México inyectó ocho billones de pesos para dar liquidez a los bancos y para contener la ola especulativa.

Los nuevos banqueros constituyeron un oligopolio, se dedicaron a ganar dinero lo más pronto posible para recuperar sus inversiones y establecieron la práctica de que los ahorradores ganaran cada vez menos y los deudores pagaran cada vez más, gracias a que la tasa pasiva, la de los depósitos, en promedio siempre fue diez puntos porcentuales menor a la de la activa, la de los deudores. Los créditos eran caros, escasos y llegaban al nivel de la usura, porque cobraban intereses sobre los intereses. También cobraban desproporcionados servicios de intermediación, redujeron sus gastos y constriñeron los salarios de sus empleados. En 1992, Banamex ganaba más que Citicorp, la organización bancaria más poderosa de Estados Unidos, y en 1994, a tres años de la privatización, Somex había aumentado sus utilidades netas en 208 por ciento y Bancrecer en 400 por ciento, por lo que ya habían recuperado el 100 por ciento de su inversión.

Esta situación afectó a todos los que tenían tratos con los bancos y los primeros en resentirla fueron muchos agricultores de Jalisco, Nayarit y Colima, quienes en 1993, indignados porque pagaban y pagaban y aun así seguían debiendo más de lo que les habían prestado, formaron El Barzón, una organización de deudores encabezada por el joven Maximiano Barbosa Llamas para defenderse de la usura vil a la que eran sometidos. Al parecer, decían, "nosotros debemos pagar la factura de la reprivatización". Las autoridades reprimieron al máximo a El Barzón y encarcelaron a sus líderes, pero los agricultores no desmayaron y la organización se expandió relampagueantemente en 1995, después de la nueva y gravísima crisis económica que, como en 1983, incrementó las tasas de interés a más del 100 por ciento y desquició por completo a la clase media y a todo usuario de tarjeta de crédito que se había endeudado con los bancos. Con esto, a pesar de la intensa represión en su contra, El Barzón se convirtió en un poderoso factor político. Con el tiempo, la banca privada se manejó con tal codicia e ineficiencia que el gobierno de Ernesto Zedillo quiso llevar a cabo un "rescate financiero", que indignó a la población, por ¡65 millones de dólares! con cargo a los contribuyentes.

Las privatizaciones también tuvieron otro momento estelar con las carreteras. Desde un principio, Salinas declaró, orgulloso, que proyectaba poner en servicio seis mil kilómetros de caminos "de primer mundo" a lo largo del sexenio. Sería "el programa de autopistas más importante del mundo", declaró después Andrés Caso Lombardo, secretario de Comunicaciones y Transportes. Sin embargo, los empresarios no se entusiasmaron porque no veían muy rentable el proyecto, así es que el gobierno prometió que daría todo tipo de facilidades, lo cual implicaba fijar cuotas de peaje de cinco a diez veces más caras de las que se cobraban en Estados Unidos. En febrero de 1989 se abrió la primera convocatoria para construir 18 kilómetros entre Guadalajara y Tepic; al poco rato se iniciaron los trabajos para un tramo de la carretera México-Toluca y, en agosto, los de la Autopista del Sol, entre Alpuyeca y Acapulco, y la de Guadalajara-Chapala.

En toda la república se construyeron autopistas privadas, de Baja California a Yucatán y Quintana Roo, pero en todas partes hubo problemas. "Nos faltaba experiencia en todo esto. Ni el gobierno, ni los contratistas, ni los inversionistas, ni los banqueros la tenemos", reconoció el director de Caminos y Puentes Federales, Gustavo Petriccioli, quien a fin de sexenio buscaba ya mecanismos financieros para transferir fondos federales a los constructores de carreteras, porque las cosas no salieron como se esperaban. El problema principal fue que se fijaron cuotas excesivamente altas en todos los casos, por lo que pocos automovilistas las usaban y los transportistas de plano prefirieron usar las viejas carreteras. En muchas partes hubo protestas, bloqueos de las vías, pero las cuotas no bajaron, ya que en la mayoría de los casos los costos de construcción se habían calculado tan mal que habían resultado del doble de lo previsto.

La carretera privada más publicitada fue la Autopista del Sol, que Salinas inauguró orgullosamente en 1993; sin embargo, las cuotas eran tan caras que hubo ocasiones en que resultaba más barato el boleto de avión, por lo que de los diez mil vehículos que se esperaban cada semana apenas transitaban mil doscientos. No extrañó entonces que la flamante vía, con todo y su espectacular puente en el río Mezcala, por lo general se viera desierta. Al igual que con la banca, después de la crisis de 1995, el gobierno de

Ernesto Zedillo también diseñó otro "rescate financiero" para los constructores de carreteras, que por supuesto fue criticadísimo.

Salinas de Gortari captó 23 mil millones de dólares con la privatización de 258 empresas. Además de las mencionadas destacaban Altos Hornos de México, Dina, Tabamex, Química Flúor, Estructuras de Acero, Tubacero, Fertilizantes Mexicanos y varios ingenios azucareros importantes, pero otra privatización comentadísima fue la de la televisión estatal.

A fines de marzo de 1992 se supo que el Canal 13 sería desincorporado, pero el anuncio oficial lo hizo la Secretaría de Hacienda hasta noviembre. Se trataba de un paquete de medios que incluía a Corporación Mexicana de Radio y Televisión, compuesta por los canales 13 y 7 con sus respectivas redes nacionales, además de Impulsora de Televisión del Centro, Corporación Televisiva de la Frontera Norte, Corporación Televisiva del Noroeste, Compañía de Televisión de la Península, Compañía Mexicana de Televisión de Occidente, Televisión Olmeca, Televisora Mexicana del Sur, Impulsora de Televisión de Chihuahua, Compañía Operadora de Teatros (COTSA, la red oficial de salas cinematográficas), los Estudios América, el periódico oficial *El Nacional*, la agencia Notimex y el Canal 22. Estos tres últimos después fueron retirados del paquete.

A principios de 1993 ya se habían apuntado cuatro grupos de compradores. El más fuerte e idóneo parecía ser Medcom, compuesto por Joaquín Vargas (de Multivisión, que transmitía por cable; Stereorey, Globo Stéreo y Multiradio Digital), Clemente Serna (de Radio Red, Radio Programas de México y el Canal 6 de Guadalajara) y Adrián Sada (del Grupo Monterrey). También se le daban posibilidades al grupo GEO, del guadalajareño Raymundo Gómez. Después venía Cosmovisión, un heterogéneo grupo encabezado por Javier Pérez de Anda, y hasta la cola quedaba el Grupo Televisora del Centro, encabezado por Ricardo Salinas Pliego (de la red de tiendas Elektra) y la familia Aguirre, dueña de la cadena Radio Centro, pero los Aguirre finalmente se pasaron a Cosmovisión, por lo que

Salinas Pliego se quedó a la cabeza del grupo. Sus planes consistían en "mantener estricta colaboración con el gobierno y obedecer las direcciones de comunicación social de las secretarías de Estado".

En julio de 1993 la gran sorpresa fue cuando el grupo de Ricardo Salinas Pliego, que no tenía ninguna experiencia en los medios de difusión, ganó la subasta al ofrecer 645 millones de dólares, superiores en 30, 45 y 60 por ciento a las ofertas de Cosmovisión, Medcom y GEO. Salinas Pliego explicó que obtuvo el dinero mediante un crédito sindicado de varios bancos, pero apenas tres días antes de la entrega de su postura aún no lo tenía. "Luego le doy nombres", le contestó Salinas Pliego a Pedro Aspe cuando éste le preguntó si ya tenía socios, y "en ésas ando", le dijo a Rafael García Rosas, director de la Unidad de Desincorporación de Hacienda. Después se supo que Raúl Salinas de Gortari, el Hermano Incómodo del presidente, le había pasado treinta millones de dólares a su tocayo de apellido.

De entrada, Salinas Pliego dejó ver que su estilo de programación sería como el de Televisa, de entretenimiento, pues "qué caso tiene hablar de programas de calidad", y aseguró que la independencia frente al gobierno no significaba ningún tipo de crítica sino "ayudar a que las cosas estén mejor en lo económico y en lo social". También profesó su admiración por Carlos Salinas de Gortari y su política económica y se manifestó porque las mujeres no salieran de sus casas, porque dejaban "el nicho abandonado". La nueva empresa se conoció como Televisión Azteca y en realidad modificó poca cosa el formato que ya tenían los canales 13 y 7, es decir, continuó sobre las líneas de Televisa, con la salvedad de que compró varias telenovelas brasileñas que estaban mejor hechas y eran más audaces que las mexicanas. Fuera de esto, no había una gran diferencia entre las dos televisoras, pero al público le gustó que la televisión ya no fuese un virtual monopolio y TV Azteca fue viéndose cada vez más, por lo que a fin de sexenio ya era notoria la famosa "guerra de las televisoras".

Un gran golpe publicitario más de Carlos Salinas de Gortari fue la creación del Programa Nacional de Solidaridad (Pronasol), que le resultaría extremadamente útil para todo tipo de carambolas de muchas bandas. Su nombre fue una oportunista apropiación del movimiento Solidaridad de los obreros polacos de los años ochenta, que luchó contra el régimen prosoviético y que incluso llevó al líder Lech Walesa al gobierno de su país. Con esto, Salinas pretendía disfrazarse de moderno reformador democrático preocupado por las carencias del pueblo, a la vez que también tendía un puente con sus épocas ultraizquierdistas, pues buena parte de los artífices y funcionarios de Pronasol fueron viejos militantes de izquierda, maoístas y teóricos de la guerrilla que no resistieron los cañonazos de miles de pesos.

Salinas le dio tanta importancia al Pronasol que su puesta en marcha, con Carlos Rojas Gutiérrez (hermano del director de Pemex, Francisco Rojas) a la cabeza, fue el primer acto de gobierno de Salinas el 2 de diciembre de 1988. "Vamos a iniciar de inmediato los trabajos", dijo el flamante e ilegítimo presidente a su gabinete, a varios alcaldes y a un grupo de acarreados indígenas de varias etnias. "He querido que no sólo pongamos en marcha un programa y firmemos un acuerdo, sino que arranquen ya obras concretas porque la necesidad de los mexicanos no puede esperar."

En teoría, el objetivo del Pronasol era atender a los grupos marginados mediante recursos para obras de todo tipo que hicieran falta. Era evidente que esos grupos y la nación entera se beneficiarían mucho más con un aumento de la productividad, la creación de empleos, incrementos de salarios y precios justos; es decir, con una distribución de la riqueza más equitativa, pero como esto iba en contra de los planes macroeconómicos (los altos precios y salarios bajos del PECE, el control de la inflación y el pago de la deuda externa), Salinas prefirió dar recursos selectivamente, lo cual se convirtió en un factor de cooptación y corrupción, y por supuesto en un gran vehículo electorero.

Precisamente las primeras obras del Pronasol fueron en áreas donde Cárdenas y el Frente Nacional Democrático habían obtenido una alta votación. El ejemplo más publicitado fue el de Chalco ("la cuna de Solidaridad") en el Estado de México, que votó en contra del PRI en 1988 y que Salinas consideró como "una preocupación personal". El presidente lo visitó en octubre, pasó una noche ahí y anunció un gran proyecto que dotaría al pueblo de 105 billones de pesos en electricidad, agua potable, casas de cultura, campos deportivos, centros comerciales, biblioteca, estación de bomberos y plaza pública. El 11 y 12 de enero de 1989, el pequeño presidente inauguraba ya las obras de electrificación y agua potable.

A partir de ahí, Pronasol llegaba a los municipios de la oposición y se adelantaba a las autoridades locales pavimentando calles, construyendo escuelas y hospitales. Ante las grandes cantidades que se daban al Programa, los 35 presidentes municipales del PAN se quejaron de que se invadía su jurisdicción, pues Solidaridad, con un ruidoso aparato promocional, hacía las obras que les correspondían a ellos y que no podían llevar a cabo a causa de sus enclenques recursos. En el Presupuesto de Egresos de 1991 Pronasol manejaba 14 billones de pesos, mientras que los estados y sus municipios, todos juntos, disponían de 18 bdp. Nadie sabía con exactitud las cantidades que manipulaba Pronasol, que se iba haciendo poderosísimo. Fue objeto de una publicidad cuidadosamente diseñada, y se fortaleció tanto que muchos creyeron que se convertiría en un partido político confeccionado a la medida de Salinas para remplazar al cada vez más patético PRI. La palabra Solidaridad se aplicaba a mercados y escuelas, y se volvía omnipresente, pero los gobiernos estatales y municipales perdían autonomía. Algunos coordinadores equivalían a vicegobernadores, como en el caso de Manuel Cavazos en Tamaulipas, mientras en Coahuila el gobernador Eliseo Mendoza Berrueto (quien, por cierto, decía "Tesorito" a su secretario de Finanzas) veía, impotente, que Rogelio Montemayor hacía lo que quería en el estado. Por su parte, Carlos Rojas muchas veces hacía lo que le correspondía a Ernesto Zedillo, el secretario de Programación y Presupuesto.

Además de las obras, se repartía la lana con un trato preferencial a quien fuera amigo aunque otros la necesitaran mucho más. Por supuesto, estas dádivas de Pronasol generaban complicidadades que se traducían en "pronavotos" en las elecciones. Después del proceso electoral de 1991, cuando el PRI arrasó y Salinas de Gortari tuvo todo el poder, Pronasol no se volvió partido pero sí una supersecretaría de Estado, la de Desarrollo Social, en la que Salinas puso a su incondicional Luis Donaldo Colosio y lo perfiló al dedazo. Con esto, el Programa Nacional de Solidaridad se siguió burocratizando y deteriorando. Se empezaron a dar muchos casos de insuficiencia o desvío de fondos, y varios alcaldes huyeron, prófugos de la justicia. Muchas obras se quedaban en cascarones o se construían tan mal que no podían entrar en servicio. Innumerables promesas se quedaban sin cumplir, pero todo se reactivaba mágicamente cuando se acercaban las elecciones locales y, especialmente, las presidenciales de 1994.

Por otra parte, no dejó de verse como simbólico el incendio que tuvo lugar en el palacio legislativo de San Lázaro en mayo de 1989; en todo caso, era una metáfora de las luchas que tenían lugar entre los partidos políticos. A principios de año el Frente Democrático Nacional (FDN) se desintegró, como se esperaba. La situación había cambiado y el Partido Auténtico de la Revolución Mexicana (PARM), el Popular Socialista (PPS) y por supuesto el Frente Cardenista de Reconstrucción Nacional (PFCRN) más rápido que de prisa volvieron a su condición de partidos paraestatales, pero más repuestitos. La Corriente Democrática, el PMS y muchos de los grupos independientes que le entraron al FDN se unieron y pronto formaron el Partido de la Revolución Democrática (PRD, Perredé o Pedorré, como le decían los gandallas), que reconoció a Cuauhtémoc Cárdenas como su máximo líder. El eje central del nuevo partido era la recuperación de "la herencia ideológica y moral" de las grandes luchas populares, especialmente la revolución mexicana, lo cual, para esas alturas, era un anacronismo, pues la pobre revmex tenía rato de haber fallecido e incluso José López Portillo ya había dicho que él fue "el último presidente de la revolución".

El PRD era un partido "nacionalista y progresista" y su emblema fue un "sol azteca", primero negro y blanco, y luego amarillo, ya que Gobernación se negó a que también usara los colores nacionales, como pretendían los perredistas, porque ése era privilegio exclusivo del RIP. Eso sí, el PRD obtuvo registro inmediato ya que utilizó el del PMS y Gobernación no pudo hacer sufrir al nuevo partido con fatigosos y ridículos requerimientos para registrarlo oficialmente.

Desde un principio el PRD se convirtió en el centro de los odios de Salinas y de sus engallados pupilos; era un verdadero encono que se transmitió fácilmente a las bases priístas de todo el país, así es que se inició una guerra sucia que, entre otros macabros detalles, significó más de cuatrocientos militantes del PRD asesinados. Desde que, en julio de 1988, murieron Ovando y Gil, y de que, en diciembre de ese mismo año, "desapareció" José Ramón García, miembro del PRT que se había integrado en el Frente Democrático Nacional en Cuautla, Morelos, no pararon las muertes de perredistas en todo el país, sobre todo campesinos pobres, por lo que Cuauhtémoc Cárdenas decía que "el PRD ponía los muertos". Sin embargo, precisamente cuando el gobierno desataba la violencia contra el PRD, se incrementó la campaña para mostrar al nuevo partido como "violento". Era el viejo truco del ratero que grita: "¡Al ladrón, al ladrón!" Cárdenas, por su parte, seguía recorriendo el país, y, como senador, Porfirio Muñoz Ledo resultó un acontecimiento, pues él solito tenía de cabeza a la aplastante mayoría de senadores del PRI con un gran ingenio y conocimiento de las leyes escritas y no escritas del sistema.

El PRD tenía grandes esperanzas de ganar las elecciones para renovar el congreso local en Michoacán, ya que

Cuauhtémoc había arrasado en 1988. Uno de los primeros actos de gobierno de Salinas fue despedir del gobierno de Morelia a Luis Martínez Villicaña, como castigo por esa votación. El PRI se preparó para ganar a como diera lugar y el resultado fue un fraude electoral que ni siquiera se trató de ocultar gran cosa. Como siempre, la ley electoral favorecía al PRI y el gobierno era la autoridad en los comicios. En éstos hubo las consabidas rasuradas de padrón electoral, robos de urna, interminables carruseles de votantes, credenciales falsificadas, alteración de actas y demás, pero en esa ocasión varias casillas fueron asaltadas a punta de balazos. Era como cincuenta años antes, sólo que ahora desde temprano el PRI se dedicó a presentar denuncias de "irregularidades del PRD", que culminaron en una acusación contra Cuauhtémoc Cárdenas, quien asistió a los comicios, y de pasada a la prensa, que no se tragaba las trampas descaradas del PRI. En la noche, éste se apresuró a declarar su triunfo en un tercio de los 18 distritos electorales. Después, en las mesas distritales la alquimia recurrió a los milagros más portentosos y la mayoría mecánica hizo el resto para que el Institucional se quedara con la mayoría, a pesar de las protestas de los perredistas y de los observadores que asistieron a la elección.

La guerra de Salinas contra Cárdenas y el PRD nunca cesó y no permitió ninguna concesión. El presidente diría después del PRD: "Ni los veo ni los oigo." En 1990, los perredistas tenían también grandes esperanzas de obtener numerosas victorias en el Estado de México, donde, como en el Distrito Federal, Morelos y Michoacán, el Frente Democrático Nacional había tenido importantes triunfos, por lo que también cayó el gobernador Mario Ramón Beteta. Sin embargo, la aplanadora priísta volvió a entrar en acción y mediante todo tipo de operaciones alquímicas armadas por el gobernador interino Ignacio Pichardo Pagaza, del grupo Atlacomulco, no hubo nada para el PRD. El fraude más notorio tuvo lugar en Tejupilco, donde los perredistas no quisieron ceder y armaron un plantón en el palacio municipal, además de organizar mítines, marchas y una caravana al Distrito Federal. El gobierno decidió darles un escarmiento. En un gran mitin en diciembre, los granaderos lanzaron gases lacrimógenos, dispararon desde distintas partes y después le dieron una golpiza a los perredistas, especialmente a las mujeres. Todo el poder del salinismo se movió para que la prensa nacional, encabezada esa vez por el periódico *Unomásuno*, acusara al PRD de iniciar la violencia, de haber asesinado a dos policías y a un civil, y de herir a 22 "guardias inermes". Esa vez se responsabilizó de los acontecimientos a Heberto Castillo, quien hablaba en el mitin cuando se inició la golpiza, y se publicaron profusamente fotografías en las que hombres armados con metralletas tenían puestas camisetas con las siglas del PRD.

Además de estas lindezas, Salinas se dedicó a cooptar a todo perredista que se dejara, y así hizo defeccionar al líder sindical Evaristo Pérez Arreola, mejor conocido como Charriola, y al viejo comunista Arturo Martínez Nateras. Otra cooptación muy sonada fue la de Ignacio Castillo Mena, uno de los miembros del Comité Ejecutivo Nacional del PRD, quien fue premiado con la embajada en Ecuador. A muchos que no se dejaban cooptar, con frecuencia se les enviaba a la cárcel, como fue el caso del alcalde de Aguililla, Michoacán, a quien se acusó de narcotráfico; después lo soltaron por sobreseimiento de causa, pero el daño ya se había hecho. Muchos de los que protestaron por los fraudes electorales de Michoacán, Guerrero y Estado de México también fueron a la cárcel y otros acabaron asesinados.

Desde 1989 se hizo famosa la "democracia selectiva" del gobierno, pues, simultáneas a las elecciones de Michoacán, tuvieron lugar las de Baja California Norte, en las que Salinas, vía Luis Donaldo Colosio, presidente del PRI, reconoció la victoria de Ernesto Ruffo, el primero de los gobernadores panistas. La candidata del PRI, Margarita Ortega, a principios de año fue destapada personalmente por Salinas, por lo que ella y los priístas bajacalifornianos confiaban en que la aplanadora haría lo suyo y ganarían el estado, pero, el día de la elección, los del PRI fueron poniéndose cada vez más sombríos al ver que la votación favorecía claramente al PAN. Ruffo proclamó su triunfo en la noche, con casi el 80 por ciento de las actas, y éste fue avalado por las radiodifusoras del otro lado de la frontera, que anunciaron la victoria del PAN. De cualquier forma, Margarita Ortega y el PRI también dijeron ser vencedores.

Para su desgracia, llegó la línea del centro y la pobre candidata tuvo que reconocer que "la tendencia no le era favorable", lo cual fue admitido casi al mismo tiempo en transmisión nacional por Luis Donaldo Colosio. Felices, los panistas salieron a las calles a festejar su triunfo, mientras los del PRI se morían de rabia, pues nomás no podían admitir que les bajaran el botín; entre mueras a Colosio, avisaron que no dejarían el poder y que, incluso, "se levantarían en armas". Detestaban "al centro" y a los "chilangos" ("autoritarios, prepotentes, sábelotodo y gandallas" era lo menos que les decían), pues a lo largo de los años ochenta en muchos estados de la república, especialmente en los del norte, creció una intensa fobia contra los capitalinos y era común el lema "haz patria, mata a un chilango". Esa vez nada les sirvió. Los priístas locales se quedaron con el coraje entripado, Salinas se mantuvo firme y Baja California fue para el PAN.

De esta manera se consolidó la alianza entre el PAN y el gobierno, que surgió desde la mañana del 6 de julio de 1988 cuando Manuel Camacho Solís se presentó en el edificio del Acción Nacional para convenir con Luis H. Álvarez que ni el PRI ni el PAN adelantaran declaraciones de triunfo hasta no contar con datos confiables (lo cual, por cierto, fue violado esa misma noche por el PRI). Pero, en realidad, lo que le interesaba a Camacho era establecer conversaciones sobre un "gobierno de transición" entre los dos partidos en el sexenio que arrancaría el primero de diciembre. Aunque la militancia antipriísta de Manuel J. Clouthier pareció polarizar un tiempo al PAN y al PRI, pronto Álvarez envió señales a Salinas de que le interesaban las conversaciones, así es que desde fines de noviem-

La "democracia selectiva": mientras el PRD fue defraudado en Michoacán, Ernesto Ruffo conquistó la primera gubernatura de su partido e inició el tórrido romance entre Salinas y Acción Nacional. (Foto: Cuartoscuro)

Diego Fernández de Cevallos, alias la Ardilla, y Carlos Castillo Peraza, alias Leperaza, líderes neopanistas. (Foto: Jorge Silva/Cuartoscuro)

bre, mientras Maquío vociferaba contra el gobierno, Camacho Solís se reunía con los panistas para detallar el proceso de legitimación de Salinas por parte del PAN a cambio de cogobernar y de obtener territorios gradualmente.

En el segundo día de gobierno, el nuevo presidente recibió en Los Pinos a quienes después serían sus grandes compas: Luis H. Álvarez, Diego Fernández de Cevallos y Carlos Castillo Peraza. Manuel Clouthier murió sorpresivamente en un accidente automovilístico en 1989 y se rumoró mucho que se había tratado de un asesinato político. En 1998 la familia Clouthier aseguró que fue un asesinato. En todo caso, con su muerte, se fue la máxima figura del PAN que había luchado contra el fraude electoral de 1988. Por tanto, Baja California fue entonces el primer producto de la alianza. Después vendrían los reconocimientos a los triunfos de Carlos Medina Plascencia como presidente municipal de León, Guanajuato, y de Ana Rosa Payán en Mérida, Yucatán. Pero la luna de miel tuvo lugar en la reforma electoral de 1989, cuando el PAN apoyó enteramente al PRI y de esa manera ambos impidieron una verdadera reforma que posibilitara la transición a la democracia.

Ya que las elecciones federales de 1988 habían sido impugnadas severamente, desde su toma de posesión Salinas anunció que se llevaría a cabo una reforma electoral que dejara atrás toda sospecha y, efectivamente, en el periodo legislativo de 1989 se iniciaron las discusiones. La reforma era esencial, pues si el gobierno dejaba de controlar, como siempre, el proceso electoral, si se modificaban los mecanismos para impedir los fraudes, si los comicios eran limpios, pues, se daba por descontado que en las elecciones de 1991 el PRI perdería la mayoría en el congreso y entonces sí podría darse una transición a la democracia. Para ello se requerían, por ejemplo, autoridades y tribunales electorales independientes, que se alzara un padrón electoral sin trampas, que se suprimiera la autocalificación de los congresistas y que se prohibiera el voto corporativo, entre otros requerimientos urgentes.

Sin embargo, el gobierno, vía el PRI, ofreció ceder lo que quisieran pero se aferró a conservar a toda costa el control del proceso electoral. El PRD convocó entonces a los demás partidos a formar un bloque opositor que enfrentara al PRI. El PAN y el PARM, que ya habían presentado proyectos de reforma, aceptaron. El PFCRN y el PPS decidieron cargarse con el PRI. Para reformar la Constitución se requería una mayoría de dos tercios del quórum de congresistas y, para lograrla, el PRI tenía que unirse con los minipartidos, o con el PAN, pero esto parecía imposible.

Todo indicaba que el PAN estaba firme en su oposición a una reforma confeccionada por el PRI-gobierno y el bloque opositor presentó una resistencia que parecía infranqueable. Mucha gente, feliz, comentaba que al fin había algo semejante a una división de poderes en México. Las negociaciones se empantanaron y el congreso tuvo que ir a un periodo extraordinario, pero en éste tampoco se dio la reforma y todo parecía cerrado cuando el 15 de octubre de 1989 explotó la noticia de que el PAN votaría a favor de las propuestas del PRI. Nadie podía creerlo. Se supo entonces que el 10 de octubre el PAN había tenido conversaciones directas con Salinas de Gortari, quien supuestamente les prometió que si votaban con el PRI la ley reglamentaria de las reformas constitucionales se basaría en la propuesta del PAN.

Los líderes de Acción Nacional, que "confiaban en la palabra del presidente", presentaron una "carta de intención" en la Secretaría de Gobernación en la que trataban de conciliar lo más posible sus posiciones con las del PRI y las del PRD. Gobernación respondió que aceptaba todo siempre y cuando no perdiera el control de las elecciones y otros "puntos irrenunciables". Salvo cuatro de sus diputados, el PAN estuvo de acuerdo y votó con el PRI una reforma electoral que no cancelaba las dudas sino que las incrementaba, pues daba ventajas adicionales al régimen, además de que pospuso la posibilidad de la transición a la democracia y vitaminó el autoritarismo de Salinas.

En julio de 1990 los dos partidos también aprobaron juntos el nuevo Código Federal de Instituciones y Procedimientos Electorales (Cofipe), aunque en esa ocasión ya no fueron cuatro los panistas que votaron en contra, como en octubre de 1989, sino más de veinte. El Cofipe convirtió a la Comisión Federal Electoral (CFE) en Instituto (IFE), que era la máxima autoridad, naturalmente presidida por el secretario de Gobernación, quien con doce miembros más del ala oficial contra ocho de la oposición, dominaba el consejo general. Por tanto, el régimen continuó con el control de las elecciones. También conservó la autocalificación y, además, se permitió una increíble "cláusula de gobernabilidad" que permitía la sobrerrepresentación: el "partido mayoritario" sería el que obtuviera el 35 por ciento de la votación nacional y el mayor número de constancias de mayoría, por lo que mágicamente recibiría curules gratis hasta lograr la mitad más uno, 251, con lo cual ya podría mayoritear; también se prohibía el registro de candidaturas comunes (como la de Cuauhtémoc Cárdenas en 1988), las coaliciones resultaban poco funcionales y quedaban fuera los senadores de partido. Lo positivo fue una credencial única de elector con fotografía y la eliminación del voto corporativo. Naturalmente, Salinas de Gortari consideró "un triunfo" al Cofipe, porque le representaba grandes ganancias a él, al PRI, al PAN e incluso a los partidos paraestatales, que con la ley nueva obtendrían más diputaciones proporcionales. Sólo para el PRD el Cofipe representó pésimas noticias, y para el proceso democrático también, claro, que ahora dependía de las necesidades políticas del presidente y de la idea de gradualismo que adoptara el PAN. Todo esto preparó el triunfo avasallador del PRI en las elecciones de 1991.

El bravero presidente Salinas de Gortari decidió vengarse de su derrota en 1988 y de pasada quitarse de encima la posibilidad de otro bloque opositor con un congreso completamente a su favor para que las reformas a la Constitución que tenía contempladas pudieran hacerse sin problemas. Por tanto, optó por volver impunemente a los viejos tiempos del "carro completo" para carcajearse de las esperanzas de que hubiera democracia en México. De entrada, se maquilló el censo de población desde principios del sexenio, a fin de confeccionar un padrón electoral adecuado. No contento con eso, el Registro Federal de Electores se permitió borrar del mapa a otros cuatro millones de habitantes debidamente empadronados. Por supuesto, el gobierno puso los recursos de las secretarías de Estado al servicio del PRI, y casi todos los medios de difusión, especialmente la televisión, hicieron lo suyo favoreciendo a los candidatos oficiales. Por si fuera poco, se gastaron sumas estratosféricas en publicidad y propaganda.

Sin embargo, la estrategia gubernamental se centraba en el Programa Nacional de Solidaridad. "Sabemos que puede ser que tenga una repercusión electoral", dijo Carlos Rojas, jefe máximo del Pronasol. Conforme se acercaban las elecciones, Solidaridad gastó miles de millones e incrementó las obras en todas partes. Pavimentación, drenaje, centros de salud, unidades habitacionales, leche gratuita, parques, caminos, áreas deportivas, títulos de propiedad, escrituras simbólicas y programas de empleo aparecieron en Nuevo León, Baja California, Chihuahua, Jalisco, Michoacán, Durango, Morelos, Guerrero, Oaxaca y en otras entidades donde la oposición panista o perredista podía tener éxito. En 1991, seis de cada diez pesos que gastó el gobierno federal se canalizaron al Pronasol y por supuesto los candidatos priístas se encargaron de hacer ver que la terminación o la continuación de las obras dependía del voto al PRI.

Salinas de Gortari mismo encabezó la campaña priísta con un brío infatigable, y a mediados de 1991 inauguró obras, plantó árboles, viajó por todo el país, conversó con campesinos, almorzó con alcaldes y pronunció horas y horas de discursos en las que se autoelogió al máximo. "Es mucho lo que hemos logrado", decía, eufórico, "hemos reiniciado el crecimiento y respondemos solidarios a las necesidades de justicia. Nuestros esfuerzos están dando resultados, han quedado atrás los tiempos de inflaciones que en un solo mes se acercaban a las que hoy tenemos en un año." Por supuesto, le echaba porras al PRI, que ofrecía "democracia en su más amplia proyección social" y "un trabajo moderno para fortalecer la unidad de los mexicanos". Tenía especial cuidado en retratarse con alcaldes de la oposición, sobre todo con los perredistas que accedían. En mayo anunció un aumento salarial del 25 por ciento a los maestros, y en junio y julio taloneó para obtener premios internacionales en sus visitas a Estados Unidos y Europa, y cerró su promoción internacional con la primera Cumbre Latinoamericana, en Guadalajara, donde reunió a 21 jefes de Estado de América Latina, España y Portugal, con Fidel Castro y el rey Juan Carlos como máximas estrellas.

Con todo este despliegue, más, por no dejar, las tradicionales "irregularidades", el 18 de julio (el día en que tuvo lugar un golpe de Estado en la URSS) el PRI aplastó a la oposición en las elecciones de diputados y senadores federales; obtuvo, además, seis gubernaturas y los integrantes de la Asamblea de Representantes del Distrito Federal. No sólo recuperó los votos del Distrito Federal, y de los estados de México, Morelos y Michoacán, que en 1988 habían favorecido al FDN, sino también los de Jalisco, Nuevo León, Chihuahua, Guanajuato y otros bastiones panistas. Nadie se esperaba la vuelta del carro completo y los mismos priístas reconocieron que "el triunfo electoral que obtuvimos fue mucho mayor al que esperábamos". La oposición no daba crédito y sólo alcanzaba a mascullar que había vuelto la aplanadora y que a Salinas se le había pasado la mano. "Están haciendo tiempo porque les asusta su propia votación", dijeron después, cuando, como de costumbre, el Instituto Federal Electoral se tomó una semana en dar los resultados oficiales. "No hay retrasos", decía Emilio Chuayffet, director del IFE, a quien apodaban la Cimitarra o el Puñal Turco, "hemos cumplido con eficacia técnica y con observancia de la ley". De la votación el 61.4 por ciento fue para el PRI, 17.7 para el PAN y 8.3 para el PRD. El PFCRN (4.3), el PARM (2.1) y el PPS (1.8) conservaban el registro, pero ni los viejos PDM y PRT, ni los nuevos paleros Partido Ecologista Mexicano (PEM) y Partido del Trabajo (PT) alcanzaban el 1.5 para seguir haciéndola, aunque, claro, en 1994 resucitaron milagrosamente.

La nueva legislatura, por tanto, quedaba dominada por el PRI, que tenía 321 diputados (290 de mayoría relativa y 31 "proporcionales"), por lo que con el apoyo de unos cuantos diputados de los partidos paraestatales, o del PAN, podía alcanzar las dos terceras partes requeridas para hacer los cambios que Salinas se proponía seguir asestándole a la pobre Constitución. El PAN obtuvo 10 diputaciones de mayoría, 79 plurinominales y la senaduría de Baja California Norte. Al PRD le dieron 41 pluris; al PFCRN, 23; al PARM, 15, y al PPS, 12.

Los partidos de oposición, muchos articulistas y politólogos insistieron en que el triunfo del PRI había sido fraudulento, sólo que en esa ocasión era mucho más difícil de probar. Sin embargo, también estuvieron de acuerdo en que de cualquier manera la votación, a pesar de la abstención del 40 por ciento, había dado un nuevo aire al PRI y un espaldarazo a Salinas. Las impugnaciones que presentaron el PAN y el PRD fueron barridas por la mayoría aplastante del PRI en el colegio electoral, pero las mieles del triunfo se amargaron con los casos de Guanajuato y San Luis Potosí, donde, como en Sonora, Colima, Campeche y Querétaro, también hubo elecciones para gobernador.

En Guanajuato, el PRI presentó como candidato a Ramón Aguirre Velázquez, el ex regente del DF y amiguísimo de Miguel de la Madrid. A Ramoncito no lo querían en Guanajuato porque lo habían impuesto, ya que los priístas daban por sentado que su candidato sería Ignacio Vázquez Torres. De cualquier forma, Aguirre peleó duro por la nominación. Salinas lo había nombrado director de la Lotería Nacional y desde ahí repartió ambulancias a los 46 municipios de Guanajuato, aunque no tuvieran delegación de la Cruz Roja. Otras veces regalaba unidades quirúrgicas móviles y daba aportaciones a hospitales y asilos. A fin de cuentas, Aguirre logró que el PRI local lo aceptara a regañadientes. El PAN, a su vez, lanzó a su carta más fuerte, el diputado Vicente Fox Quesada, quien, con su carisma y personalidad abierta y dicharachera, había conjuntado un apoyo extraordinario de las fuertes y bien organizadas bases panistas del estado, las cuales lo veían como el único y verdadero sucesor de Manuel Clouthier. Vicente Fox, cuya madre era española, trabajaba como alto ejecutivo de la Coca Cola cuando el mismo Clouthier lo reclutó para el PAN. El PRD, por su parte, aunque no tenía fuerza en Guanajuato, postuló a Porfirio Muñoz Ledo, quien pidió licencia en el senado. Los senadores priístas suspiraron aliviados, pues el fundador del PRD los había tenido en jaque durante medio sexenio y se había divertido como enano haciéndolos sufrir cada vez que quiso. Porfirio ni siquiera era guanajuatense, pero tenía una casa en el estado y afirmó que lo era, "por derecho de sangre", y finalmente logró que Salinas ordenara que lo registraran.

Sin embargo, el candidato más fuerte era Fox, que había votado por las reformas a la Constitución en materia electoral y en favor del Cofipe. Desde un principio se puso su yelmo y su armadura. "Estoy absolutamente preparado para ir hasta donde los ciudadanos quieran, mediante la resistencia civil, activa, la no violencia, con plantones, mítines, meterme a Los Pinos, ir a deshacer el TLC, ir a gritar a donde sea. En esto he señalado, como el grito cristero que utilicé el día de mi elección como candidato y que creo que sigue siendo válido: si avanzo, síganme; si me detengo, empújenme; si retrocedo, mátenme." Ante esto, el PRI presentó un documento supuestamente panista, *Domus 91*, que provocaría "la desestabilización del estado" después de los comicios. También dijeron que el PAN había creado "campos de entrenamiento de guerrilleros". "Es una ramonada", comentó Fox, y el PAN reviró con una acusación por difamación contra Aguirre.

Era la lucha electoral más disputada en la historia de Guanajuato. Los mítines de Fox eran encendidos. En León encabezó una marcha de 20 mil personas que recorrieron cinco kilómetros hasta el centro de la ciudad. Sus cierres fueron muy concurridos, y la gente salía a la calle a saludarlo. Muñoz Ledo también presentó una campaña muy intensa, en la que no se cansaba de denunciar el "contubernio PRI-PAN". Como Guanajuato era un estado tradicionalmente católico, repartía fotos en las que aparecía con el papa Juan Pablo II. Los campesinos más pobres lo seguían en las áreas rurales y aunque no iba mucha gente a sus mítines, también eran muy animados.

Por su parte, Ramón Aguirre tiraba dinero en su campaña, en la que invirtió, según Fox y Porfirio, no menos de 60 mil millones de pesos. El PRI adujo haber gastado "5 mil" mdp. El acarreo priísta era en grande e incluía camisetas, bolsas, mandiles, gorras, llaveros, lonches y, claro, rigurosa lista de asistencia. León, Celaya y Salamanca se quedaban sin transporte público, pero los cierres de Aguirre no prendían, a pesar de que los priístas recurrían otra vez al cohecho, la intimidación, el chantaje y la utilización de las obras públicas como ardides de campaña. No quedaba espacio para más pintas con el nombre de Ramón, ni postes para colgar carteles. El bombardeo de mensajes radiofónicos, espots televisivos y páginas de los diarios con sus declaraciones y fotografías era incesante.

La "ingeniería electoral" del PRI abarcaba la reestructuración territorial del partido y la reunión-desayuno con sus electores y su acarreo a las casillas. Era la Operación Tamal. Utilizaban su "capacidad de gestoría", o sea el uso indiscriminado de recursos, obras públicas y actos de gobierno a favor del PRI. Ofrecían servicios urbanos, despensas, pozos de agua, caminos, escuelas, clínicas. Ramón prometió la regularización de predios urbanos a colonos de las áreas suburbanas del estado, además de que Salinas entregó escrituras y anunció un histórico programa de regularización a un mes de las elecciones. Hank González, secretario de Agricultura, a su vez anunció en Pénjamo inversiones en el campo por un billón 273 mil millones de pesos siete días antes de los comicios.

Las encuestas finales, debidamente preprogramadas, anunciaban el triunfo del PRI con el 42 por ciento, 27 para el PAN y 3 para el PRD. El 18 de agosto las elecciones fueron muy tranquilas, con abundante afluencia de votantes en las casillas y finalmente vinieron los resultados, que dieron el 53 por ciento de la votación a Ramón Aguirre Velázquez, más la senaduría, 15 diputaciones federales y

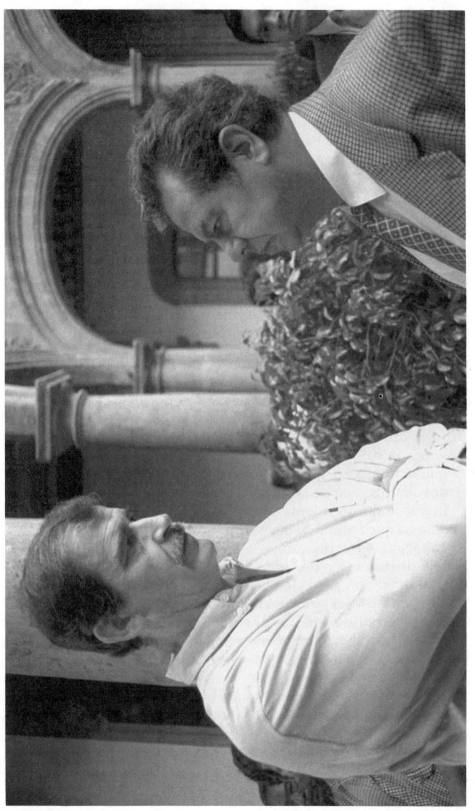

Porfirio Muñoz Ledo avaló la victoria de Vicente Fox. (Foto: Rodolfo Valtierra/Cuartoscuro)

10 locales al PRI. Al PAN le dieron el 39 por ciento, 3 diputaciones federales y 3 locales, y al PRD, el 7 por ciento. "Hicieron una marranada", declaró Vicente Fox Quesada y esa misma noche Porfirio Muñoz Ledo avaló su triunfo y le alzó la mano. El martes 20 Fox reunió a 20 mil simpatizantes en la plaza principal de León, grandes muchedumbres en Irapuato y Silao, y de nuevo en León, el jueves 22, juntó a 30 mil. Todos cantaban: "No queremos a Ramón", mientras Fox anunciaba acciones de resistencia. El PAN adujo que la Comisión Estatal Electoral había dado 350 mil votos falsos a Aguirre, que hubo 500 "casillas zapato" (en las que el PRI ganó el 100 por ciento de los votos), impugnó 700 casillas y enlistó muchas anomalías. Por su parte, Luis H. Álvarez, líder nacional del blanquiazul, avisó que recurriría a todas las instancias nacionales e internacionales; para el PAN, explicó, era vital su victoria en Guanajuato y de su reconocimiento dependería cómo se comportaría su partido ante el gobierno; sin embargo, las autoridades electorales, que tardaron más de una semana en dar los resulados finales, se montaron en su macho y declararon ganador a Ramoncito.

No obstante, el pobre Aguirre nunca pudo disfrutar la gubernatura en la que tanto había invertido, a causa de que la prensa extranjera, especialmente la de Estados Unidos, se hizo eco de las protestas de los panistas y criticó la elección fraudulenta de Guanajuato. Por otra parte, la alianza que Salinas había hecho con el PAN lo obligó a desconocer a Aguirre, a quien, además, no le perdonaba que se hubiera creído presidenciable, lo que lo había llevado a talonear con ganas la posibilidad de ganarse el dedazo de su cuate Mickey de la Madrid en 1988. El resultado de estos factores fue que desde el 20 de agosto Salinas le propuso al PAN llevar a cabo nuevas elecciones en Guanajuato con la condición de que Fox no repitiera como candidato. El PAN se negó. El rencoroso presidente detestaba a Fox porque éste, en las aguerridas sesiones para calificar las elecciones presidenciales de 1988, se puso dos boletas electorales como grandes orejas y así tomó la palabra en la tribuna. Fox ignoraba que el orejudo y chaparrito Salinas presenciaba las sesiones del colegio electoral por circuito cerrado y que enfureció cuando vio que lo ridiculizaban. "Y éste, ¿quién se cree que es?", exclamó, y desde entonces detestó al ex ejecutivo de la Coca Cola.

Como las protestas panistas crecían en Guanajuato, las críticas de la prensa extranjera arreciaban. Todo parecía repetir la situación de Chihuahua en 1986. En los primeros días de septiembre el historiador Enrique Krauze publicó un artículo en el *Wall Street Journal* en el que pedía nuevas elecciones e inmediatamente después un editorial del diario neoyorkino hizo la misma sugerencia. Salinas era extraordinariamente sensible a la prensa estadunidense, a la que había cortejado con grandes cuidados, así es que Otto Granados, secretario de Comunicación Social de la Presidencia se reunió con los corresponsales extranjeros en México y les dio la noticia de que el presidente en persona había ordenado la caída de Aguirre. Salinas ya había conferenciado con Fernando Gutiérrez Barrios, el secretario de Gobernación, y con Luis Donaldo Colosio, del PRI, y les avisó que Aguirre tenía que sacrificarse. Cuando el pobre Ramoncito fue notificado hizo el berrinche de su vida, no quería obedecer pero lo obligaron a disciplinarse; no bien acababa de ser nombrado gobernador electo, el 11 de septiembre anunció "la decisión más difícil de su vida" y renunció a gobernar Guanajuato.

Los priístas se indignaron como nunca. "Primero nos lo impusieron como candidato y ahora lo obligan a renunciar", decían. Pero su ira creció aún más al enterarse de que Salinas, para cumplir sus tratos con el PAN, nombró gobernador interino a Carlos Medina Plascencia, hasta entonces presidente municipal panista de León, quien convocaría a nuevas elecciones "en el momento oportuno". A este arreglo se le llamó "concertacesión" y fue la más famosa de todas. Era evidente que para Salinas no importaban las contiendas electorales ni las decisiones populares emanadas de ellas, pero eso era lo de menos porque en el extranjero lo aplaudieron como el audaz presidente capaz de revertir los vicios electorales de los prinosaurios.

Lo de San Luis Potosí también fue un escándalo. Ahí había un gran entusiasmo porque el popularísimo doctor Salvador Nava, que tenía 77 años de edad y había sido dos veces alcalde de la capital potosina y candidato a la gubernatura en 1961, aceptó volver a ser candidato si toda la oposición independiente lo apoyaba. Los navistas lograron entonces el milagro de que el PRD, el PDM y el PAN, con reticencias, se unieran al Frente Cívico Potosino, la vieja organización política del oftalmólogo, y todos juntos formaron la Coalición Democrática Potosina (CDP), que postuló a Nava. Éste era un luchador tan respetado que cuando fue al hospital, a causa de cáncer en la próstata, el solícito presidente Salinas lo fue a visitar. El PRI, por su parte, nombró candidato a Fausto Zapata Loredo, que había sido el jefe de prensa y operador de muchas intrigas de Luis Echeverría. Zapata fue nombrado "candidato de unidad", ya que las bases priístas potosinas querían a Gonzalo Martínez Corbalá, el ex embajador en el Chile allendista.

Como en Guanajuato, la contienda electoral en San Luis Potosí fue la más reñida y áspera de la historia del estado. Y al igual que Aguirre, Zapata gastó una fortuna en publicidad, propaganda y en los consabidos acarreos. Su estrategia electoral consistió en acusar a los navistas de violentos. Éstos, a su vez, se concentraron en el pasado echeverrista del candidato del PRI. Trabajaron muy duro y lograron que la figura de Nava rebasara la capital y se expandiera por todo el estado, al punto de que el Consejo Estatal Electoral decidió que no apareciera el apellido Nava en las boletas electorales bajo el logotipo de la CDP. Las elecciones del 18 de agosto fueron muy concurridas, pero a las dos horas ya abundaban las denuncias de irregularidades. Esa misma noche, Zapata se declaró triunfador. Nava dijo que él iba adelante en la votación y decidió no avalar ninguna decisión de las autoridades electorales, porque de ellas emanaba gran parte del fraude, así es que anunció que recurriría a una intensa resistencia pacífica para impedir que Zapata tomara posesión y para no dejarlo gobernar en caso de que asumiera el cargo.

Salvador Nava camina a la ciudad de México en la Marcha por la Dignidad. (Foto: Eloy Valtierra/Cuartoscuro)

Las protestas empezaron el 25 de agosto con gran fuerza. El zócalo se llenó de navistas que repudiaban a Zapata. Después vino una manifestación silenciosa y se festejó que el alcalde panista de la capital potosina proclamó que sólo reconocería a Nava como gobernador. Un grupo de aguerridas mujeres armó un plantón permanente en el palacio de gobierno, organizó una colecta para comprar un boleto de ida para Zapata y cuando el gobernador Leopoldino Ortiz Santos quiso rendir su último informe cientos de cacerolas resonaron durante cuatro horas y las mujeres le tiraron todo tipo de objetos. Los mítines tenían lugar cada tercer día. Dada la "renuncia" de Ramón Aguirre en Guanajuato, Zapata no estaba seguro de su suerte, así es que se fue a Los Pinos, donde Salinas lo felicitó por su triunfo electoral. Sin embargo, para desazón de Zapata, poco después el secretario de Gobernación Gutiérrez Barrios llamó a Nava y lo llevó a Los Pinos. El presidente lo trató muy bien, pero no pudo grillarlo, así es que al salir de la entrevista Nava anunció que continuaría la resistencia civil y anunció que caminaría hasta la ciudad de México, en cuyo zócalo leería un mensaje a la nación, el cual empezó a conocerse como "el segundo Plan de San Luis".

El apoyo a Zapata pareció fortalecerse cuando Salinas asistió personalmente a la toma de posesión del nuevo gobernador, mientras que, esa noche, Nava reunió a una multitud y tomó protesta como gobernador moral y legítimo de los potosinos. "Nuestro objetivo será impedir que el usurpador pueda gobernar", dijo, "es imposible gobernar a un pueblo contra su voluntad." Al día siguiente, las mujeres navistas impidieron que Zapata pudiera entrar en el palacio de gobierno. En realidad, nunca pudo hacerlo, a pesar de que ofreció incorporar a los navistas a su gobierno. Mientras, Nava inició su caminata a la ciudad de México y cada día aumentaba el número de simpatizantes y reporteros que lo acompañaban. Parecía una empresa inútil porque Salinas anunció que "no tomaría decisiones bajo presión". Sin embargo, a los catorce días de no entrar en su despacho en el palacio de gobierno, y mientras Nava avanzaba rumbo a la ciudad de México, Zapata fue convocado a Los Pinos y el 9 de octubre presentó su renuncia.

Los navistas estallaron en júbilo. "¡Lo tumbamos, lo tumbamos!", gritaban en las calles mientras los automóviles hacían sonar sus bocinas. Los priístas, en cambio, se pusieron furiosos y el líder del congreso local Teófilo Torres Corzo, aterrado, le lloriqueaba a Luis Donaldo Colosio: "Aquí está peor que en Guanajuato. Los diputados me quieren renunciar." En efecto, parecía que los priístas no aceptarían la decisión del centro e incluso 150 de ellos tomaron el congreso para que no se consumara la decisión; "¡soberanía, soberanía!", gritaban. Sin embargo, el poder presidencial se ejerció y por diez votos a favor, tres en contra y siete abstenciones, los diputados locales aceptaron la renuncia de Fausto Zapata. Para entonces se supo que el gobernador interino sería Gonzalo Martínez Corbalá y como por arte de magia los priístas dejaron de protestar y procedieron a cargarse con el ex embajador en Chile. Ese mismo día, Nava regresó a San Luis y fue recibido como héroe por miles de simpatizantes. Pero el viejo doctor enfrió los ánimos cuando declaró que había que organizarse para ganar las elecciones extraordinarias. Por desgracia, ya no pudo volver a ser candidato, porque falleció al poco tiempo. Martínez Corbalá, por su parte, logró calmar la situación y se tomó su tiempo para convocar a las nuevas elecciones, pero cuando anunció que pretendía ser candidato, los potosinos se indignaron y no permitieron que, para fines prácticos, se reeligiera, lo cual fue una pésima noticia para Carlos Salinas de Gortari, quien para esas alturas se había convencido de que él sí podría hacer lo que ningún presidente desde Álvaro Obregón: reelegirse.

Ya con un poder inaudito, con el PAN aquiescente y un congreso totalmente a su favor, Carlos Salinas de Gortari pudo llevar a cabo sus planes mayores. Además del Tratado de Libre Comercio de Norteamérica, con el que México "entraría en el primer mundo", desde el tercer informe anunció lo que todos sabían: se modificarían las relacio-

El nuncio Girolamo Prigione, representante del Vaticano, también era confesor de narcos. (Foto: Fabrizio León/*La Jornada*)

nes con las iglesias y la situación en el campo "para acabar con las simulaciones". Salinas había trabajado cuidadosamente sus relaciones con la iglesia católica, que desde la visita del papa Juan Pablo II en 1979, había ido fortaleciendo su poder y durante las elecciones de Chihuahua en 1986 representó un factor político de gran importancia. Por tanto, Salinas trató de formalizar su alianza con la curia católica mediante las relaciones entre el Estado y las iglesias, lo cual ya habían pedido el PAN, el PDM y el PSUM-PMS-PRD mucho antes.

Desde la campaña electoral, José María Córdoba Montoya, el cuasivicepresidente, estableció contactos con la alta jerarquía católica, especialmente con el nuncio Prigione, quien parecía proclive a colaborar con el régimen (después de todo, hombre, su apellido empezaba con Pri), a cambio, claro, de sustanciales concesiones. Durante la toma de posesión de Salinas causó sensación la presencia de los altos prelados católicos, lo que se leyó como el aviso de que el régimen borraría la afamada raya que lo distanciaba del clero, la cual venía de las épocas de Benito Juárez, pasando por las guerras cristeras; para entonces era un evidente anacronismo pero formaba parte de la mitología de los gobiernos de la revmex. No sorprendió entonces que, después, el secretario de Gobernación dijera: "La iglesia existe y es una realidad que hasta los ciegos ven." En 1990 eran intensas las negociaciones secretas entre la curia y el gobierno para que Juan Pablo II volviera a México como preludio de las modificaciones al artículo constitucional 130 y del establecimiento de relaciones entre México y El Vaticano.

En febrero de 1990 Salinas nombró a Agustín Téllez Cruces, ex presidente de la Suprema Corte, como su representante personal ante el Vaticano, y el 6 de mayo Juan Pablo II volvió a México a bordo de un jumbo 767. El mandatario mexicano lo recibió acompañado de Prigione, el cardenal Ernesto Corripio Ahumada y la alta jerarquía eclesiástica. El Papa declaró que había llegado "a postrarse ante la prodigiosa Virgen de Guadalupe", lo cual hizo al instante a bordo de su afamado y blindado papamóvil, y en medio de un aparatoso dispositivo de seguridad. Miles de fieles lo vieron pasar fugazmente y le gritaban: "¡Juan Pablo Segundo, te quiere todo el mundo!" En la basílica, el papa Karol Wojtyla representó el número más fuerte que había preparado para México: la beatificación del buen Juan Diego, de los tres Niños Mártires de Tlaxcala y del cura José María de Yermo y Parres.

Después, el Papa se entrevistó e intercambió regalos con el devoto presidente mexicano y, con un guiño de complicidad, se montó en su helicóptero y aterrizó en el papódromo que se le construyó en Chalco, la capital del Pronasol, bien lejos de las zonas populares y jodidonas con su chusma, pero con un show que incluía a Lola Beltrán, Guadalupe Pineda y la Orquesta Sinfónica del Estado de México. Estuvo rete bonito, dijeron los Caballeros de Colón, las Mercedarias del Santísimo Sacramento, la Orden Adoratriz del ídem, las Siervas del Sagrado Corazón de Jesús y de los Pobres, y demás católicos, que sumaban casi un millón de buenas conciencias. Otro tanto de gente lo recibió en Veracruz. El Papa viajó también a Jalisco, donde el góber Guillermo Cosío Vidaurri no le soltaba las manos mientras se declaraba catoliquísimo; "mal haría yo en negarlo", decía. El Papa pasó por Aguascalientes y en Durango visitó, muy rápido, a los presos mientras los también reverentes guardias del Estado Mayor Presidencial ordenaban: "Dejen entrar puro periodista selecto, ¡los demás a la chingada!" Visitó Chihuahua, y el gobernador Fernando Baeza se hincó y le besó la mano, pues para entonces todos los altos funcionarios mexicanos eran mothernos católicos. Después el Papa se fue a Monterrey, Tuxtla Gutiérrez, Villahermosa y Zacatecas, y ocho días después de su llegada, regresó a Roma. En 1993 volvió a México, pero sólo visitó Yucatán.

La segunda visita del Papa no fue tan espectacular como la de 1979 y en todas partes hubo menos gente. Los pobres siempre estuvieron lejos, bien vigilados por los dispositivos de seguridad y cerca del pontífice estuvo la gente rica: empresarios, políticos con sus familias enteras, las grandes agrupaciones religiosas y los nenes de las escuelas privadas. La legitimación que le ofreció a Salinas de Gortari fue tremenda, pero también dejó ver que la iglesia católica sacaría todo el provecho posible de la nueva situación, pues quedó claro que la segunda visita papal era para iniciar "una nueva etapa de evangelización".

Año y medio después, a fines de 1991, el PRI, a través de Mariano Palacios Alcocer, ex gobernador de Querétaro, manejado por José María Córdoba Montoya, presentó su iniciativa para crear una nueva situación jurídica de las iglesias que cambiaría la Constitución en sus artículos 3, 5, 24, 27 y 130. Se legalizaron las escuelas de religiosas, aunque la educación siguió laica; se abolió la prohibición de establecer órdenes monásticas, se permitieron las manifestaciones de culto fuera de los templos, se admitieron las asociaciones religiosas que, sujetas al régimen fiscal, podían poseer o administrar bienes, y se dio personalidad jurídica a las iglesias, con derecho a votar para los ministros de culto. Por supuesto, la iniciativa priísta fue aprobada por las dos cámaras por mayoría abrumadora, y los altos prelados, con Girolamo Prigione a la cabeza, se declararon "muy contentos".

El siguiente capítulo de la nueva relación Estado-iglesias tuvo lugar en septiembre de 1992, cuando se establecieron relaciones diplomáticas con el Vaticano. El omnipresente José María Córdoba se encargó de las negociaciones, pero al final hubo un punto de fricción: la Santa Sede pedía que el nuncio Prigione fuese decano de los embajadores en México, en vez de quien realmente lo era, el cubano José Fernández de Cosío, pero el gobierno de México, en la carta que pedía el establecimiento de las relaciones, incluyó un párrafo en que señalaba que el nuncio sería un embajador más y que no podía ser decano. El cardenal Ángelo Sodano se indignó y mandó llamar a Prigione, y éste, de regreso en México, fue a quejarse con Salinas, quien dijo hombre, si ése es el problema pues suprimimos el párrafo. El Vaticano aceptó esa típica solución a la mexicana y acreditó como embajador a Enrique Olivares Santana, ex secretario de Gobernación y curiosamente un célebre masón de grado 33.

En noviembre de 1991, encarrerado, Salinas envió al congreso su iniciativa para modificar el artículo 27 de la Constitución que, por cierto, satisfacía los requerimientos que en 1990 el Banco Mundial había hecho a México y también las condiciones que Estados Unidos establecía para firmar el Tratado de Libre Comercio. Con ella se daba por terminado el reparto agrario y se permitía que los ejidatarios pudieran asociarse y rentar o vender los ejidos a nacionales o extranjeros. Para fines prácticos era la privatización del ejido, algo que el PAN siempre había pedido, y si la normalización de las relaciones con las iglesias fue aprobada casi unánimemente, los cambios al artículo 27 motivaron una fuerte oleada de protestas, en especial de los grupos agrarios, como la Coordinadora Nacional Plan de Ayala, la Unión Campesina Democrática, la Coordinadora Nacional de Pueblos Indios, el Consejo Agrario Permanente, la Central Independiente de Obreros Agrícolas y Campesinos, y por supuesto el PRD, el PPS, los investigadores de cuestiones agrarias y los intelectuales de izquierda. Todos ellos anticipaban que la mayoría de los ejidatarios y comuneros, por su pobreza y el escaso apoyo que obtenían del gobierno, acabaría vendiendo o rentando las tierras y que éstas quedarían en manos de muy pocos propietarios, por lo que favorecía a los latifundistas, a las transnacionales y a los narcotraficantes, además de que propiciaría la migración de miles de campesinos a las grandes ciudades y a Estados Unidos.

En efecto, los recursos del Estado hacia el campo se habían reducido notablemente. José Luis Calva aseguraba que había cuatro millones de campesinos pobres, cuyo poder de compra había disminuido, pues los precios reales del maíz habían tenido una pérdida de aproximadamente 50 por ciento. "El resultado de este desaliento originado por el mismo gobierno es que más de un millón de productores han caído en la insolvencia, que cientos de miles hayan abandonado sus campos y que la cosecha de granos básicos por habitante sea hasta en 34.9 por ciento inferior a la de hace diez años", exponía el investigador; "actualmente, más de 25 por ciento de la infraestructura hidroa-

Más cambios a la maltrecha Constitución: el artículo 27 fue reformado para permitir la privatización del ejido. Salinas se decía admirador de Zapata. "Hasta le puse Emiliano a uno de mis hijos." (Foto: Elsa Medina/ *La Jornada*)

grícola se encuentra inhabilitada por falta de inversiones de mantenimiento. No estamos en un proceso de modernización de la agricultura sino de desmodernización. No es necesaria ninguna reforma para sacar adelante el campo y hacerlo que, incluso, genere excedentes exportables. Lo único que deben darse son los recursos que siempre ha negado el gobierno." Cuauhtémoc Cárdenas también protestó airadamente. En cambio, Mateo Zapata, el hijo del buen Miliano, apoyó las reformas. "Mi padre", dijo, "quería que se diera la propiedad de la tierra a los campesinos."

El presidente Salinas estuvo de acuerdo; dijo que admiraba tanto a Zapata que a uno de sus hijos le puso Emiliano, y que el gran luchador morelense estaría de acuerdo con la reforma. "Hoy, la posición reaccionaria está en pretender repetir y congelar las formas y las maneras del pasado para el campo", asestó don Carlos, con las cananas puestas. "El inmovilismo es conservadurismo", sentenció. Carlos Hank González, secretario de Agricultura, y Maximiliano Silerio Esparza, líder de la CNC, lo aplaudieron entusiasmados. Y Luis Téllez, considerado como uno de los funcionarios más antiagraristas, consideró que con los cambios el campo se convertiría en "un buen negocio", aunque no aclaró para quién. La discusión se cerró con la amplia mayoría de 387 votos del PRI, el PAN y de una parte del PFCRN y del PARM que aprobaron las modificaciones al artículo 27 en diciembre de 1991 y acabaron de sepultar a la revmex; 50 diputados se pronunciaron en contra. "¡Payasos, payasos!", les gritaron los priístas.

Salinas cerró su tercer año de gobierno ("el del mesías", como se le llamaba) con un poder que, desde Luis Echeverría, ninguno de los presidentes mexicanos había tenido. El sistema priísta se desmoronaba, pero al presidente sólo le interesaba su para entonces claro proyecto transexenal. Ese año, ante un grupo de empresarios japoneses, el Ángel de la Dependencia, José Ángel Gurría, había anunciado que el grupo salinista contemplaba retener el poder cuando menos veinticuatro años, o sea, hasta el 2018. Salinas y su *gang* estaban seguros de lograrlo. La ilegitimidad de origen se había evaporado, y mediante un hábil y costoso manejo de la publicidad y la propaganda, el presidente no sólo era muy popular en México sino en todo el mundo, pues Salinas llevó a cabo una carísima campaña para ganarse a los medios extranjeros. Los de Estados Unidos aceptaron y difundieron con gusto la imagen de "un joven firme y dinámico que revoluciona su país". Nada más en Estados Unidos, el gobierno de Salinas gastaba más de once millones de dólares al año en relaciones públicas, y éstos se incrementaron en 1992 y 1993, cuando vino el cabildeo duro para la aprobación del TLC.

Por dinero no paraba la cosa; no había para el pueblo, pero abundaba para los gastos del presidente, quien, para asegurar la lealtad de los políticos, con frecuencia daba bonos extra, "de productividad y cumplimiento laboral" o "de desempeño", además de aguinaldos escandalosos, a todos los funcionarios de nivel superior, cuyos salarios de por sí eran elevadísimos. "Pasa a ver a Justo", les decía a los que acordaban, pues Justo Ceja, su secretario particular, era el que repartía los cheques. Fue célebre cuando se supo que a los diputados, oposición incluida, se les pichó un ostentoso reloj Rolex por cabeza (todos se lo embuchacaron, por supuesto), y después, Mario Ruiz Massieu, al ser enjuiciado en Estados Unidos, reveló las cantidades alucinantes con las que se mochaba don Carlos, quien, trimestral, semestral o anualmente, hacía gran uso de su "caja chica" y de la partida secreta que, por ley, podían manejar discrecionalmente los presidentes mexicanos desde tiempos de Venustiano Carranza, quien no por nada inspiró el verbo carrancear.

Al final de su sexenio Salinas de Gortari había gastado cerca de mil millones de dólares de su partida secreta, casi el triple de lo que utilizó Miguel de la Madrid. Su promedio anual de gastos secretos era de 143 mil millones de dólares, lo cual significa que cada día Salinas podía gastar 390 mil dólares, sin contar con sus honorarios, que eran de 60 mil dólares anuales. Esto era lo que reconocía oficialmente la Contaduría Mayor de Hacienda, pero vaya uno

Salinas y su esposa Cecilia Occelli. A mediados de sexenio se rumoraba que el presidente tenía un affaire con la actriz Adela Noriega. (Foto: Gustavo Durán, tomada del libro *Imagen inédita de un presidente*)

a saber las cantidades reales que manejaba el pelón sin que nadie las fiscalizara. Por si fuera poco, además de esto, la presidencia disponía de un presupuesto anual de "erogaciones especiales", aun más secretas que las de la partida secreta, la cual, reveló Pablo Gómez, "podría ser usada para entregar dinero a cuenta de favores o premios de desempeño por actividades políticas, y para la creación de un fondo personal o familiar del presidente".

Mientras Salinas gozaba su poder y se la pasaba suave con la actriz de telenovelas Adela Noriega, los salinistas se presentaban como "la generación del cambio", los jóvenes que luchaban contra la corrupción de los viejos políticos. Desde un principio se manejó la idea de que en el poder mexicano existían los tecnos y los dinos, es decir, los tecnócratas salinistas y los dinosaurios o prinosaurios, pero en realidad no había grandes diferencias entre unos y otros, pues los tecnos utilizaban todos los viejos recursos del corrupto autoritarismo priísta, sólo que ellos estaban en el poder y pertenecían a una casta que podía vender la imagen de que eran los emisarios de la modernidad que llevaría a México al primer mundo, abatiendo todos los viejos e inservibles mitos nacionales y las simulaciones. Por eso, y también a causa del pasado ultraizquierdista de los hermanos Salinas y de varios de sus colaboradores, los tecnos decían ser los verdaderos revolucionarios, mientras que las izquierdas que protestaban por el autoritarismo y la venta del país eran los reaccionarios. Con facilidad utilizaban la retórica izquierdista, e incluso se apropiaban tranquilamente de los lemas de las luchas populares (¡Duro, duro, duro!). Sumisos con los más poderosos (Estados Unidos, por ejemplo), eran agresivos y prepotentes con los más débiles, como ricos y braveros niños consentidos, y pusieron de moda la intolerancia pendenciera entre sus seguidores, especialmente entre la prensa salinista. Los políticos del grupo compacto se caracterizaban porque hacían *jogging,* usaban zapatos Timberland, relojes Casio y gustaban del tenis. Sin llegar a los extremos de López Portillo, Salinas mismo presumía de su condición física y en sus *headquarters* de Agualeguas participaba en los "maratones familiares". Agualeguas, por cierto, se puso de moda; se le inyectó dinero de Pronasol y se construyó un aeropuerto para que los Salinas tuvieran acceso rápido al pequeño pueblo de Nuevo León donde se había instalado la familia.

En 1991, Salinas de Gortari presumía de que había compuesto la economía del país. Después de la renegociación de la deuda, que si no fue un gran alivio sí rindió importantes dividendos publicitarios, obtuvo 23 mil millones de dólares con la privatización de las empresas paraestatales. Aseguraba que el desempleo se había abatido ("es un mito genial", dijo después el secretario de Hacienda Pedro Aspe, lo cual hizo que estallaran las carcajadas en todo México). Además, como buen neoliberal, con los pactos económicos concentró sus esfuerzos en bajar la inflación, que en 1987 había sido de 160 por ciento. En 1989 fue de 19.7, subió a 29.8 en 1990 y al final del año siguiente cerró en 18.8. El ideal salinista era que la inflación fuese de un dígito, "como en los países del primer mundo", lo cual logró a fines de 1993. Wall Street lo amaba y los hombres de las finanzas internacionales se ufanaban de que por fin había un líder mexicano "con el que se podía hablar", ya que la inversión externa subió 98 por ciento, especialmente a través de las maquiladoras. La Bolsa Mexicana de Valores (BMV) se volvió clave para la economía nacional. A los inversionistas no les interesaba la producción sino la alta especulación, que estaba exenta de impuestos para que fluyeran divisas como en los países del sudeste asiático. Las tasas de interés mexicanas eran más altas que las estadunidenses, por lo que en 1991 ingresaron 16 mil millones de dólares y durante 1992 y 95 aumentaría aún más la inversión foránea. También se le quitaron tres ceros a la moneda y aparecieron así los "nuevos pesos", lo que nos quitó la ilusión de que todos éramos millonarios, pues por arte de magia un melón volvió a ser tan sólo una milanesa.

Las cifras macroeconómicas le cuadraban al gobierno mexicano y el producto interno bruto fue de 3.3 en 1989,

4.4 en 1990 y de 3.6 un año después. Sin embargo, como en las épocas del desarrollo estabilizador, este crecimiento no se traducía en bienestar para el pueblo, que veía cómo, a través de los supuestos pactos económicos, los salarios eran sujetos con un control férreo y jamás alcanzaban a los precios, los cuales subían sin parar. Todos se alegraron en 1991 cuando el IVA bajó del 15 al 10 por ciento, pero el gusto se nubló ya que, el mismo mes, tuvieron que pagar un 55% más por la gasolina. También subieron los precios de la luz, gas, teléfonos, transportes, agua y los servicios públicos, lo cual, como siempre, trajo consigo la reetiquetación de prácticamente todos los productos. Por si fuera poco, Lolita (es decir, Dolores, como los muy chistositos de la SHCP llamaban a los impuestos) se puso más brava que nunca, hacía campañas aterrorizantes en los medios y el subsecretario de Hacienda, Francisco Gil Díaz se volvió el Gran Villano. Se inventaron los recibos y facturas impresos en talleres autorizados por la SHCP y las cajas registradoras fiscales, que anotaban todas las operaciones de los comerciantes y costaban 1,950 pesos anuales por derecho de uso. El contribuyente siempre era visto con extrema desconfianza y se prefería la intimidación. Era el famoso terrorismo fiscal. Se aprobó mandar a la cárcel al que gastara más de lo declarado, se limitaron los viáticos, los gastos de viaje y la renta de coches, se incrementó el proceso de selección para fiscalizar "personas físicas", el DDF y los gobiernos estatales entrecruzaron información para "comprobar el correcto cumplimiento de las obligaciones fiscales" y se estableció un permanente proceso de detección de fuentes de ingreso.

En la fachada económica todo se veía bien, pero, como en las épocas de Miguel de la Madrid, el dinero nunca llegaba a las grandes mayorías del país. Pero eso, por supuesto, no le inquietaba a Salinas, quien al terminar su primer trienio de gobierno acariciaba la idea de la reelección. En 1991, un grupo de agricultores de La Laguna (*of all places*) salió con que don Charlie era tan buen presidente que debería seguir gobernando cuando menos otros seis años y Fidel Velázquez socarronamente dijo hombre, eso estaría muy bien. José María Córdoba Montoya hizo distribuir un dossier con información sobre la reforma que hizo Plutarco Elías Calles para la reelección de Álvaro Obregón y se trató de persuadir a los grupos de poder, pero éstos se negaron a que el presidente violase el sacrosanto dogma de la no-reelección. Ni siquiera el ex presidente De la Madrid dio el visto bueno. Salinitas no decía nada, hasta que, como en tiempos de Echeverría, el secretario de Gobernación, Fernando Gutiérrez Barrios, declaró que el presidente en lo más mínimo pretendía reelegirse. Como esa puerta se le cerró, Salinas tuvo que prepararse para el ritual del dedazo, el cual le permitiría imponer a un sucesor que garantizara la continuación de El Modelo y que, por supuesto, lo protegiera y lo cubriera. Sólo esperaba que el Tratado de Libre Comercio tuviese buen fin.

En 1991 las cámaras estadunidenses se enfrascaron en intensas batallas legislativas en las que México era puesto como lazo de cochino, y finalmente votaron porque el tratado tuviera vía rápida a condición de que se incluyesen los derechos de los trabajadores y del medio ambiente. "Ahora que fervientemente debatimos el *fast track*", dijo, por cierto, el diputado Marcy Kaptur, "¿se dan cuenta de que en el congreso mexicano no ha habido debate alguno?" Era claro para entonces que los tiempos del tratado habían quedado atrapados en las elecciones de Estados Unidos y resultaba inevitable que se convirtiera en tema electoral, lo cual perturbaba a Bush porque su popularidad había decrecido sensiblemente. Lo ideal para los tres gobiernos era que el TLC quedara concluido antes de los comicios de Estados Unidos. Si no había sido ratificado para entonces, la nueva constitución de las cámaras podría causar muchos problemas. Por tanto, a partir de ese momento las negociaciones entre Carla Hills, Serra Puche y Michael Wilson cobraron rapidez y se pensó que el TLC podría firmarse en la primavera de 1992. Salinas se veía confiado. "Al que más le interesa el tratado es a Estados Unidos", decía, tan campante, pero algunos periódicos estadunidenses aseguraban que la no aprobación del TLC sería la ruina del presidentito mexicano.

México, muchas veces adelantándose a las peticiones estadunidenses, había iniciado la modificación de las leyes de protección industrial, de patentes y marcas, y de inversiones extranjeras; abrió áreas vedadas como la banca, las casas de bolsa, los seguros y las carreteras; convirtió más de cincuenta productos petroquímicos básicos en secundarios y permitió que una empresa de Estados Unidos perforara pozos petroleros en la Sonda de Campeche. Carla Hills también había obligado a los mexicanos a ceder en la creación de la Subcomisión Negociadora de Energéticos, se opuso a que fuéramos considerados "país en desarrollo" y no tomaba en cuenta las mentadas "asimetrías", además de que se negó a que Estados Unidos se abriera a los cítricos y los aguacates mexicanos. "Exporten guacamole", dijo. La Hills quería más, así es que pasó 1991 y no hubo borrador del TLC "con corchetes", es decir, un resumen de las posiciones de los tres países que sería la base de negociación. Los corchetes, que contenían los desacuerdos, eran cientos (los más importantes, energía y agricultura) y se volvieron el gran obstáculo del TLC. Las presiones principales se centraron en la cuestión del petróleo y la electricidad, que Estados Unidos quería abrir lo más posible. México presentó entonces sus cinco "no": no a inversión en áreas básicas, a contratos de riesgo, a cláusulas de seguridad, a la importación de gas y a las gasolinerías estadunidenses.

Por si fuera poco, ante la cercanía de las elecciones de noviembre de 1992, William Clinton, candidato presidencial del Partido Demócrata, como venganza porque Salinas siempre apostó por Bush y por presiones de su partido, la agarró contra el TLC, ya que se habían omitido los controles ambientales, las políticas de protección de los trabajadores mexicanos y los incentivos para que la industria estadunidense no se fuera a México por los bajísimos salarios. Salinas estaba seguro de que George Bush se reelegiría, incluso lo acompañó a una jornada electoral en Estados Unidos, pero las encuestas cada vez más favorecían a Clinton, así es que José Córdoba Montoya mejor se lanzó a establecer contactos tardíos con los demócratas.

Ante la premura del tiempo, Salinas hizo más concesiones y aprobó que las compras de Pemex y de la Comisión Federal de Electricidad se abrieran al ciento por ciento y que no se produjeran en México más automóviles de Europa y Japón. Sólo así, después de varios días de encierro en el Hotel Watergate, en agosto de 1992 terminaron las negociaciones. A fin de año los tres presidentes firmaron el tratado y sólo quedaba pendiente la ratificación por parte de los congresos. Sin embargo, Bush perdió las elecciones estadunidenses, lo cual puso a temblar a Salinas, y William Clinton, el nuevo presidente, famoso porque se opuso a la guerra de Vietnam, porque reconoció haber fumado mariguana "sin darle el toque", porque tocaba saxofón y por sus líos de faldas, como era de esperarse anunció que pensaba revisar el TLC. El orgulloso gobierno mexicano dijo entonces que el tratado estaba concluido y que no aceptaría renegociarlo. No pretendía hacerlo, repuso Estados Unidos, pero sí le añadiría unos acuerdillos paralelos que salvasen las omisiones en cuanto a "medio ambiente y derechos laborales". Ta bien, pues, dijo Salinas, y para su fortuna el TLC se le fue volviendo cada vez más importante a Clinton, quien al final terminó apoyándolo con toda su fuerza.

A lo largo del sexenio la inseguridad siguió creciendo a extremos alarmantes en todo el país, pero especialmente en la ciudad de México. A causa de la rigidez de las políticas económicas de austeridad, que no disminuyó a pesar de que en 1992 el gobierno alardeaba de haber remontado la crisis y de haber entrado en el crecimiento, mucha gente que no tenía trabajo se pasó a la delincuencia. Los asaltos menudeaban en todas partes: en las calles, en los cajeros automáticos de los bancos, en los automóviles detenidos por los semáforos, en el metro, en las combis, en los autobuses, en los taxis, especialmente los ecológicos, en las casas y en los pequeños negocios.

A fin de sexenio, todo chilango que no había sido atracado esperaba empavorecido que le tocara, porque en los asaltos, además, predominaba la violencia. Los ricos compraban sofisticados sistemas de seguridad y contrataban guaruras, sobre todo cuando se inició una racha de secuestros que llegó a ser un problema gravísimo en muchas partes, especialmente en los estados de Guerrero y de Morelos. En este último, una vez que tomó el poder Jorge Carrillo Olea, todo indicaba, y se corroboró en 1998, que la misma policía judicial estatal era la encargada de secuestrar no sólo a millonarios sino a cualquier persona que aún tuviera un poco de dinero. Muchos potentados tuvieron que pagar millones de dólares por sus rescates, entre ellos Fernando Senderos, de Resistol; Jorge Vargas Guajardo, de Multivisión; Jorge Espinosa Mireles, de Printaform; Juan Bosco Gutiérrez Cortina, de Gutsa, y el financiero Juan Robinson Bours. En marzo de 1993, los ricachones se pusieron a temblar cuando se descubrió una lista, bien documentada, de cien secuestrables y, en 1994, el dramático plagio del supermillonario Alfredo Harp Helú, de Accival-Banamex, contribuyó a la inestabilidad anímica de todo el país, la cual se había iniciado con el levantamiento de Chiapas en enero y con el asesinato de Luis Donaldo Colosio en marzo.

A principios de sexenio fue un escándalo que la escolta de Javier Coello Trejo, subprocurador antinarcóticos de la PGR, de febrero a agosto de 1989 se dedicó a circular por el sur de la ciudad en una suburban sin placas para localizar a bellas jovencitas de clase media que circulaban con sus novios. Los guaruras detenían a la pareja, golpeaban y metían al hombre en la cajuela de su propio auto y después violaban a las muchachas en áreas abiertas, las Fuentes Brotantes, el Convento de Santa Úrsula y el Club de Golf de Tlalpan. Eran grupos de ocho, que se tomaban hasta cinco horas para turnarse y violar a las jóvenes repetidas veces. Después desvalijaban el automóvil, retiraban dinero con las tarjetas de crédito y abandonaban a las víctimas en medio de amenazas. Doce de ellas presentaron demandas e identificaron a los agentes de la PGR que las habían violado, pero Coello Trejo aseguró que sus guaruras eran "buenos elementos" y los protegió hasta donde pudo. Sin embargo, la Subprocuraduría de Investigación y Lucha Contra el Narcotráfico desapareció, y el voluminoso policía fue nombrado procurador del consumidor, supuestamente para intimidar a los comerciantes abusivos con un Fiscal de Hierro. Sin embargo, al poco tiempo, la pésima reputación lo hizo caer para no levantarse.

En 1989 fue capturado Miguel Ángel Félix Gallardo, gran capo de Sinaloa, quien se había iniciado desde los años sesenta en el tráfico de drogas bajo la protección del entonces gobernador Leopoldo Sánchez Celis. Gallardo se asoció con Ernesto Fonseca, Don Neto, y a los dos les fue muy bien durante el gobierno de Antonio Toledo Corro. A raíz de la Operación Cóndor se mudaron a Guadalajara y desde el asesinato de Camarena la Drug Enforcement Agency (DEA) estadunidense exigió su captura, pero el Hombre Más Buscado del Mundo circulaba en Culiacán a la vista de todos en calidad de gran empresario, accionista y asesor del Banco Mexicano Somex. En 1981 había sido arrestado, pero en dos días fue puesto en libertad. Sin embargo, por más dinero que repartió en 1989 no pudo evitar que un espectacular operativo lo capturase en el centro de Culiacán.

En 1991, un avión de la DEA informó que una avioneta cargada de droga había entrado en territorio mexicano, así es que de Mérida despegó un avión King Air de la Procuraduría General de la República para interceptarla y la alcanzó cuando aterrizaba en una pista clandestina de Llano de la Víbora, municipio de Tlalixcoyan, Veracruz. Desde el aire, los agentes de la PGR vieron que ahí se encontraba un destacamento del ejército con barriles de turbosina para reabastecer el combustible de la avioneta. Cuando el avión de la PGR aterrizó, fue recibido a balazos por la tropa. Los agentes respondieron el fuego y en el tiroteo murieron siete judiciales y un soldado fue herido, mientras los narcos se escaparon sin mayor problema. La PGR

La plana mayor del narco: Héctor el Güero Palma, y Joaquín el Chapo Guzmán, de Sinaloa; los hermanos Arellano, de Tijuana; Amado Carrillo, de Ciudad Juárez, y Juan García Ábrego, de Tamaulipas. (Fotos: Cuartoscuro; Fabrizio León/*La Jornada*; Jorge Silva/Cuartoscuro)

y la Secretaría de Defensa dijeron que se había tratado de "una confusión", pero no explicaron qué hacía la tropa en una pista clandestina con barriles de combustible, por qué recibieron a tiros a la PGR, por qué lograron escapar los narcos perseguidos y qué pasó con la droga que fue desembarcada. Apenas dos semanas antes el ejército también había recibido a una avioneta de narcos que aterrizó en Carlos Carrillo, Veracruz, y a cartucho cortado impidió que la PGR investigara.

En la costa del Pacífico surgió la guerra entre los narcos. Tras la captura de Miguel Félix Gallardo, Héctor el Güero Palma, que tenía fama de sanguinario, se unió con Joaquín el Chapo Guzmán y los dos se dedicaron a asesinar espectacularmente, a la vista de todos, a sus enemigos y a quienes les estorbaban. Se deshicieron de su mayor amenaza, Manuel Salcido Unzueta, el Cochiloco, a quien bañaron con más de cien balas de metralleta en Guadalajara. Sin embargo, su gran rivalidad era con los hermanos Arellano, quienes, como sobrinos de Félix Gallardo, decían tener interés en la zona. La guerra entre ellos escaló al punto en que los Arellano ordenaron los terribles asesinatos de la esposa y los hijos del Güero Palma, por lo que éste envió a la discoteca Christine de Puerto Vallarta un camión Thorton de redilas, del cual descendieron 50 hombres de negro, con chalecos antibala, granadas, cartucheras, rifles R15 y AK-47, los famosos cuerno de chivo. La gente del Güero rodeó la discoteca y un grupo entró en el local, mostró credenciales de la Policía Judicial Federal y durante ocho minutos descargó más de mil balas sobre los asistentes. Querían acabar con Ramón y Javier Arellano, que ya llevaban tres noches reventándose en la discoteca; los hermanos alcanzaron a esconderse en el baño y salieron por el ducto de aire acondicionado cuando terminó la balacera, que dejó seis muertos y tres heridos graves.

Francisco, el hermano mayor de los Arellano, se disfrazaba de "buen empresario que arriesga con fe y sin miedo" y era dueño de la discoteca Frankie O de Mazatlán, "la más grande del mundo", a la cual, aunque era conocida como *Narkie O*, iba a reventarse con frecuencia el campeón Julio

246

César Chávez, a quien Francisco llamaba "su casi hermano". En 1993 la PGR lo capturó en Tijuana, lo cual fue considerado como "un triunfo de México" por el procurador en turno. Sin embargo, Benjamín, Ramón y Javier siguieron traficando cocaína, heroína y mariguana. Se decía que en realidad todos ellos trabajaban para un jefe secreto y poderosísimo que controlaba banqueros y negocios legítimos para lavar dinero, y quizás eso explique por qué nunca se hizo un gran esfuerzo por capturarlos. En cambio, con el tiempo tanto el Güero Palma como el Chapo Guzmán perdieron el escudo protector y fueron a dar a la cárcel.

El cártel de Ciudad Juárez era encabezado por Amado Carrillo, quien, como monarca oriental, era llamado el Señor de los Cielos, porque su poder era inmenso; también se hallaba ligado al cártel de Cali y controlaba la introducción de cocaína en la parte central de Estados Unidos. Carrillo ascendió al poder a la muerte de Rafael Aguilar Guajardo y dominaba Chihuahua, Coahuila y Sonora y los importantes cruces fronterizos de Ciudad Juárez y Ojinaga. En 1989 fue arrestado, pero el juez lo dejó ir sin mayor problema porque entonces no era tan famoso. Después la PGR armó una intensa cacería en su contra, pero siempre pudo huir, así como escapó a un atentado en el restorán Bali Hai de la ciudad de México, en el que murieron cinco personas. Finalmente, en el sexenio de Zedillo, fue asesinado por los cirujanos plásticos que le estaban construyendo una apariencia totalmente distinta en una clínica cuyo abogado era el jefe Diego Fernández de Cevallos.

Por su parte, además de comer con Raúl Salinas, Juan García Ábrego, el temible amo del cártel del Golfo, heredó y superó a su tío, Juan Nepomuceno Guerra, el Padrino de Matamoros, que había caciqueado la región; Juan empezó contrabandeando mariguana al sur de Estados Unidos y después se conectó con los narcos colombianos de Cali para traficar también cocaína y llegó a introducir hasta 350 mil toneladas al año en Estados Unidos. Para su desgracia, obtuvo demasiada notoriedad; el gobierno gringo lo puso en la lista de los diez hombres más buscados y el de México ofreció una recompensa de tres millones de nuevos pesos al que diera información que facilitara su captura. García Ábrego empezó a negociar su rendición; no se entendió con el gobierno de Zedillo y finalmente se puso de acuerdo con el de Estados Unidos, el cual lo arrestó y lo metió a la cárcel en 1996.

El narcotráfico se robusteció a lo largo del sexenio y pronto se empezó a hablar de narcopoder, narcopolítica o de la colombianización del país. El dinero del narco estaba en todas partes y corrompía a una larga cadena de funcionarios. El negocio de la cocaína era alucinante. El productor vendía el kilo en Colombia a dos mil dólares al mayoreo y 2,800 al menudeo; el transportador la llevaba de Colombia a Estados Unidos vía México y subía el precio a 10 o 20 mil dólares; el distribuidor final, a su vez, vendía el kilogramo al público a 15, 20, 40 o hasta 60 mil dólares. Además de Miguel de la Madrid, Manuel Bartlett, Enrique Álvarez del Castillo y Juan Arévalo Gardoqui, la DEA y los medios de Estados Unidos señalaron a Emilio Gamboa, Manlio Fabio Beltrones, Jorge Carrillo Olea, Francisco Labastida, José María Córdoba y a Raúl y Carlos Salinas de Gortari entre los altos funcionarios ligados al narcotráfico.

Otro tema crucial fue el de los derechos humanos. Las primeras organizaciones no gubernamentales (ONG) del país, así como Amnistía Internacional, hicieron repetidas denuncias de violaciones a estos derechos fundamentales, pero el gobierno las rechazaba y aducía que en México no ocurría nada. Por ejemplo, en 1989 las autoridades presentaron un extenso documento a la ONU en el que se presumía que el país fue "limpio" en derechos humanos durante el sexenio de Miguel de la Madrid. Sin embargo, Amnistía Internacional (AI) y la Academia Mexicana de Derechos Humanos (AMDH), a través de Mariclaire Acosta, les tuvieron que recordar que, en el sexenio delamadrista, Manuel Buendía fue asesinado por funcionarios públicos al servicio del Estado y que éste fue el caso más notorio de los 33 periodistas muertos durante ese periodo. Amnistía Internacional hizo denuncias pormenorizadas de centenares de violaciones de los derechos humanos de detenidos, presos y ciudadanos en general a lo largo del país, pero el gobierno las descalificó por "no demostradas e inaceptables" y "aseveraciones partidarias o unilaterales".

En mayo de 1990, el país se sacudió con el asesinato de Norma Corona Septién, presidenta del Comité de Derechos Humanos de Sinaloa, quien fue abatida por sicarios en pleno centro de Culiacán a causa de las denuncias que había hecho de ejecuciones, desapariciones y torturas a cargo de las policías federal y estatal ligadas al narcotráfico. Apenas una semana antes de su asesinato, Norma Corona había logrado que el congreso local aprobara una iniciativa de ley para castigar la tortura y para limitar las funciones de la policía judicial estatal. En 1991 se consignó como autor intelectual del crimen a Mario Alberto González, ex comandante de la PJF en Sinaloa, que para entonces tenía sede en Acapulco.

Un mes después del asesinato de Norma Corona, el presidente Salinas de Gortari creó la Comisión Nacional de Derechos Humanos (CNDH) para llevar a cabo acciones de prevención, atención y coordinación que salvaguardaran los derechos humanos. La CNDH fue presidida por el ex rector de la UNAM Jorge Carpizo, quien fue así el primer ombudsman mexicano; para lograr alguna credibilidad, Carpizo aclaró que no militaba en ningún partido político. Explicó también que la CNDH recibiría denuncias, abriría expedientes, analizaría pruebas y emitiría recomendaciones públicas a cualquier autoridad acusada de violar los derechos humanos.

La creación de un ombudsman y de la CNDH fue recibida favorablemente, pero se lamentó muchísimo que la Comisión no fuera autónoma, pues dependía directamente del ejecutivo; por más que Carpizo hablara de apartidismo y de imparcialidad, su conexión tan directa con un presidente como Salinas era preocupante; el autoritarismo de don Carlos necesitaba operar en la impunidad y había creado la Comisión para lavar su imagen en el extranjero,

El doctor Jorge Carpizo, ombudsman, procurador y secretario de Gobernación. También conocido como el doctor Capricho. (Foto: Cuartoscuro)

ya que el tema estaría en la agenda de las negociaciones del TLC con Estados Unidos y Canadá.

Además, resultó que la CNDH no podía intervenir en problemas políticos, laborales y jurisdiccionales, a pesar de que las elecciones eran fuente de severas violaciones a los derechos humanos, y de que el derecho de asociación seguía mermado por el corporativismo, que inscribía automáticamente a muchos trabajadores en el partido oficial; asimismo, todo lo que era competencia del poder judicial quedaba vedado para la CNDH, cuando en México este poder era otro de los principales generadores de violaciones a los derechos humanos. Finalmente, aunque el nuevo organismo sirvió para que al menos quedara constancia de muchas arbitrariedades y de que algunas veces su actuación resultara decisiva en importantes problemas nacionales, pronto se vio que muchos gobernadores y funcionarios en general eran renuentes a acatar las recomendaciones o, de plano, no les hacían el menor caso. Por tanto, las organizaciones no gubernamentales de defensa de los derechos humanos, que brotaron por todas partes del país, y las internacionales también, siguieron considerando que la tortura era una práctica institucionalizada en México, parte de las leyes no escritas del sistema y ejecutada desde los niveles más bajos de las policías hasta los mandos medios y superiores. A fin de sexenio los defensores de los derechos humanos se habían multiplicado en el país y configuraron una Red Nacional de Organismos Civiles de Derechos Humanos (que jugó un gran papel después del levantamiento zapatista de Chiapas en 1994), entre cuyos miembros se hallaban el Centro Fray Bartolomé de las Casas, el Centro Binacional de Derechos Humanos, Conpaz, Enlace y la Comisión Mexicana de Promoción y Defensa de los Derechos Humanos.

Estas organizaciones se volvieron parte medular de la sociedad civil, al igual que las ecologistas, ya que el medio ambiente continuaba deteriorándose, especialmente en grandes ciudades, como la de México, Monterrey, Guadalajara, Juárez, Tijuana, Acapulco, Puebla y León. A las ya existentes, se sumaron Espacio Verde, Grupo de Estudios

Ambientales y la delegación mexicana de Greenpeace. En Acapulco, los grupos ecologistas lograron salvar el gran parque del Papagayo que había sido destinado a un *mall* comercial. Y en la capital, desde el inicio del sexenio el regente Manuel Camacho Solís anunció un programa que se proponía reducir más de un millón de contaminantes, lo cual fue seguido al año siguiente por el programa Hoy No Circula, que sacó de la circulación diaria a 500 mil vehículos, además de que contempló el retiro de autos contaminantes, la conversión de gasolina al gas en carros de carga y transporte, el reparto nocturno de mercancías, reforestación y ampliación del metro. Sin embargo, la ciudad de México no dejó de crecer y pronto casi todo quedó en buenas intenciones. Los chilangos compraron más de 600 mil autos en sólo dos años y los índices de contaminación no bajaron, continuaron los días de contingencia ambiental y se tuvo que crear el Doble Hoy No Circula, que sacaba de la circulación a los autos durante dos días a la semana.

En 1991 Carlos Salinas hizo mucha alharaca cuando finalmente cerró la refinería de Pemex en Azcapotzalco, pero de cualquier manera aumentó la cantidad de ozono en el aire y todos los días se rebasaba el nivel tolerable. También se sustituyó el combustóleo por gas LP en un 80 por ciento de las termoeléctricas, pero el 16 de marzo de 1992 brotó el pánico cuando se midieron 398 imecas en la ciudad de México. Eran aterrorizantes esos niveles de contaminación y varios capitalinos circulaban con tapabocas. Camacho le echó la culpa a los ciudadanos. "Yo ya hice lo mío", dijo. Los planes de contingencia ambiental marcaban la fase II a partir de los 300 imecas, que pararía al 50 por ciento de la industria; la III, a los 400; y a los 500 imecas vendría la alarma total y un plan de emergencia suspendería o restringiría las actividades laborales, educativas y comerciales. En tanto, nuevas organizaciones ecologistas, como los Guerreros Verdes, surgían en todo el país.

Los controles del medio ambiente eran muy endebles en México, y esto se vio claramente en 1992 en la ciudad de Guadalajara. Primero, los técnicos de Petróleos Mexicanos detectaron una fuga de gasolina en el poliducto sur, proveniente de Salamanca, pero no la arreglaron. Por tanto, pocos días después, en el sector Reforma y en varias colonias del oriente y del sureste de Guadalajara en las alcantarillas fluía una mezcla de agua y gasolina y emanaban olores "como de gas", decía la gente, alarmada, que pidió la inmediata solución del problema. Las autoridades ordenaron mediciones de explosividad y consideraron que no había peligro. Al día siguiente, miércoles 22 de abril a las diez de la mañana, ocurrió la primera de las diez pavorosas explosiones que destruyeron más de 13 kilómetros de calles, devastaron más de 20 manzanas y causaron más de 200 muertes, 1,800 heridos y la desaparición de muchas personas.

El horror de las explosiones y la negligencia oficial causaron una oleada de indignación en Guadalajara y en todo el país, pero primero el gobierno trató de escurrir el bulto. A las dos horas de la catástrofe, Pemex ya había culpado a una fábrica de aceite. Por su parte, el presidente viajó esa misma noche a Guadalajara y, cuando le preguntaron por las causas del accidente, le echó la pelota a Guillermo Cosío Vidaurri. "Esa información se las dará el gobernador", dijo. Éste, a su vez, responsabilizó al alcalde, "a él le corresponde atender este tipo de acciones de su municipio", así es que a Enrique Dau no le quedó más remedio que "pedir licencia" y dejar la presidencia municipal. La Procuraduría de la República se encargó de investigar la causas del accidente y antes que nada exoneró a Francisco Rojas, director de Pemex, a Patricio Chirinos, quien hasta tres semanas antes había sido secretario de Desarrollo Urbano y Ecología, y al gobernador. En cambio, consignó al ex alcalde Dau, a tres jefes de la planta almacenadora y a tres funcionarios del municipio. Como el clamor popular continuaba en todo el país, el gobernador Cosío Vidaurri también fue sacrificado. Sin embargo, las explosiones ya habían sacudido las conciencias en Jalisco, donde, como en la ciudad de México después del terremoto, la catástrofe fue el detonador de una aguda insatisfacción hacia los gobiernos priístas. A principios de ese año, había habido elecciones en el estado, en las que el PRI se sirvió con el cucharón y se llevó 106 de los 124 municipios en pugna. Acción Nacional se inconformó y organizó una marcha a la ciudad de México, por lo que rápidamente les dieron dos alcaldías más. Sin embargo, después de las explosiones el PAN conquistó la presidencia municipal de Guadalajara y la gubernatura del estado.

El PAN vivía su gran idilio con Salinas. A mediados de 1992 tuvieron lugar las elecciones de Chihuahua pero, a diferencia de seis años antes, esa vez el gobierno sin dilación reconoció el triunfo de Francisco Barrio, el candidato panista a gobernador, y la mayoría del PAN en el congreso estatal. José de Jesús Macías fue el candidato que el PRI puso para perder.

En cambio, continuaba rabiosa la guerra contra el PRD. En enero de 1992 los perredistas del sur de Veracruz y de Tabasco, inconformes con los resultados electorales de fines del año anterior, marcharon hasta el zócalo capitalino encabezados por Andrés Manuel López Obrador y lograron que Salinas ordenara la renuncia al gobernador tabasqueño Salvador Neme Castillo. Después, simultáneas con las de Chihuahua, vinieron las elecciones de Michoacán. En el PRD Cristóbal Arias sostuvo una pugna vergonzosa con Roberto Robles Garnica por la candidatura. Cuauhtémoc Cárdenas apoyó a Arias, y Robles Garnica, que había sido presidente del PRD, furioso, se regresó al presupuesto oficial. El PRI, por su parte, lanzó a Eduardo Villaseñor, un porcicultor recién metido a la política; a los priístas michoacanos no les gustó esta imposición, pero se disciplinaron, a regañadientes. Como se trataba del estado cardenista por excelencia, el Partido de la Revolución Democrática echó toda la carne al asador para que ganase Arias, pero Salinas, que era obcecadito, no estaba dispuesto a ceder ante sus archienemigos, y el PRI, con una alquimia descarada, ganó las elecciones para gobernador al dos por uno y con carro completo en las diputaciones locales. Los perredistas, en el colmo de la indignación, organizaron mítines, plantones, bloqueos de carreteras, tomas de alcaldías y otros actos de desobediencia civil, por lo que

Villaseñor tuvo que tomar posesión en medio de extremas medidas de seguridad. "No lo vamos a dejar gobernar", anunció el PRD. Y así fue. En octubre, Villaseñor fue citado en Gobernación y Gutiérrez Barrios le pidió la renuncia. "Ah no", dijo Villaseñor, "sólo que me lo diga el señor presidente." Por tanto, Salinas lo llamó a Los Pinos. El PRD aceptó todo con la promesa, que no se cumplió, de que habría nuevas elecciones en diciembre de 1992.

En todo caso, a fines de ese año Salinas avanzaba en la edificación de un poderío transexenal y había colocado en gubernaturas clave a sus cuates más cercanos que estaban fuera de la sucesión. La avanzada la constituyó su primo Patrocinio González Garrido, quien obtuvo el dedazo de De la Madrid para caciquear Chiapas. Después vendrían, entre los más notorios, Sócrates Rizzo García (Nuevo León), Rogelio Montemayor (Coahuila), el esotérico y maharishimaheshiano Manuel Cavazos (Tamaulipas), Otto Granados (Aguascalientes), Patricio Chirinos (Veracruz) y Diódoro Carrasco (Oaxaca).

Para esas alturas, el presidente Salinas se hallaba preocupado porque ni él ni sus *think tanks* habían logrado evitar que su gobierno fuera identificado, irreversiblemente, como neoliberal; por tanto, durante el quincuagésimo octavo aniversario del PRI, en marzo de 1992, don Carlos el Ideólogo le cambió, una vez más, la doctrina al PRI. Con paciencia didáctica explicó a los priístas que el partido oficial de ninguna manera era "estatista absorbente" ni "neoliberal posesivo"; no, hombre, ¡era liberal social!, y en diez puntos demostró que el liberalismo social era la única y verdadera panacea que garantizaba la defensa de soberanía, *if you know what I mean*, el Estado, la solidaridad, la libertad, la justicia social, la democracia, la educación, el campo, los indígenas, la alimentación, la vivienda, la calidad de vida y la salud; hasta las hemorroides curaba. Al final aprovechó para echarle porras al presidente del PRI, Luis Donaldo Colosio, lo que se interpretó como señal de que el Hombre del Pelo Afro era el tapado.

Esta idea se fortaleció cuando, al poco tiempo, Salinas puso a Colosio en la supersecretaría de Desarrollo Social, que suplió a la de Desarrollo Urbano y Ecología e incluyó al Instituto Nacional de Ecología y a la Procuraduría Federal de Protección al Ambiente. Sin embargo, el verdadero poder de la nueva dependencia residía en que controlaba el Programa Nacional de Solidaridad, con sus recursos casi ilimitados y su conexión directa con el control político, por lo que Colosio parecía perfilarse hacia la dirección del dedazo.

Otro cambio importante fue cuando Salinas sacó del gabinete y de cualquier ilusión futurista a Manuel Bartlett y lo envió a la gubernatura de Puebla, por lo que llevó a Ernesto Zedillo de Programación y Presupuesto a Educación Pública. En poco tiempo el nuevo secretario de la SEP armó un escándalo cuando encargó a Héctor Aguilar Camín y a Enrique Florescano la edición de nuevos libros de texto gratuitos, los de historia para cuarto, quinto y sexto grado de primaria, por la módica suma de 160 mil nuevos pesos (más de 500 mil dólares). Los connotados intelectuales atendieron en el acto la propuesta y a su vez llamaron a un grupo de historiadores para que redactara los libros por 10 mil varos por capítulo. En sólo tres meses autores y editores tuvieron listos los libros, que fueron impresos sin concurso, junto con las guías para los maestros, por la Editorial Santillana, del poderoso consorcio español Multimedia Prisa, dueño de impresoras, editoriales, cadenas de radiodifusión y periódicos, entre ellos el diario madrileño *El País*.

Los nuevos libros de historia en el acto fueron considerados "una vasta operación de revisión ideológica". En ellos desapareció el Pípila, junto con Jacinto Canek, Gonzalo Guerrero y Felipe Carrillo Puerto. También se rebajaron las alturas míticas de los Niños Héroes, Zapata y Villa, mientras que Juárez resultó un abogado de tiempos de la Reforma. En cambio, revaloraron a Agustín de Iturbide, Antonio López de Santa Anna; con mucho, mucho cariño a Porfirio Díaz, ay qué tiempos señor don Simón, y le dieron *shine* a los pedestales de Plutarco Elías Calles y Miguel Alemán. La pérdida de más de la mitad de territorio nacional ya no fue por un despojo de Estados Unidos, sino que

se debió a la desunión de los mexicanos. Además, cantaban las glorias a Salinas por su proyecto económico, el
Programa de Solidaridad, el Tratado de Libre Comercio
y porque estaba guapísimo, ¡era un cromo! Las críticas
llovieron por todas partes. Se dijo que los libros estaban
hechos al vapor, sin rigor, y que parecían más bien cápsulas informativas. También se quejaron los comentaristas
e intelectuales, pero especialmente los maestros, que en
varios lugares se negaron a usarlos. Por si fuera poco, el
ejército se puso furioso porque lo responsabilizaban de
la matanza de Tlatelolco. Todo parecía indicar que, con
esos libros, Ernesto Zedillo acababa de sepultar cualquier
posibilidad que pudiese tener de aspirar a la presidencia.

La cultura descansa en paz

Carlos Salinas de Gortari, que se preciaba de saber quién
era Gramsci, decidió considerar al medio cultural con
atención especial y lo incluyó en las alianzas que debía
establecer. Por tanto, uno de sus primeros actos de gobierno, en los primeros días de diciembre de 1988, fue la
creación del Consejo Nacional para la Cultura y las Artes
(Conaculta), que se levantó sobre la infraestructura de la
vieja subsecretaría de Cultura de la SEP. Aunque era un
órgano desconcentrado de la Secretaría de Educación, el
Conaculta fue visto como una especie de ministerio de Cultura, pues además de las funciones de su antecesora, estaba a cargo del Instituto Nacional de Antropología e
Historia (INAH), del Instituto Nacional de Bellas Artes
(INBA), del Instituto Mexicano de Cinematografía (Im-
cine), del Fondo de Cultura Económica (FCE), de Radio
Educación, del Fondo Nacional para las Artesanías (Fo-
nart), de Educal y del Festival Internacional Cervantino.
Sin embargo, los institutos de Radio y Televisión, por su
importancia en la comunicación y manipulación masiva,
siguieron adscritos a la Secretaría de Gobernación.
   Los grandes intelectuales del Establishment, como Octavio Paz, Carlos Fuentes y Héctor Aguilar Camín, aplau-

Octavio Paz ganó el Premio Nobel de Literatura y presidió autoritaria y berrinchudamente la República de las Letras. (Foto: Fabrizio León/*La Jornada*)

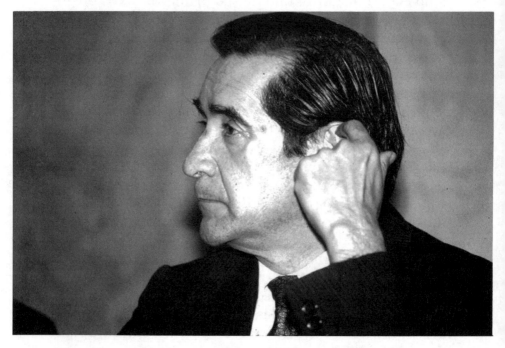

Víctor Flores Olea, director del Conaculta hasta que Paz logró que lo eliminaran. (Foto: Eloy Valtierra/Cuartoscuro).

dieron entusiasmados la creación del Consejo, pues en éste, aunque presumía de plural y descentralizador, los grupos de poder intelectual disfrutaban de una influencia decisiva. Que la concepción salinista de la cultura tenía fines de manipulación política se advirtió en los primeros días de enero, cuando el director del Conaculta, Víctor Flores Olea, personalmente telefoneó a los miembros más destacados del medio artístico y cultural para que apoyaran el arresto de la Quina mediante la firma de "telegramas" a los que se les dio una gran difusión. Después, en marzo de 1989, se creó el Fondo Nacional para la Cultura y las Artes (Fonca), cuya labor consistía en repartir sustanciosas becas para los escritores y artistas. El poeta Octavio Paz se hallaba especialmente complacido, pues Salinas había hecho realidad lo que él, a la cabeza de más de veinte intelectuales, había pedido en 1975 a través de la revista *Plural*: que se creara un fondo de estímulo a la creación artística con becas que los mismos artistas otorgaran. Echeverría no quiso en ese momento, pero quince años después Salinas hizo el regalito. "Por primera vez", dijo Paz, "los escritores y los artistas tendrán la posibilidad de dirigir y orientar la cultura viva de México, tanto en la provincia como en la capital." Sí, cómo no.

Era el Pronasol de la cultura, un claro mecenazgo con su correspondiente paternalismo y tufo de cooptación, pero la condición de los escritores y artistas por lo general era tan miserable (a no ser que se diesen sus vueltas por la revista *Vuelta* o que se anexaran a *Nexos*), que medio mundo se apuntó cuando salieron las convocatorias del Fonca. En agosto de 1989 se dieron las primeras becas, anuales y de tres millones de pesos al mes (mil dólares aproximadamente). Por supuesto el grupo Vuelta se sirvió con la cuchara grande, ya que fueron becados Marco Antonio Montes de Oca (a quien se conocía ya como Montes Beca), Salvador Elizondo, Inés Arredondo, Gerardo Deniz y Fabio Morábito. El grupo Nexos se vio más discretón y sólo la pidió, y la obtuvo, José María Pérez Gay. Por supuesto, hubo infinidad de protestas (la revista *Proceso* cabeceó:

"30 ganadores, 1,538 dolidos o resentidos"). Por tanto, se otorgaron cinco becas más.

Poco después el Fonca decidió que, además de las becas a los artistas ya reconocidos, las cuales fueron bautizadas como de "pantalón largo", se darían 50 más a jóvenes creadores (de "pantalón corto") y también ocho a grupos artísticos y 25 a intérpretes, ejecutantes y realizadores de teatro, danza y música. En 1992 el Fonca se sacó de la manga otras variaciones: becas para proyectos y coinversiones culturales y para escritores de lenguas indígenas. Para entonces el Fonca había aumentado su capital y, a los cinco mil millones de pesos que puso Salinas en un principio, se incorporaron cinco mil más. Se suponía que la iniciativa privada proporcionaría dineros para el Fondo, pero, a pesar de que las aportaciones eran deducibles de impuestos, la mayor parte de los empresarios no quiso entrarle con su cuerno.

Lo bueno vino a fines de 1993, cuando Salinas aventó más lana y se puso con 25 millones, entonces de nuevos pesos, para la creación del Sistema Nacional de Creadores (SNC), similar al de Investigadores (SNI). En éste las becas se aumentaron a tres años, que podían extenderse por tiempo indefinido, y también fueron de pantalón largo, pero llegaron las de "eméritos" para los consagrados. El Fonca seguiría dando las de jóvenes y las demás. En diciembre se dieron las nuevas becas, ahora mucho más jugosas; las de los eméritos fueron 60 de tres mil dólares y de por vida, además de que podían compartirlas con otras y seguir cobrando en las instituciones a las que estuvieran adscritos; todos los que hubiesen recibido los premios nacionales la recibirían automáticamente; pero también, lo que motivó la indignación general, los mismos jurados antes que nada se las otorgaron a sí mismos con el pretexto de que habían sido postulados por instituciones como la Academia Mexicana de la Lengua y la UNAM. Entre ellos se hallaban Manuel Barbachano Ponce, Jaime García Terrés, Emilio Carballido, Federico Silva, Fernando del Paso, Ramón Xirau, Salvador Elizondo, Elena Poniatowska, Eduardo Lizalde, Rafael Coronel, Luis Nishizawa,

Ángela Gurría, Vicente Leñero, Héctor Mendoza, Mario Lavista, Teodoro González de León y Pedro Ramírez Vázquez. También les tocaron sus becotas de por vida a Carlos Monsiváis, Gabriel García Márquez, Carlos Fuentes, Andrés Henestrosa, Tito Monterroso, Margarita Michelena, Raúl Anguiano y Francisco Toledo. Varios de ellos eran premios nacionales y entraron automáticamente.

Las protestas llovieron, especialmente porque buena parte del dinero iba a dar a quienes ya lo tenían en abundancia, como Pedro Ramírez Vázquez, Ricardo Legorreta, Teodoro González de León, Abraham Zabludovsky, Carlos Fuentes, Octavio Paz, Gabriel García Márquez, José Luis Cuevas o Francisco Toledo. Salvo Fuentes y García Márquez, que donaron sus becas a la Universidad de Guadalajara, los demás se embuchacaron la lana de lo más tranquilos. Ricardo Garibay la rechazó, porque no le tocó ser emérito, pero después le dieron gusto y ya no dijo nada. Con el tiempo, la mayoría de los que protestaron también recibió su beca.

Como uno de los propósitos del Conaculta consistía en descentralizar la cultura, pronto empezaron a surgir réplicas en la mayoría de estados de la república, que fueron llamadas generalmente "institutos de cultura"; éstos tenían una estructura semejante y también salieron con sus Foncas y sus becas de pantalón largo y corto. Fue lo que se conoció como "descentralización centralizada".

En 1990, el presidente Salinas tuvo que darle algo que hacer a su antecesor Miguel de la Madrid para que no se le fuera a ocurrir crear problemas, así es que, para consternación del medio editorial, lo colocó a la cabeza del Fondo de Cultura Económica, y este nombramiento fue ratificado después por Ernesto Zedillo. El medio cultural no sabía qué había hecho para ser objeto de semejante agravio, quizás era el karma por haber aceptado las becas, porque don Mickey no tenía nada que hacer en la noble institución creada por Daniel Cosío Villegas. Sin embargo, al ex presidente le gustó la chamba y ahí se quedó. Por supuesto, el pobre Fondo de Cultura Económica entró en una de sus etapas más deslucidas, como cuando Díaz Ordaz quitó a Arnaldo Orfila Reynal de la dirección del FCE e instaló a Salvador Azuela.

Por otra parte, una de las ventajas que tuvo la superpromoción de Carlos Salinas en el extranjero fue que puso a México en uno de los aparadores de moda en el mundo, lo cual se tradujo en importantes programas culturales dedicados a nuestro país, como la Feria del Libro de Francfort y el Festival Europalia, de Bélgica, *Belles étrangères*, de Francia, y *Die Hören*, de Alemania; también sonó mucho la gran muestra *Esplendor de treinta siglos*, que tuvo lugar en Nueva York y después pasó a otras ciudades estadunidenses. Por otra parte, la Feria Internacional del Libro de Guadalajara, creada en 1987, continuó expandiéndose y pronto opacó a la de la UNAM en el Palacio de Minería de la ciudad de México, que de cualquier manera no dejó de ser muy concurrida. En Guadalajara, la FIL se convirtió en un orgullo de la ciudad con la presencia de editores de numerosos países, presentaciones de libros, variadas actividades literarias, homenajes a escritores destacados y la otorgación de los premios Juan Rulfo de Narrativa y Fernando Benítez de Periodismo.

Durante el sexenio de Salinas, la literatura mexicana estuvo muy activa y se publicaron *Tinísima*, de Elena Poniatowska; *Antes*, de Carmen Boullosa; *Demasiado amor*, de Sara Sefchovich; *La vida conyugal*, de Sergio Pitol; *Un hilito de sangre*, de Eusebio Ruvalcaba; *Madero el otro*, de Ignacio Solares; *Los muchachos locos de aquel verano*, de Gerardo de la Torre; *Huatulqueños*, de Leonardo da Jandra; *Silenciosa sirena*, de Jorge López Páez; *El naranjo* y *Diana o la cazadora solitaria*, de Carlos Fuentes; *El México de Egerton*, de Mario Moya Palencia; *La lejanía del tesoro*, de Paco Ignacio Taibo II; *El coro en la luz*, de Jorge Portilla; *Réquiem por un suicida*, de René Avilés Fabila; *La hermana secreta de Angélica María*, de Luis Zapata; *Dos horas de sol*, de José Agustín; *El gran preténder,* de Luis Humberto Crosthwaite; *La guerra de Galio*, de Héctor Aguilar Camín; *La imposibilidad de todas las cosas*, de Hugo Hiriart; *Inmaculada*, de Juan García Ponce, *Llamadas nocturnas*, de Rafael Pérez Gay, y *El disparo de argón*, de Juan Villoro. La gran revelación fue Enrique Serna con

Guadalupe Gómez Maganda, Ángeles Mastretta, Elena Poniatowska, Griselda Álvarez, Laura Esquivel y Consuelito Velázquez (al piano) con el culto Babalucas. (Foto: Arturo García Campos, tomada del libro *Imagen inédita de un presidente*)

Carmen Boullosa destacó mucho en los noventa. (Foto: Pedro Valtierra)

Enrique Serna, brioso autor de *Uno soñaba que era rey*, *Señorita México* y *Amores de segunda mano*. (Foto: Barry Domínguez)

Uno soñaba que era rey, *Señorita México* y *Amores de segunda mano*. También llamó la atención la novela colectiva *El hombre equivocado*. Y se expandió la literatura infantil, con Francisco Hinojosa como gran maestro y *El profesor Zíper y la fabulosa guitarra eléctrica*, de Juan Villoro, como la obra más exitosa.

Entre los libros de poesía destacaron *Música lunar*, de Efraín Bartolomé; *Cinco veces* y *Fuentes*, de Alejandro Aura; *El diván de Antar* y *Moira*, de Elsa Cross; *La ciudad de la memoria*, de José Emilio Pacheco; *Balanza de sombras* de Antonio Deltoro; *Dejar de ser*, de Ricardo Yáñez; *Habla Scardanelli*, de Francisco Hernández; *Vuelo de sombras*, de Silvia Tomasa Rivera; *Cantos para una exposición*, de Eduardo Langagne; *De lunes todo el año*, de Fabio Morábito; *A la salud de los enfermos*, de Juan Domingo Argüelles, y *La edad del bosque*, de Jorge Esquinca. Christopher Domínguez generó polémicas con su *Antología de la narrativa mexicana del siglo xx* y causó sensación el ensayo sobre erotismo *La llama doble*, de Octavio Paz.

En agosto de 1990 Paz organizó el encuentro internacional "El siglo xx: la experiencia de la libertad", con el apoyo de sus opulentos amigos de Televisa, Benson & Hedges, IBM, Casa Domecq, Petróleos Mexicanos y otros anunciantes de su revista. Enrique Krauze, subdirector de *Vuelta*, anunció que habían invitado a 30 grandes intelectuales del extranjero, la mayor parte de Europa del este, que cobraron cinco mil dólares y recibieron atención de cinco estrellas. Era personal intelectual famoso por sus posturas anticomunistas, ya que uno de los propósitos del Encuentro *Vuelta* era celebrar la aparatosa derrota del socialismo; el muro de Berlín había caído un año antes y Gorbachov, en la Unión Soviética, se afanaba en su *perestroika* y su *glásnost* para incorporar a la URSS al capitalismo. Procesos semejantes se daban en la Europa del este. Además del acta de defunción del socialismo, también era notable la propensión a exaltar la "economía de mercado", lo cual significaba un obvio espaldarazo al régimen de Salinas. Por cierto, entre sus temas, el encuentro rehuía discutir la situación mexicana, especialmente en cuanto a la democracia. También se invitó a 17 intelectuales locales, entre los que se hallaba el marxista Adolfo Sánchez Vázquez, quien, con el griego Cornelius Castoriadis, era el *token* para dar un aire de pluralidad y diálogo entre opuestos. Krauze divirtió a todos cuando aclaró que se trataba de un "pluralismo sin antipluralistas"; también explicó que no llamaron a Carlos Fuentes o a Gabriel García Márquez porque "no invitamos a intelectuales que defienden a dictaduras comunistas".

El encuentro consistió en 12 mesas redondas en un estudio cerrado de Televisa San Ángel. No se abrió al público, porque "no quiero que el diálogo vaya a romperse con la gritería del público; se trata de evitar el asambleísmo", dijo Krauze. Pero, eso sí, se transmitieron por un canal de Cablevisión y los periodistas pudieron cubrirlo por la televisión desde el salón de un hotel, pues se trataba de tener el mínimo contacto con cualquier tipo de gente. Octavio Paz fue un moderador inmoderado que regañaba al que decía algo que no le gustaba y que, como grillo asambleísta, siempre se reservó la última palabra. Cuando el moderador era Krauze, desde el escaso público Paz acaparaba la palabra para corregir, aprobar o desaprobar a los demás. "Asistimos al fin del socialismo real y también al fin del marxismo. Para que haya libertad es necesario el mercado", decía el poeta, inspirado. Durante las sesiones se cantaron loas al libre mercado y al gobierno del modernizador Salinas, con las discrepancias de Castoriadis, Sánchez Vázquez y Monsiváis, y, como todo iba muy bien, Televisa accedió a que la transmisión saliera del cable, que la limitaba enormemente, para que pudiera iluminar al gran público a través del canal 5, con cobertura nacional.

Fue entonces cuando todo se echó a perder. El novelista Mario Vargas Llosa, que venía de competir, y perder, por la presidencia de Perú, habló de las dictaduras latinoamericanas, y Paz se molestó porque entre ellas Varguitas incluyó a México. "No hemos tenido dictaduras militares desde hace más de medio siglo. Hemos tenido, sí, la hegemonía de un partido", corrigió. Vargas Llosa entonces sacó de sus casillas al poeta del libre mercado cuando asestó: "La dictadura perfecta no es el comunismo, no es la Unión

Soviética, no es Fidel Castro, es México, porque es la dictadura camuflada." "Quizás hay que llamarla dictablanda", sugirió Krauze. "Hemos padecido la dominación hegemónica de un partido. Ni dictadura ni dictablanda. Es un sistema peculiar", terqueó Paz, pero México ya había sido calificado como dictadura en transmisión nacional y a horarios pico. Poco después, en una conferencia de prensa, Vargas Llosa ratificó su caracterización del régimen mexicano y afirmó que don Oct se había excedido en sus objeciones.

Paz estaba furioso. En un coctel posterior siguió increpando a su viejo y neoliberal amigo. Vargas Llosa intentó responderle, pero vio que el enojo del poeta era mayúsculo y mejor se fue de ahí. "Lo que dice Mario es inexacto. Ya no está en campaña", decía Paz. Al día siguiente, en vez de participar en otra mesa redonda, Varguitas hizo sus maletas, tomó un avión y se regresó a Londres. Se comentó muchísimo que su partida se debió a presiones de Televisa y del gobierno mexicano. Todo esto echó a perder el Encuentro *Vuelta*. A los dos días las siguientes mesas se pospusieron o se cancelaron y todo se tuvo que modificar. Paz seguía molesto porque el novelista había acaparado la atención, pues en varias publicaciones internacionales éste insistió en que México era la dictadura perfecta. El presidente Salinas de Gortari sólo comentó que Vargas Llosa era un "buen novelista", pero varios funcionarios arremetieron contra el peruano. El medio cultural, por su parte, fue profuso en críticas a Paz y al encuentro: intolerancia, autoritarismo, dogmatismo, demagogia, voluntad inquisidora, pontificación, filiación e interés por el poder fueron algunas de las críticas. Arnaldo Córdova protestó porque no lo dejaron hablar; "todavía estoy preguntándome por qué diablos me invitaron", dijo. Carlos Monsiváis tuvo que presentar por escrito la réplica que no le permitieron y Víctor Hugo Rascón Banda, para acabar pronto, dijo que el Encuentro de *Vuelta* era "una vuelta a la edad media". Por su parte, Gabriel García Márquez, calificado por Paz de "patología ideológica", aclaró: "Es un error de diagnóstico." Y Luis Cardoza y Aragón consideró: "El de Paz es un pensamiento totalitario."

Héctor Aguilar Camín, el Jefe Anexo, organizó el Coloquio de Invierno, de fuerte tufo salinista. (Foto: Fabrizio León/*La Jornada*)

Por fortuna, Octavio Paz pudo compensar su iracundia cuando, en octubre de ese mismo 1990, obtuvo el Premio Nobel de Literatura después de años de estar nominado y cuando se creía que esa pluma nunca adornaría su penacho, tal como había ocurrido en el caso de Jorge Luis Borges. Naturalmente, todo el mundo se alegró y el poeta fue celebradísimo.

Sin embargo, en 1992, don Octavio hizo el berrinche del siglo cuando sus archienemigos de la revista *Nexos* también organizaron su encuentro internacional con el apoyo de la Universidad Nacional Autónoma de México y el Conaculta. Éste fue llamado el "Coloquio de invierno" y tuvo lugar en Ciudad Universitaria con la presencia, como estrellas máximas, de Carlos Fuentes y Gabriel García Márquez, quienes habían sido ignorados ostensiblemente en el Encuentro *Vuelta*. El rector José Sarukhán y Víctor Flores Olea, junto con Héctor Aguilar Camín, director de *Nexos*, anunciaron oficialmente el coloquio, al cual se invitaron a 57 extranjeros (Fernando Savater, Gabriel García Márquez y Régis Debray entre los más destacados) y a 25 nacionales que cobraron mil dólares cada uno. A falta de algo mejor, se dijo que el evento sería transmitido por el Canal 22, que a esas alturas ni siquiera operaba.

Claramente se vio que el Encuentro *Nexos* se inclinaba hacia la socialdemocracia, a diferencia de la orientación neoliberal del de *Vuelta*, y que la mayoría de los participantes mexicanos eran intelectuales de la burocracia de la UNAM y de El Colegio de México, de la diplomacia, los medios de difusión gubernamentales, el PRI, la presidencia de la república y hasta el Pronasol. Esto se debía a que el grupo Nexos se hallaba ligado íntimamente al gobierno, de ahí que muchos los consideraran los intelectuales orgánicos del régimen. En el coloquio destacaron Carlos Fuentes y Gabriel García Márquez, quien no leyó ni discurso ni conferencia sino un relato que fue muy bien recibido. Los demás leyeron sus aburridos rollos y todo transcurrió sin que el mundo se conmoviera. Sin embargo, el presidente Salinas recibió a los intes, muy satisfecho porque abundaron las defensas a sus políticas.

Pero Octavio Paz nunca paró de hacerla de tos. Desde un principio se quejó iracundo porque lo habían invitado "tardíamente" y no quiso asistir; además, como solía palomear todo lo que ocurría en la cultura, protestó porque no invitaron a sus cuates Enrique Krauze, Gabriel Zaid, Homero Aridjis y Jorge Hernández Campos. Sin embargo, su objeción principal era que, además de la "obstinada defensa de Cuba", la UNAM y el Conaculta habían traicionado su misión al tomar partido por un grupo con fondos de los contribuyentes. Renunció al Fondo Nacional de las Artes y acusó al Conaculta de burocrático, parcial, favoritista, cooptador, neutralizador de voces independientes, y de practicar un mecenazgo que equivalía a castración. Aparte de que varios de estos calificativos se aplicaban muy bien a él, no mencionó que gran parte de sus amigos controlaban las comisiones que otorgaban las becas en el Fonca, por lo que otros de sus seguidores las habían obtenido sin mayor problema.

No contento con eso, el poeta nobelado se fue a quejar con el presidente y logró que éste hiciera renunciar a Víctor Flores Olea del Conaculta, quien fue remplazado por el hasta entonces director del INBA Rafael Tovar y de Teresa. Flores Olea fue nombrado asesor presidencial, pero a partir de ahí se fue distanciando del gobierno. A continuación, Paz declaró la guerra al grupo Nexos. En *Vuelta* publicó un texto hilarante, "La conjura de los letrados", y con el apoyo de Krauze, Zaid, José de la Colina y Adolfo Castañón, acusó a sus archienemigos de una "vasta maniobra para apoderarse de los centros vitales e institucionales de la cultura mexicana", ya que, además de su revista, tenían su programa de televisión, el nuevo canal cultural, la editorial Cal y Arena y se habían infiltrado en la UNAM, el Colegio de México, el Instituto Nacional de Antropología y el Instituto Nacional Indigenista. Acusó a Héctor Aguilar Camín de ser un cacique como Fidel Velázquez, lo cual vino a ser una enésima proyección. Por último, Paz aseguró que el presidente Salinas estaba bien en lo económico y en lo político, "pero falta que la democracia y el pluralismo lleguen a la cultura". Los de Nexos esquivaron el pleito. Aguilar Camín hizo declaraciones, pero era obvio que no quería meterse con el premio Nobel. El resultado fue que, a causa de estos pleitos de lavadero, tanto Vuelta como Nexos se vieron muy mal, perdieron la credibilidad que aún tenían, quedaron lastimados y ya nunca pudieron reponerse.

Paz se quejaba de que Salinas le había regalado a Nexos todo un canal de televisión, el 22, ya que José María Pérez Gay fue nombrado director de ese nuevo espacio cultural. En un principio, como toda la televisión estatal, el Canal 22 fue puesto en venta, pero nadie se interesó en comprarlo porque su tecnología era obsoleta. Fue entonces cuando Héctor Aguilar Camín y Carlos Monsiváis en sólo cinco días, a principios de 1991, convocaron a 900 intelectuales y artistas quienes, en una carta abierta, pidieron que el canal no se vendiera y en cambio se convirtiese en cultural. Con la misma rapidez con que se juntaron los firmantes, Salinas respondió favorablemente a la petición.

En un principio, el Canal 22 apenas era visto. Se hallaba en la frecuencia Ultra Alta (UHF), que requería de una antena especial para poder recibirse, y eso sólo en la ciudad de México. Sin embargo, fue fortaleciéndose poco a poco. Pronto pudo transmitirse a través de la televisión por cable y, como ésta se popularizó, eso amplió su cobertura a muchas partes del territorio nacional. Como su presupuesto era escaso, el nuevo canal cultural prácticamente no producía, así es que el dinero se iba en nómina y en comprar material extranjero. Sin embargo, por lo general las series culturales fueron muy bien elegidas y se logró una programación sumamente buena, aunque el material nacional era casi inexistente. Por su parte, Pérez Gay hizo muy bien en no convertir al 22 en un apéndice de su grupo y de sus criterios estéticos, sino que lo abrió a todo lo que resultara interesante y de gran calidad, por lo que a fines de sexenio el Canal 22 era ya muy apreciado por el público. Para entonces empezó a transmitir, también en la banda UHF, el Canal 40, que igualmente amplió su cobertura a través del cable y se convirtió en una opción que empezó a gustarle al público.

En la televisión comercial la gran novedad fue la aparición, a mediados de sexenio, de TV Azteca con sus canales 7 y 13, que tuvieron mucho éxito con sus telenovelas brasileñas y con cómicos como Ausencio Cruz, con su personaje Margarito, y el temible Víctor Trujillo, creador de Brozo el Payaso Tenebroso y la Beba Galván. También fue un éxito la tremenda serie estadunidense de dibujos animados *Los Simpson*. Con esto, TV Azteca inició la competencia con Televisa, la cual, en el sexenio siguiente, se convirtió en la famosa y feroz guerra de las televisoras que ocupó mucho espacio en los medios. En tanto, Televisa veía que muchas de sus estrategias habían envejecido, Jacobo Zabludovsky y Raúl Velasco interesaban cada vez menos a la gente y la credibilidad de la empresa naufragaba. El Tigre Emilio Azcárraga, sin embargo, seguía considerándose "un soldado del presidente" y además pronunció su famoso lema: "Los jodidos siempre estarán jodidos." Entre los actores de las telenovelas de Televisa destacaron Salma Hayek, que después la hizo en Hollywood, Adela Noriega, Ana Colchero, Edith González, Thalía y Eduardo Palomo.

Mientras Lupita Jones conquistaba el título de Miss Universo de 1990, tan criticado por las feministas, y no resultaba precisamente una sumisa perita en dulce, en 1991 un gran acontecimiento fue el eclipse solar que ocurrió a mediados de año y que pudo observarse en la parte central de la república, incluyendo la ciudad de México. Muchísima gente quedó deleitada con el fenómeno (salvo los pobres que fueron a Teotihuacán donde se nubló y llovió) a pesar de que Televisa aprovechó la ocasión para armar una intensa campaña manipuladora que remachaba la minoría de edad de la población, pues se argüía que era peligrosísimo ver el eclipse directamente (como si a alguien se le fuera a ocurrir), ni siquiera era apropiado contemplarlo con filtros protectores, por lo que insistían en que todo mundo debía presenciarlo ¡por la televisión!

En la música popular la gran novedad era la onda grupera, una fusión de música norteña y tropical, y de pronto varios grupos musicales conquistaron al gran público, en especial los Bukis, Bronco, los Temerarios, la Banda Machos y, a fin de sexenio, El Mexicano. Ligada a la onda grupera, que impuso el baile de la quebradita, siguió el auge de los músicos norteños, los Tigres del Norte en especial, y, como reflejo del crecimiento indetenido del narcotráfico en México, empezaron a pulular los corridos que narraban las aventuras, venganzas y violencias de los grandes capos y de los personajes más relevantes del mundo de las drogas, especialmente el reverenciado santo Malverde.

En la canción ranchera, llegó la consagración definitiva de Juan Gabriel y se inició el éxito de Alejandro Fernández, cuyo padre, Vicente Fernández, seguía muy poderoso, al igual que Lola Beltrán. También tuvo éxito Pedro Fernández, el de "la mochila azul" (*no kin* con Papá Vicente y el Joven Alejandro) y, después, Lucerito, que se pasó a las rancheras ya como Lucero. En la música tropical, el gran acontecimiento fue el dominicano Juan Luis Guerra y su 4.40, que inundó a México y a Europa, de merengue. El de las baladas fue el imperio de Luis Miguel, quien tuvo un éxito tremendo con viejos boleros; también la hicieron Christian Castro, hijo de Verónica Castro, y Laura León.

En el rock comercial, el gran éxito fue la briosa regiomontana Gloria Trevi, quien, como estaba buenísima, manejaba una estrategia sexual que no llegaba a la audacia de Madonna en Estados Unidos y se quedaba en algo pudibundo que pudiera pasar por los circuitos comerciales. También pegaron fuerte Alejandra Guzmán, hija de Enrique Guzmán y Silvia Pinal, Thalía y Bibi Gaytán, quien se volvió la musa de los intelectuales del suplemento cultural *Sábado*. Maná, al igual que Magneto, despegaron fuerte. Por cierto, Laureano Brizuela fue acusado de fraude y resultó una de las víctimas del terrorismo fiscal.

El rock mexicano fue dominado fácilmente por la triada compuesta por Caifanes, Santa Sabina, con Rita Guerrero, y Maldita Vecindad. Café Tacuba también la empezó

Alejandra Guzmán la hizo en el rock comercial. (Foto: Fabrizio León/*La Jornada*)

Gloria Trevi era símbolo sexual hasta donde la decencia lo permitía. (Foto: Fabrizio León/*La Jornada*)

Lupita Jones, Señorita Universo 1990. (Foto: Julio Candelaria/Cuartoscuro)

Víctor Trujillo, el gruesísimo Brozo, el Payaso Tenebroso, aquí con sus Nachas. (Foto: Guillermo Sologuren/*La Jornada*)

Salma Hayek después se fue a Hollywood. (Foto: Pedro Valtierra)

a hacer en grande. Otros grupos importantes fueron Real de Catorce, Tex Tex, Oxomaxoma, Fobia, Mamá-Z, los Amantes de Lola, Sangre Azteca y El Personal. Sin embargo, la gran novedad durante el periodo fue que al fin se permitió que grandes roqueros internacionales tocaran en México, y así se pudo ver y oír a los Rolling Stones, Pink Floyd, Bob Dylan, Paul McCartney, David Byrne y muchos más, quienes tocaban en el Palacio de los Deportes (mejor conocido como Palacio de los Rebotes por su pésima acústica), el Autódromo, el Auditorio Nacional o el Teatro Metropolitan. Eso sí, los precios de taquilla eran carísimos, casi el triple de lo que costaban en Estados Unidos o Europa, además de que los conciertos eran custodiados por cantidades desmesuradas de guardias de seguridad, que se portaban con un despotismo insufrible y pretendían que los chavos no bailaran y, de hecho, que no se movieran para nada.

La contracultura conservaba al rock como centro de convergencia y en los noventa tomó la forma de los chavos dark, o darketos, cuya característica central era el desencanto y, claro, se vestían de negro. Continuaban los punks, con el pelo en punta y de colores, y las bandas, pero ahora había rastas, los seguidores locales del jamaiquino Rastafari. Los chavos de clase media se consideraban de la Generación X. Se daba mucho la ropa desgarrada, en especial en muslos y nalgas, y a fines del salinismo los chavos se empezaron a dejar el pelo casi rapado. También aparecieron las perforaciones para ponerse aros ya no sólo en las orejas sino en las tetillas, las aletas de la nariz, los pezones o los genitales, mientras proliferaban los tatuajes en todo el cuerpo. Los más ricarditos le entraban al éxtasis y a los *raves*.

Los nuevos caricaturistas, atrincherados en la contracultura, surgieron en Guadalajara: Jis, Trino y Falcón, creadores de *La Croqueta*, que después se dividieron, por aquello de que cuando tres viajan juntos uno se queda solo. Jis y Trino causaron sensación con *El Santos y la Tetona Mendoza*. Su gran éxito se dio en *La Jornada*, por lo que coincidieron con sus moneros, que fueron muy importantes en los ochenta y que en los noventa también se dividieron, después de publicar *El tataranieto del Ahuizote*. Un verdadero acontecimiento fue la aparición de *El Gallito Inglés*, que en el nombre llevaba la fama y que presentó dibujos e historietas influidos por las atmósferas punk, góticas y gandallonas. El director era Víctor del Real y con él colaboraban José Quintero, Clément, Ricardo Peláez y Frick.

En la prensa roquera-contracultural aparecieron *Atonal*, dirigida por Arturo Saucedo, *Corriente Alterna*, de Sergio Monsalvo, y *La Mosca en la Pared*, de Hugo García Michel. Las publicaciones populacheras fueron *Conecte*, *Simón Simonazo*, *Banda Rockera* y *Códice Rock*, editada por el Tianguis del Chopo, que seguía como centro máximo de la contracultura mexicana. Ésta se extendía, los fines de semana, a los tianguis del zócalo de Coyoacán y de Tepoztlán. También aparecieron la aguerrida *Generación*, dirigida por Carlos Martínez Rentería, *La Pus Moderna*, de Rogelio Villarreal, *Graffiti*, de José Homero, *La Regla Rota*, *La Guillotina* y *Moho*.

En la prensa nacional, a principios de sexenio el salinismo se tragó al periódico *Unomásuno*, que se había endeudado hasta el límite. Otto Granados, jefe de Comunicación Social de la Presidencia, persuadió al director Manuel Becerra Acosta y éste aceptó un millón de dólares a cambio del diario y de que se exiliara en España. La nueva dirección, encabezada por Luis Gutiérrez, se adhirió a la línea que había inaugurado el diario oficial *El Nacional*, mejor conocido como *El naci*, bajo la dirección de José Carreño Carlón: un periodismo bravero que respondía a los intereses del salinismo y que criticaba con ferocidad a Cuauhtémoc Cárdenas y al PRD.

En la prensa cultural destacaban *Sábado*, del *Unomásuno*, dirigido por Huberto Batis; *La Jornada Semanal* en forma de revista y piloteada por Roger Bartra, y la sección cultural de *El Universal*, de Paco Ignacio Taibo I. Por su parte, *El Financiero* adquirió mucha credibilidad por su sobriedad y objetividad, y por las columnas de Carlos Ra-

Rita Guerrero y Santa Sabina apoyaron al EZLN. (Foto: *La Jornada*)

El escritor Paco Ignacio Taibo I dirigió la sección cultural de *El Universal*. (Foto: Ernesto Ramírez/*La Jornada*)

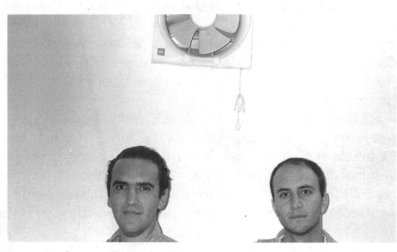

Trino y Jis, los creadores de El Santos y La Tetona Mendoza. (Foto: Fabrizio León/*La Jornada*)

mírez, quien se convirtió en el gran heredero de Manuel Buendía. Otro gran editorialista fue Luis Javier Garrido.

La gran novedad periodística ocurrió en 1993 cuando los dueños de *El Norte*, de Monterrey, conquistaron la capital con su diario *Reforma*, que desmanteló la mejor planta de los periódicos más importantes con cañonazos de excelentes salarios y así se hizo de supercolaboradores, como Lorenzo Meyer, Gabriel Zaid y Miguel Ángel Granados Chapa. Germán Dehesa, Guadalupe Loaeza y Alberto Barranco fueron otros colaboradores que la hicieron fuerte en *Reforma*, aunque el suplemento cultural se ofrendó salomónicamente a los grandes grupos de poder: *Vuelta* y *Nexos*. En el interior destacaron *Siglo XXI*, de Guadalajara, y *El Sur*, de Acapulco.

Por otra parte, en las artes plásticas la gran noticia fue la muerte del último de los grandes, Rufino Tamayo, lo que elevó a Francisco Toledo al primer lugar del *hit parade* de la pintura mexicana con reconocimiento internacional, en el momento en que Frida Kahlo se volvía moda en todo el mundo, ya que desde cincuenta años antes anticipó el feminismo y el estado de ánimo dark y punk de los noventa. En tanto, otros se iniciaban con éxito, como el regiomontano Julio Galán o Alejandro Colunga, jalisciense. Rafael Cauduro, desde Cuernavaca, llamó mucho la atención, al igual que Martha Pacheco y La Quiñonera, formada por los hermanos Héctor y Néstor Quiñones. Las nuevas potencias en el mundo de la pintura fueron Guillermo Sepúlveda y el flamante Museo de Arte Contemporáneo de Monterrey (Marco), con sus premios anuales de 250 mil dólares, y, en la capital, la Galería de Arte Mexicano (GAM). Todos ellos impulsaron el llamado neomexicanismo. También fue notable el auge de las subastas, que antes casi no existían, y el hecho de que muchos multimillonarios del salinismo se volvieran grandes coleccionistas, como Carlos Slim o Eugenio Autrey, lo cual motivó que pintores como Galán, Colunga y Arturo Rivera resultasen muy cotizados. En la escultura, el gran triunfador fue el chihuahuense Sebastián, quien acaparó los pedidos.

La fotografía en México logró avances entre 1988 y 1994. Además de la aparición de revistas comos *Cuartoscuro*, de Pedro Valtierra, y *Luna córnea*, de Pablo Ortiz Monasterio, destacó la Primera Bienal de Fotoperiodismo y la creación del Centro Nacional de la Imagen, de Conaculta. Los fallecimientos también se hicieron presentes en esta área y fue muy lamentado el de Lola Álvarez Bravo, pero siguieron activos Héctor García, Enrique Metinives, Nacho López, Aarón Sánchez, Valtierra, Ortiz Monasterio, Enrique Bostelman, Eniac Martínez, Rogelio Cuéllar, Frida Hartz, Fabricio León y los legendarios Hermanos Mayo. Además, aparecieron jóvenes prometedores, como Ulises Castellanos, Ángeles Torrejón, Silvia Calatayud, Marco Antonio Cruz, Carlos Ramos Mamahua, Víctor Mendiola, Ernesto Lehn y Tuilio Rodríguez.

Al principio del sexenio el cine mexicano parecía agonizar, como durante los doce años anteriores. Sin embargo, tal como ocurrió a principios del echeverrismo con *Reed, México insurgente*, de Paul Leduc, la película de Jorge Fons *Rojo amanecer* fue el factor del cambio. Su tema era el movimiento estudiantil de 1968 y la matanza de Tlatelolco, así es que, como siempre, la censura prohibió su exhibición. Sin embargo, el guionista Xavier Robles protestó públicamente con gran energía y logró el apoyo del medio cultural, por lo que la Secretaría de Gobernación tuvo que autorizarla. Para sorpresa de todos, *Rojo amanecer* fue un gran éxito de taquilla y obtuvo premios importantes en el extranjero, por lo que se desenlataron otras películas que también resultaron muy eficaces, como *La tarea*, de Jaime Humberto Hermosillo, y *Danzón*, de María Novaro, ambas con María Rojo, quien se convirtió en la gran estrella de cine del sexenio, tal como Ofelia Medina lo fue en los ochenta.

En el extranjero se empezó a hablar de un nuevo cine mexicano y tuvieron éxito *Sólo con tu pareja*, de Alfonso Cuarón, *Cronos*, de Guillermo del Toro, ambos cooptados por el cine estadunidense, y *Dos crímenes*, de Roberto Sneider. También pegaron *La mujer de Benjamín*, de Carlos Carrera, *El bulto*, de Gabriel Retes, y *Cabeza de Vaca*,

María Rojo, la estrella de los noventa. (Foto: Jorge Silva/Cuartoscuro)

El dramaturgo Hugo Argüelles recibió muchos homenajes. (Foto: archivo de Hugo Argüelles)

El pintor regiomontano Julio Galán ganó el premio del Marco. (Foto: Juan Rodrígo Llaguno)

Los cuadros de Rafael Cauduro fueron muy apreciados desde principios de los noventa. (Foto: archivo de Rafael Cauduro)

El cineasta Jorge Fons inició el nuevo aire del cine mexicano con *Rojo amanecer*. (Foto: archivo de Jorge Fons)

de Nicolás Echeverría. Pero el supertaquillazo en México y en todo el mundo fue *Como agua para chocolate*, de Alfonso Arau, lo cual hizo que la novela de Laura Esquivel fuera un bestseller internacional y que él ingresara en el cine de Hollywood.

En el teatro, decreció la intensidad de los años ochenta y murieron Rafael Solana, Luis G. Basurto, Jesús Sotelo Inclán, Óscar Liera y Sergio Magaña, quien poco antes había estrenado *Los enemigos* y *La última Diana*. Emilio Carballido continuó con las funciones exitosísimas de *Rosa de dos aromas* y Hugo Argüelles fue objeto de homenajes por sus 40 años de actividad teatral y los festejó con las puestas en escena de *El retablo del gran relajo*, *Nuestra señora del Hueso* y *Las hienas se mueren de risa*, que fueron seguidas por *La tarántula art nouveau de la Calle del Oro*. Otro gran homenajeado a fines de sexenio fue Héctor Mendoza, quien vio representada su obra *Juicio suspendido*. Siguieron muy activos Vicente Leñero (*Hace ya tanto tiempo*), Juan Tovar (*Las adoraciones*), Víctor Hugo Rascón Banda (*Homicidio calificado* y *El caso Santos*), Carlos Olmos (*El eclipse* y *Final de viernes*), Sabina Berman (*Entre Villa y una mujer desnuda*), Hugo Hiriart (*Intimidad*), Ignacio Solares (*El gran elector*, *El desenlace* y *Tríptico*). También surgieron nuevos autores, como Estela Leñero, hija de Vicente Leñero (*Las máquinas de coser*, *Insomnio*), Mauricio Jiménez (*Lo que cala son los filos*), Leonor Azcárate (*Un día nublado en la casa del sol*), Adrián Sotomayor (*A la indecible persona*), Jaime Chabaud (*El ajedrecista*), David Olguín (*La puerta del fondo*), Mauricio Pichardo (*Campo de pluma*) y Antonio Serrano, quien la hizo con *Sexo, pudor y lágrimas*. Entre los directores más prestigiados se hallaban Luis de Tavira y Ludwik Margules.

En la danza, fueron muy lamentadas las muertes de Ana Mérida, hija del pintor Carlos Mérida, y de Raúl Flores Canelo, el alma del Ballet Independiente. Siguieron en acción Guillermina Bravo, quien, con el Ballet Nacional de México montó *Sobre la violencia*, inspirada en *Ifigenia cruel* de Alfonso Reyes; Federico Castro (*Dinámica de poder*) y Luis Arreguín (*La vida genera danza*), además de

Guillermo Arriaga, Pilar Urreta, Rossana Filomarino, Adriana Castaños, Evelia Beristáin, Rodolfo Reyes, Jaime Blanc, Marco Antonio Silva, Miguel Ángel Añorve y el viejo Ballet Teatro del Espacio de Gladiola Orozco. También llamó mucho la atención el grupo Antares, de Sonora, con sus coreografías *Yo hubiera o hubiese amado* y *Azul cobalto*, y entre los bailarines más destacados se hallaban Claudia Lavista, Laura Morelos y Carlos Ocampo. Por cierto, la Academia de la Danza —al igual que la de Teatro, la Esmeralda y otras escuelas artísticas—, a fin de sexenio fue instalada en el ultraelitista Centro Nacional de las Artes (CNA), construido en los terrenos de los Estudios Churubusco e inaugurado por el presidente Salinas cuando aún se hallaba a medio construir.

El box, como siempre, siguió dando campeones mundiales, como Gilberto Román, supermosca, quien no se apartaba del estereotipo ("El licor, las drogas y las mujeres van de la mano de todo boxeador"), o Humberto Chiquita González (con ese nombre tenía que ser minimosca) y Miguel Ángel González. Pero el que llamó más la atención fue Jorge Páez, el Maromero, todo un espectáculo con su pelo cuasipunk con recortes de figuras y sus calzones-falda. El Maromero también se distinguió por su apoyo al PRI, aunque no tanto como Julio César Chávez, sonorense avecindado en Sinaloa, uno de los más grandes boxeadores que ha dado México. Ganó seis campeonatos mundiales en cuatro categorías: ligero, superligero, superpluma y welter. Durante mucho tiempo se conservó invicto, acumulando nocauts (los japoneses lo llamaron Mr. Knock-out y los franceses, El Mejor Boxeador del Mundo), aunque varias veces se enfrentó a retadores que eran "bultos", es decir, que podían ser vencidos fácilmente. Su momento estelar fue la llamada Pelea del Siglo, en la que derrotó al puertorriqueño Macho Camacho, y su declive empezó cuando conservó el título pero no pudo vencer a Pernell Whitaker en 1993.

Julio César vivió en medio de escándalos, sobre todo porque era el consentido de los gángsters: el presidente Salinas, para empezar, pero también de afamados narco-

El supercampeón Julio César Chávez era amigo de gángsters. (Foto: Presidencia de la República, tomada del libro *Imagen inédita de un presidente*)

traficantes como el Chapo Guzmán, el Güero Palma y los hermanos Arellano, en especial Francisco, el mayor, en cuya discoteca Frankie O, Julio César hacía exhibiciones de box: por cierto, los dos también planearon construir un hotel de ultralujo, el Julio César Palace, pero finalmente desistieron. El apoderado del boxeador, Ángel Gutiérrez, estaba muy ligado a los Arellano y fue muerto a balazos en Cancún. "Pobrecito", se condolió Chávez, quien, además, le regaló un cinturón de campeonato, valuado en 40 mil dólares, a Mario González, ex comandante de la Judicial y a sueldo del Güero Palma. "Yo no tengo necesidad de andar en esas chingaderas", se defendía el campeón, "todo lo que he ganado ha sido a base de chingadazos y de sacrificios." Al final, Chávez tuvo que andar toreando a la justicia y al fisco, se divorció y fue demandado por su esposa, pero cuando estuvo en la cumbre fue intocable y siempre atrajo a los poderosos. Le dedicaba las peleas a Salinas y, tras sus victorias, se juntaban muchedumbres en el Ángel para festejarlas.

En la columna de la Independencia, conocida como el Ángel, se reunían también los fanáticos del futbol para celebrar las victorias, y a veces también para lamentar las derrotas de la Selección Nacional, también conocida como el Tri. Como Ronald Reagan y Carlos Monsiváis, que no fallaban en retratarse con los que tenían éxito, Salinas se tomaba la foto con los futbolistas y con Julio César Chávez, para beneficiarse con la popularidad de los triunfadores. El público pronto perdonó el escándalo de los cachirules, que, se decía, fue promovido para que México no llegara al Mundial, pues a la FIFA le interesaba la calificación de Estados Unidos, que organizaría la Copa en 1994. El que más lamentó que México quedara fuera del Mundial de 1990 fue Hugo Sánchez, pues a principios de la década se hallaba en su mejor momento, lo que lo llevó a ganar el Balón de Oro, el título de Máximo Goleador de Europa, que compartió con el búlgaro Stoichkov, y cinco veces el campeonato de goleo de España.

Por otra parte, Juan Villoro considera que un lapso determinante del futbol mexicano ocurrió entre 1991 y 1992,

Marta Lamas, protagonista decisiva del feminismo en México. (Foto: Raúl Ortega/*La Jornada*)

cuando la Selección Nacional fue encomendada al argentino César Luis Menotti, que había llevado a su país a ganar la final del Mundial de 1978 en Argentina. Menotti volvió "mayores de edad" a los jugadores mexicanos, les quitó los complejos y les cambió la mentalidad de ratones para hacerlos más eficientes, ofensivos y seguros de sí mismos. Miguel Mejía Barón, el siguiente entrenador de la Seleción, continuó la línea trazada por Menotti, por lo que el Tri obtuvo el segundo lugar en la Copa de Oro de la Concanaf, por encima de Brasil, además de que hizo un buen papel en el Mundial del 94, aunque volvió a perder en penalties como en 1986.

El sexenio futbolístico también se caracterizó por la recuperación del Atlante, que ganó un campeonato después de 45 años de no hacerlo. A partir de 1995 vino también el resurgimiento del Necaxa. Los Pumas de la UNAM fueron clave porque se convirtieron en un gran semillero, pues no sólo ganaron el campeonato de 1991 sino que grandes jugadores, como Hugo Sánchez, Jorge Campos, Luis García, Alberto García Aspe y Claudio Suárez, fueron parte del equipo y después resultaron pilares de la Selección Nacional. "No hay ningún gran jugador que no haya pasado por la UNAM", se decía, y el mismo Mejía Barón fue entrenador de los Pumas antes de serlo del Tri. También fue notable que el Celaya vino a ser una especie de retiro de jugadores españoles, "un Real Madrid de petatiux", pues en él acabaron veteranos célebres como Butragueño y Michel.

Por otra parte, durante el sexenio de Salinas el feminismo, que se inició en los años setenta, cobró una gran fuerza en México. A partir de la Conferencia Mundial de la Mujer de 1975 y del Año Internacional de la Mujer en 1976, se derogaron viejas disposiciones discriminatorias que databan de 1928. En 1976 se formó una coalición que reunió a los primeros grupos feministas en torno a la maternidad voluntaria, la libre expresión sexual, incluida la homosexual, y la lucha contra la violencia machista. Una de las principales feministas fue Alaíde Foppa, quien después fue asesinada en Guatemala. En los años ochenta se efectuaron diez grandes encuentros nacionales y surgió el feminismo popular a través de la Coordinadora Nacional del Movimiento Popular; el feminismo también se hizo presente en la academia universitaria. Ya en los noventa surgieron publicaciones feministas especializadas, que ampliaban el radio de *Fem* y de *Doble Jornada*. Destacaron *Debate Feminista*, dirigida por Marta Lamas, y *La Ventana*, de la Universidad de Guadalajara, dirigida por Cristina Palomar. Para entonces, las organizaciones feministas se habían ampliado y formaban parte importante de la sociedad civil a través de las organizaciones no gubernamentales (ONG), lo cual se manifestó con fuerza en la IV Conferencia de la Mujer y en el Foro de ONG de Pekín y Huairou en 1995. Por esas fechas las feministas consideraban que su movimiento aún no era lo suficientemente definido y visible, y que sus posturas aún no habían sido aceptadas por toda la población, pero eran conscientes de la enorme y decisiva influencia que habían tenido en la política, las organizaciones sociales, la sociedad civil, los medios de difusión, las instituciones académicas, la cultura y las formas de comportamiento en general a través de las ideas igualitarias, la defensa de la autonomía de las mujeres, las luchas contra la violencia sexual y en favor de la legalización del aborto.

¡Ya basta!

A principios de 1993, el presidente Salinas de Gortari retiró a Fernando Gutiérrez Barrios de la Secretaría de Gobernación. Desde un principio lo utilizó lo más que pudo pero se cuidó de permitirle muchas libertades. Le restringió poder en áreas clave de la política, especialmente en la seguridad nacional, que puso en manos de José María Córdoba. Aun así, Gutiérrez Barrios era un viejo zorro y ante la cercanía de la sucesión era necesario borrarlo del mapa, por lo que lo sustituyó por su compinche y primo político José Patrocinio González Garrido, otro junior, hijo de Salomón González Blanco (que fue miembro del ga-

El cardenal Juan Jesús Posadas murió rodeado de narcos. (Foto: Pedro Valtierra)

binete de López Mateos) y nieto del tremendo gobernador tabasqueño Tomás Garrido Canaval. Patrosimio, como le decía Muñoz Ledo (otros, Latrocinio) adquirió fama de duro como gobernador de Chiapas, por lo que su nombramiento se leyó como un mensaje nada amistoso para la oposición y los descontentos. De pasada, el ombudsman Jorge Carpizo pasó a las antípodas y se convirtió en procurador general de la república; Emilio Lozoya, por su parte, aterrizó en la Secretaría de Energía, Minas e Industria Paraestatal. Sin embargo, estaba claro que ninguno de los tres entraba a competir por la grande.

En mayo el país se sacudió por el asesinato de Juan Jesús Posadas Ocampo, vicepresidente del Episcopado, que fue a Morelos a parar el mendezarceísmo y después fue nombrado cardenal. Según la versión oficial (más difícil de tragar que una tuerca, y que el motherno y flamante procurador Jorge Carpizo ilustró en la televisión como si fuera un juego de Nintendo), los hermanos Arellano enviaron a sus hombres a Guadalajara para asesinar a su archienemigo, el Chapo Guzmán, pero durante doce días no lo encontraron y decidieron regresar a Tijuana. Sin embargo, al llegar al estacionamiento del aeropuerto se encontraron nada menos que con el Chapo y sus guaruras, que salían a vacacionar a Puerto Vallarta. Por su parte, el cardenal Posadas llegó al aeropuerto en su Grand Marquis blanco ("como los que usan los narcos", dijeron las autoridades) para recibir al nuncio Girolamo Prigione, que llegaba de la ciudad de México, y tuvo la pésima suerte de que lo confundieran con el Chapo ("los narcos se visten de negro", se explicó), así es que lo acribillaron con su chofer y varias personas más que se hallaban en el estacionamiento.

Sin embargo, la mayoría de los testigos coincidió en que los asesinos no pudieron equivocarse, ya que corrieron al coche del cardenal tan pronto llegó; Posadas estaba a punto de salir del auto y era bien visible su pectoral cuando le dispararon 14 balas a quemarropa. Además, los atacantes se llevaron el portafolios del prelado antes de huir. La judicial y policía del aeropuerto no sólo no intervinieron sino que lograron que el avión de Aeroméxico destinado a Tijuana esperara más de media hora y despegara hasta que la banda de los Arellano llegó corriendo con credenciales de la PGR. Otros huyeron en automóviles y las autoridades lograron arrestar a nueve sicarios, en cuyas declaraciones se basaba la explicación nintendo del procurador. Tan segura se hallaba la PGR de su hipótesis que por televisión ofreció una recompensa de cinco millones de dólares (quince de nuevos pesos) a quien diera pistas conducentes a la captura del Chapo y los Arellano.

La alta curia católica se mostró escéptica. "La mayoría de los obispos y el pueblo no creen en la versión oficial", dijo Adolfo Suárez Rivera, presidente del Episcopado, y exigió explicaciones claras y creíbles. El obispo de Cuernavaca Luis Reynoso consideró que los balazos a quemarropa hacían pensar en un atentado. En general se pensó que la PGR había salido con una explicación apresurada, con más hoyos que el Mar de los ídem del *Submarino amarillo*, y que sobre todas las cosas buscó exonerar a los agentes judiciales. A pesar de la inconformidad, se cerraron las investigaciones. Después se supo que el nuncio Prigione se había reunido en secreto con los hermanos Arellano (no podía negarse porque era su deber de sacerdote y no los denunció porque era secreto de confesión), lo cual activó las hipótesis de posibles relaciones entre el narco y la alta curia mexicana. En todo caso, la fuerza y la impunidad de los narcotraficantes, que podían matarse a balazos en sitios concurridos, controlar la salida de los vuelos del aeropuerto de Guadalajara y huir tan campantes, era un síntoma alarmante del avance de los traficantes de drogas, de la narcopolítica y de la descomposición del sistema.

También se pudo ver que, a pesar de la fachada de grandes éxitos, las cosas andaban mal en México cuando se descubrieron campamentos guerrilleros en la Selva Lacandona de Chiapas. En mayo, tanto la Secretaría de Defensa como la Procuraduría General de la República informaron de la existencia de una guerrilla en la Selva Lacandona de Chiapas. Según ellos, un grupo de guerrilleros había atacado un destacamento del ejército, mató a dos militares e hirió a otros dos. Se arrestó a ocho cam-

El tatic Samuel Ruiz, obispo de San Cristóbal de las Casas. (Foto: Ernesto Muñiz/Cuartoscuro)

pesinos tzeltales y a dos guatemaltecos y a los primeros se les acusó de "traición a la patria". El ejército se hallaba en la selva a petición de los finqueros de Ocosingo y Altamirano, que denunciaban la existencia de una guerrilla organizada por Samuel Ruiz, obispo de San Cristóbal de Las Casas. "Sabemos que en las ocho comunidades de Altamirano existen unas 300 personas armadas y que en Ocosingo los militares detectaron campos de entrenamiento para guerrilleros", dijo Avelino Bonifaz, secretario municipal de Altamirano, al informar que el 26 de mayo tuvo lugar un segundo enfrentamiento.

Después se supo que una patrulla del ejército descubrió el campo de entrenamiento Las Calabazas, en Monte Corralchén, del Ejército Zapatista de Liberación Nacional (EZLN), y tuvo lugar un fuerte choque entre los soldados y los guerrilleros, quienes abandonaron su bien montado campamento y lograron huir a través de la selva. Los indígenas del ejido Laguna del Carmen Pataté relataron que después los soldados "reunieron en una cancha de básquetbol a toda la población, registraron las casas y eligieron al azar a los ocho indígenas que hoy acusan de matar y de herir a los ejércitos". Sin embargo, el gobierno, a través del secretario de Gobernación Patrosimio González Garrido, que además era gobernador de Chiapas con licencia, aseguró enfáticamente que en Chiapas no había guerrilla. "Difundir ese falso rumor causa graves perjuicios al desarrollo del estado ya que frenaría la inversión extranjera y nacional en el sector agrícola", dijo. "El gobierno de México descarta la posibilidad de una guerrilla o de cualquier otro grupo que pretenda sublevarse por la marginación en que viven los indígenas y campesinos."

Con justa razón, en México cada vez con mayor frecuencia los pronunciamientos oficiales se interpretaban al revés: "no subirán las gasolinas", se anunciaba y había que correr a llenar el tanque; "no habrá devaluación" y todos se ponían a temblar o a comprar dólares. El gobierno sabía muy bien que había un ejército guerrillero en Chiapas, pero admitirlo, o combatirlo, además de que efectivamente podría desalentar a los inversionistas de la bolsa de valores, resultaría funesto para el TLC, cuyos "acuerdos paralelos" eran negociados por Anthony Lake y José María Córdoba, y a esas alturas su ratificación enfrentaba una fuerte oposición en Estados Unidos. Por tanto, Salinas prefirió enviar en el acto los recursos de Solidaridad para contrarrestar una rebelión indígena. Carlos Rojas, de Pronasol, y su jefe Luis Donaldo Colosio, de Sedeso ("en plena campaña por la presidencia", reportó la prensa chiapaneca), al instante viajaron a Chiapas y prometieron invertir 690 millones de nuevos pesos en la construcción de hospitales, caminos y sistemas de agua potable. La lana llegó, pero gran parte se quedó en la corrupción burocrática y otra fue a dar a proyectos insensatos.

Todo faltaba en Chiapas, el estado más desatendido de la república y campo fértil para la acción revolucionaria, porque los indígenas tzotziles, tzeltales, choles, lacandones y tojolabales de la región trabajaban de sol a sol los siete días de la semana con sueldos ínfimos que ni siquiera cobraban en efectivo sino en vales o mercancía y eran esclavizados por los poderosos finqueros y sus guardias blancas. Los indios encontraron a un defensor en Samuel Ruiz, obispo de San Cristóbal de Las Casas, uno de los pilares de la Teología de la Liberación, quien creó un grupo de catequistas que trabajó intensamente porque los grupos y sectas protestantes tenían una alta penetración en Chiapas. A mediados de los años setenta, el obispo Ruiz viajó a Torreón y ahí conoció a los norteños, un grupo de universitarios maoístas encabezados por Adolfo Orive que componían el grupo Política Popular, y los invitó a Chiapas, donde pronto rebasaron al obispo y terminaron peleados con él, no sin antes aprovechar la labor de los catequistas para crear organizaciones políticas entre las comunidades agrarias.

Con el tiempo, Orive y sus norteños se fueron del estado, pero para entonces ya estaba ahí, además del Partido Obrero Clandestino Unión del Pueblo (Procup), otro grupo de jóvenes intelectuales, varios de ellos profesores de la Universidad Autónoma Metropolitana y provenientes de las Fuerzas Armadas de Liberación Nacional (FALN) de

Acelerado como siempre, Carlos Salinas de Gortari, alias el Tacón Cubano, la Hormiga Atómica, Babalucas, el Orejas de Perro y el Pelón Que Hacía Guantes. (Foto: Gustavo Camacho tomada del libro *Imagen inédita de un presidente*)

Los nenes Salinas de Gortari, o la Familia Corleone mexicana: Raúl, Carlos, Adriana, Enrique y Sergio.

César Germán Yáñez. En los ochenta las FALN se convirtieron en FLN, Fuerzas de Liberación Nacional, y pronto crearon una cara visible, la Alianza Nacional Campesina Independiente Emiliano Zapata (ANCIEZ) y un brazo armado, el Ejército Zapatista de Liberación Nacional, que a lo largo de diez años se fue preparando cuidadosa y eficientemente; se expandió entre toda la región y obtuvo un apoyo extraordinario por parte de los indígenas. Por más que trabajaron con un enorme sigilo mucha gente de los Altos de Chiapas se enteró de la existencia de la guerrilla y como detestaban rabiosamente al obispo de San Cristóbal, lo acusaron de ser el "comandante Sam" y de estar detrás del grupo armado. En 1993, cuando el ejército descubrió el campamento de Corralchén, el EZLN ya estaba casi listo para hacer su aparición trepidante en México.

Pero nada de eso era visible. En la fachada, Carlos Salinas de Gortari se hallaba *sitting on the top of the world* y a fines de 1993 la revista *Time* lo nombró el Hombre del Año. Todo el gobierno y el sistema priísta se le cuadraba, el PAN lo apoyaba y todo indicaba que había doblegado al PRD. La iniciativa privada estaba feliz con él, los militares y la alta jerarquía eclesiástica lo aplaudían, y en el extranjero lo veían como un gran líder de estatura internacional. Si se aprobaba el Tratado de Libre Comercio, se conservaría en el poder muchos años después del 2000, como había pronosticado el Ángel de la Dependencia. Se daba por sentado que ejercería una gran influencia sobre su sucesor, el cual modificaría la Constitución para que, como Santa Anna, don Carlos ocupase la presidencia todas las veces que fueran necesarias.

Las personas más cercanas al minipresidente, además de José María Córdoba, eran sus familiares, pues los Salinas constituían un clan que llevaba a cabo convivencias cotidianas en Coyoacán y en Agualeguas, donde organizaban un "maratón" cada semana santa. Y de ellos, Raúl era el más cercano. Después de apoyar a sus cuates maoístas y de publicar libros de cuentos y de poesía, en los años ochenta Raúl Salinas de Gortari fue director de Distribuidora e Impulsora Comercial Conasupo (Diconsa) y se vio que le encantaban los negocios; mientras más dudosos, mejor. De pronto estaba cargado de dinero y se compró Las Mendocinas, una lujosísima ex hacienda de 176 hectáreas en el estado de Puebla, con dos lagos, enorme casa principal, chalets, helipuerto, seis canchas de tenis, caballerizas y demás. Para entonces se le acusó de importar 500 mil toneladas de semilla cancerígena que fueron destinadas para el consumo humano y de financiar a Antorcha Campesina, una organización armada del PRI de corte fascista-maoísta y extremadamente violenta.

Estuvo muy cerca de su hermano durante los conflictos de 1988 y después el narcojudicial Guillermo González Calderoni reveló que él personalmente le llevaba al ingeniero las cintas con las conversaciones telefónicas que le intervenían a Cuauhtémoc Cárdenas. A él se atribuía el asesinato de Ovando y Gil en 1988. También fue gran impulsor de la costumbre salinista de cooptar a los ex socialistas, ex comunistas, ex trostkistas y ex maoístas, entre otros, Adolfo Orive, Hugo Andrés Araujo, Gustavo Hirales, Marco Antonio Bernal, Gustavo Gordillo, Rolando Cordera, Jorge Medina Viedas y Gilberto Guevara Niebla. Todos ellos la hicieron en grande tan pronto se incorporaron al presupuesto.

Raúl acabó por convertirse en el Hermano Incómodo, la versión de los noventa de Maximino Ávila Camacho. Primero se entretuvo con la invención del Partido del Trabajo (PT), que concibió con su viejo amigo maoísta Alberto Anaya y que recibió cantidades extraordinarias de dinero para que cumpliera la función de quitarle votos al PRD, lo cual se logró ampliamente. En tanto, era director de Planeación de Conasupo y después coordinador del Sistema de Evaluación de Pronasol, pero los puestos eran lo de menos ante los negocios y las transas que el superhermano podía hacer. En 1991 la periodista Manú Dornbierer perdió su columna en el periódico *Excelsior* y decidió no publicar más durante el sexenio ya que la Procuraduría General de la República fue la que intervino cuando denunció que los hermanos Raúl y Enrique Salinas de Gortari "obtendrán u obtuvieron" el 50 por ciento de la concesión del Hipódromo de las Américas.

Después se supo que Raúl se había asociado con Juan Nepomuceno Guerra, el padrino de Matamoros, y que tenía relaciones con Juan García Ábrego. Empezaron a llover denuncias en contra de Raúl Salinas: importar leche (más de 11 millones de toneladas contaminadas) al punto de convertir al país en el primer importador del mundo; o la compra de miles de toneladas de maíz y de frijol chino para alimento de animales que se destinaron al consumo humano, a la vez que Conasupo compraba todo el buen maíz nacional y al instante lo vendía, a precios subsidiados, a Maseca, la empresa del amigazo Roberto González Barrera (a quien, por cierto, en 1989 le hizo un pago ilegal de seis millones de dólares).

Siguieron los indicios de ligas con el narcotráfico y de beneficiarse con las privatizaciones, como el préstamo de 30 millones de dólares a Ricardo Salinas Pliego para que pudiera pagar la compra de la televisión estatal. El superhermano hacía negocios por todas partes, manejaba cantidades demenciales de dinero y se asoció con banqueros y empresarios, como el entonces presidente de la Asociación de Banqueros José Madariaga Lomelín; Abraham Zabludovsky, el hijo de Jacobo Zabludovsky y editor de la revista *Época*; Carlos Peralta, hijo de Alejo Peralta; el maseco Roberto González Barrera y David Peñaloza. Tenía numerosas propiedades, todo tipo de cuentas bancarias y usaba diversos documentos y nombres falsos (el favorito, "Juan Guillermo Gómez Gutiérrez"), además de prestanombres; movía su dinero por los paraísos fiscales y desde Tokio o Las Bahamas hacía transferencias a Suiza, donde llegó a tener más de cien millones de dólares. Después aparecieron otras cantidades de dinero depositadas en Europa y Estados Unidos.

La proliferación de chismes de negocios turbios de Raúl Salinas motivó que la secretaria de la Contraloría, María Elena Vázquez Nava, le recomendara al presidente que alejase a su hermano de los puestos públicos, por lo que Raúl

Joseph-Marie Córdoba Montoya controlaba muchas cosas en México, entre ellas al superpresidenciable Luis Donaldo Colosio. (Foto: Tomás Martínez/Cuartoscuro)

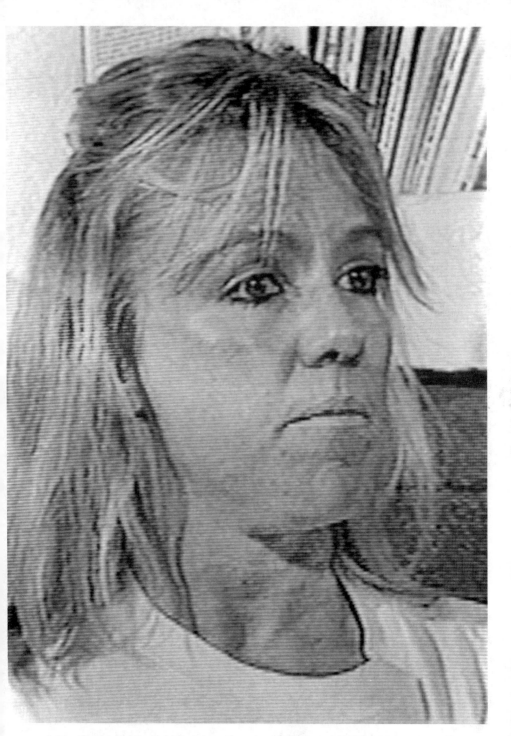

Marcela Bodenstedt saltó de Televisa a la PJF y se decía que era el enlace del cártel del Golfo con Córdoba, Emilio Gamboa y los Salinas. (Foto: Cuartoscuro)

se desplazó a Monterrey, donde compró una casona y abrió oficinas para reunirse con empresarios, políticos y personajes importantes. Se dijo que estaba taloneando la gubernatura de Nuevo León, y muy posiblemente así era, pero la familia decidió que no era apropiado y que el mayor debía bajar el volumen de sus actividades. En 1994 Raúl prácticamente se exilió en San Diego. Para entonces gran parte de la familia Salinas (Adriana, Sergio, Enrique, los Occeli y demás cuñados) había hecho negocios fabulosos en toda la república, especialmente en el estado de Morelos, y se empezó a decir que los Salinas eran la familia Corleone a la messicana.

Además del bróder Raúl y del resto de la familia, José María Córdoba Montoya era el hombre más cercano al presidente. Hijo de españoles y nacido en Francia, Córdoba estudió ingeniería en la Escuela Politécnica y una maestría en filosofía en La Sorbonne. En 1974 viajó a la Universidad de Stanford para doctorarse en economía; no terminó los estudios pero en cambio tuvo de *roommate* al chiquilistrín Guillermo Ortiz, quien después lo trajo a nuestro país como profesor visitante de El Colegio de México. En 1979 Córdoba conoció también a Carlos Salinas, quien se enamoró de él a primera vista y le consiguió la chamba de director de Planeación Regional de la SPP ("en un país que apenas tenía un par de años de conocer, y por el que nunca había viajado", escribió Carlos Ramírez). A partir de 1983 fue jefe de asesores y director de Política Económica y Social de la SPP. Se nacionalizó mexicano, se casó y se puso lentes de contacto; fue formando un "grupo de interés" con Patricio Chirinos, Otto Granados, Luis Donaldo Colosio, Ernesto Zedillo y varios más. También entró en colisión con Manuel Camacho, su rival más peligroso en cuanto a cercanía e influencia en el presidente.

En 1989, Salinas le creó la Oficina de Coordinación de la Presidencia, que equivalía a nombrarlo jefe del gabinete, y la instaló junto al despacho del presidente, así es que desde ahí el francés estableció un gobierno paralelo, o "gabinete de sombra", como le decía Ramírez. Diariamente se reunía cuando menos media hora con Salinas, pero también lo acompañaba en los acuerdos con los funcionarios, y varios ministros se quejaban de que tenían que hablar en su presencia; los que más se resistían eran el secretario de la Defensa, Antonio Riviello, y Pedro Aspe, de Hacienda.

Córdoba, artífice de la política económica neoliberal, supervisó las privatizaciones y las reformas constitucionales, y dirigió las negociaciones del Tratado de Libre Comercio; también se encargaba de la política exterior, por encima de Relaciones Exteriores, pero igualmente era clave en la política interior: controlaba al PRI a través de Luis Donaldo Colosio, así es que palomeaba y vetaba candidaturas con gran gusto, además de que manejaba la seguridad nacional a través de su protegido Jorge Carrillo Olea, director del Centro de Información y Seguridad Nacional (CISEN). También estaba pendiente de las relaciones con los medios, especialmente con los corresponsales extranjeros.

Siempre fue silencioso, altivo y reservado. Frío y de línea dura. Procuraba permanecer en la sombra para poder operar con más facilidad, pero desde principios de sexenio la revista *Proceso* lo balconeó cuando informó que no había concluido el doctorado. A partir de ahí, por más que lo intentó, no logró pasar desapercibido, especialmente hacia el fin del sexenio, cuando se revelaron sus relaciones amorosas con Marcela Bodenstedt, una ex locutora misteriosa y elusiva de Televisa que también era agente de la Policía Judicial Federal. Marcela se relacionó con Córdoba, el presidente Salinas, Emilio Gamboa y varios altos funcionarios hasta que en 1994 fue señalada como enlace del cártel del Golfo con la cúpula del gobierno salinista. Se decía que Córdoba la visitaba en la misma casa donde ella se reunía con los narcos del cártel, pues Marcela era amiga íntima de Juan García Ábrego. Eduardo Valle Espinoza, el Búho, informó que la Bodenstedt estaba en la mira de la DEA, que ya la había clasificado como "Eva".

Naturalmente, Córdoba se metió hasta el fondo de la sucesión presidencial. Contaba con la confianza total de

Salinas. "¿Pepe?, ¿qué interés puede tener? Él no puede ser presidente de la república", decía Babalucas. Por su parte, y por más que a México le urgiera, Salinas nunca quiso democratizar al país y se ufanaba de que él no cometería el error de Gorbachov de reformar la economía y la política al mismo tiempo; la suya era *perestroika* sin *glásnost* y algunos gringos inanes le llamaban *salinostroika*. En todo caso, en la segunda parte del sexenio tuvo que concentrarse en la sucesión, que esa vez fue mediante mucha política moderna: ¡el juego del tapado y del dedazo!

Para empezar, echó a andar otra reforma electoral, ya que en la de 1990 se les había pasado la mano. En agosto, en un periodo extraordinario y con el consabido apoyo del PAN, el PRI sometió a cien modificaciones al Cofipe. Desapareció la "cláusula de gobernabilidad" que permitía el control del congreso con el 35 por ciento de la votación, se eliminó la autocalificación de los diputados, los senadores aumentaron a cuatro por entidad y el jefe del Distrito Federal siguió siendo designado por el presidente, pero a partir de 1997 éste lo seleccionaría del partido mayoritario en la Asamblea de Representantes (después se decidió que fuese elegido por votación popular). Había avances, pero, a fin de cuentas, el presidente y su partido siguieron con el control de los procesos electorales.

Después creó el Procampo, una versión del Pronasol destinada al agro con clarísimos propósitos electoreros, pero el gran escándalo ocurrió cuando Salinas le pidió al presidente del PRI, Genaro Borrego, que, auxiliado por el banquero Roberto Hernández y Gilberto Borja, de ICA, reuniera con mucho sigilo a los principales magnates del país en casa de Antonio Ortiz Mena. Todos acudieron sin falta, ya que en unos cuantos años y gracias a Salinas habían trepado al *hit parade* de megamillonarios de la revista *Forbes*. Ahí estaba el tocayo Slim, el Tigre Azcárraga y otros que tenían una fortuna mayor de mil millones de dólares. Salinas los abrazó, y a la hora del helado de vainilla rociado de chocolate derretido, pasó la charola. Les dijo que se hallaban en tiempos electorales y era hora de que se pusieran con su cuerno pues no todo iba a ser puro venga a nos tu reino.

Roberto Hernández, que había memorizado bien sus líneas, se comprometió a reunir 25 millones de dólares y a los presentes no les quedó más que ponerlos también, aunque Ángel Losada se puso a llorar porque esa cantidad era exorbitante para él. Azcárraga, sin embargo, no se anduvo con poquiteces y propuso que, hombre, pusieran 50 y no 25 millones de dólares, lo cual, para alivio de los magnates, no prosperó. Sin embargo, Salinas tuvo que echarse para atrás porque el director de *El Economista*, Luis Enrique Mercado, se enteró de todo sin querer y en el acto lo publicó en primera plana. Llovieron las quejas de corrupción y contubernio, y se hizo un paralelo con el pago de protección a la mafia o la compra de influencia. De cualquier manera, se prosiguió con las peticiones de dinero con mucha discreción y el PRI logró reunir 700 millones de dólares de aportaciones privadas para su campaña.

La pregunta, como siempre, era "¿quién es el bueno?" Aunque se mencionaba a los Emilios Gamboa y Lozoya, y a Ernesto Zedillo, todos sabían que el dedazo tenía que ser para Luis Donaldo Colosio, Manuel Camacho Solís o Pedro Aspe. El secretario de Hacienda y Crédito Público, el del "mito genial del desempleo", tenía una sólida reputación entre los financieros nacionales y extranjeros, quienes, como el gobierno de Estados Unidos, lo verían con agrado como presidente, ya que sin duda continuaría la política económica neoliberal. Pedro Aspe era un hombre que se conducía con seguridad pero con prudencia y que tenía personalidad propia. Sin embargo, esto resultaba *handicap* ante Salinas, pues quizá no resultase enteramente dócil como presidente. Todos sabían que una vez que se disponía de los ultrapoderes de la presidencia mexicana era relativamente fácil quitarse de encima a ex presidentes encimosos, como lo hizo López Portillo, que también fue secretario de Hacienda. Además, no le caía bien a Córdoba, porque Aspe no era de su corte y se atribuía el crédito por la aparentemente exitosa política económica del salinismo. Todo indicaba que don Pedro estaba *out*.

Suspirantes de 1993: Manuel Camacho Solís, Pedro Aspe Armella, Patrocinio González Garrido y Luis Donaldo Colosio. (Foto: Omar Meneses/*La Jornada*)

Manuel Camacho Solís, por su parte, era protagónico y carismático. Amigo de Salinas desde la escuela de Economía y después uno de sus colaboradores más cercanos e influyentes, Camacho le operó negociaciones clave y le fue sumamente útil. En 1988 su meta había sido la Secretaría de Gobernación, o de perdida Educación o Relaciones Exteriores, pero Salinas, instigado por Córdoba, lo envió al Departamento del Distrito Federal con deseos de que tronara, pues la capital era una zona minada en la que podía haber hasta 40 manifestaciones en un solo día. Camacho estableció puentes de comunicación con el PAN y el PRD, además de que toreó a fuerzas importantes del DF, como el sindicato de la Ruta 100, el Movimiento Proletario Independiente o las mafias de vendedores ambulantes. Camacho se hizo famoso como concertador, los reporteros simpatizaban con él y era reconocido como uno de los más fuertes aspirantes a la presidencia. En el fondo estaba seguro de que en su debido momento su gran amigo no podía fallar y le pasaría la silla. Además, él encabezaba las encuestas.

Su gran problema era el grupo cordobista, que todo el tiempo intrigaba en su contra y lo acusaba de no seguir El Modelo y de pactar con los enemigos, además de protagónico, desleal, concertacedente, populista, pesimista y catastrofista, porque aseguraba que a pesar de los éxitos de Salinas las condiciones del país seguían siendo muy difíciles y era necesario negociar con las fuerzas políticas y con la oposición, para lo cual, hombre, pues ahí estaba él, ¿no? Córdoba, en cambio, opinaba que todo estaba bajo control y que con el TLC el futuro se había asegurado. Camacho sabía que Córdoba quería que Ernesto Zedillo fuera presidente, porque éste era enteramente confiable y seguía los mandamientos neoliberales con fervor religioso, pero como no tenía ninguna posibilidad, el francés alentaba a Luis Donaldo Colosio, el candidato de Salinas, quien se dejaba manejar pero presentaba más resistencias.

Colosio, al viejo estilo, hacía todo lo que Salinas le indicaba con lealtad institucional, y con razón, porque era claro que el presidente lo había ido preparando para candidato:

lo hizo senador, presidente del PRI y después supersecretario de Desarrollo Social. Lo alejó de las malas compañías. Lo cuidó todo el tiempo y le permitió hacer los amarres que se requerían. Economista también, Colosio garantizaba la continuación de la política económica. Estaba diseñado para apaciguar a las viejas guardias priístas y a los grupos que no estaban en el estrechísimo primer círculo; sonorense, hombre joven, agradable, de pelo afro, no muy brillante pero nada tonto, Colosio se convirtió en el supersecretario de Estado que sí pasó por puestos de elección popular, que como presidente del PRI conoció a los caciques del partido en todo el país y que controlaba los fondos del Pronasol.

El proceso del dedazo presidencial se complicaba con el Tratado de Libre Comercio y a Salinas le urgía la ratificación. Las negociaciones de los acuerdos paralelos con el gobierno de Clinton tuvieron lugar en 1993 encabezadas por José María Córdoba y Anthony Lake. En la segunda mitad del año el acuerdo estuvo listo para su ratificación en los congresos de los tres países. El TLC se volvió entonces un tema candente y ocupó primeras planas y extensa cobertura en radio y televisión. En México veíamos cómo nuestro destino se debatía en el extranjero, porque aquí era seguro que Salinas obtendría el apoyo de las cámaras. "Ya quisieras tener un congreso como el mío", se ufanaba Salinas ante Bush. Pero Estados Unidos era otra cosa. Muchos diputados, tanto republicanos como demócratas, anunciaron que votarían en contra, y otros más se declararon indecisos, así es que tanto Salinas como Clinton emprendieron un cabildeo febril para lograr la ratificación. De esa manera, hasta los más oscuros diputadetes gringos sacaron algo. Uno de ellos quería que extraditaran a un violador mexicano y el procurador Carpizo se encargó personalmente del asunto, faltaba más. Otro pidió que regresaran al sur de la frontera a los presos mexicanos que había en Estados Unidos: mágicamente se revivió una vieja ley y ocho mil pasaron a cárceles nacionales. "Todo mundo puede obtener lo que quiera del gobierno de México", decía un senador, porque Salinas y su gente a esas alturas estaban aterrorizados por las visibles posibilidades de que el TLC fuera rechazado. Clinton hablaba personalmente con los legisladores indecisos, y los representantes salinistas hacían otro tanto.

En el último momento Salinas tuvo que admitir concesiones que ponían en desventaja al país en cuanto a azúcar, cítricos, vegetales, vidrio plano, vino y electrodomésticos. Finalmente la votación tuvo lugar en noviembre; el Tratado de Libre Comercio fue aprobado por 234 votos a favor contra 200, pero la discusión previa admitió las declaraciones más humillantes posibles. Los opositores afirmaron que México era una dictadura rotativa, deshonesta, donde todas las elecciones habían sido fraudulentas y se violaban las leyes laborales y ambientales y los derechos humanos, además de que el corrupto dinero mexicano había corrido por Washington y había sido descarada la compraventa de votos.

Los que estaban a favor resultaban tan mortíferos como los opositores. El TLC equivalía a la compra de Alaska o Luisiana, había dicho el vicepresidente Al Gore en un debate televisado sobre el TLC que sostuvo con el millonario Ross Perot. "Por fin México hizo lo que tanto tiempo le habíamos pedido", razonaba, por su parte, Lloyd Bentsen, secretario del Tesoro, y Lee Iacocca declaró: "Que se queden para los pobres mexicanos esos trabajos de bajos salarios que no nos interesan ni nos deben interesar. Les quitamos Texas, Nuevo México, Arizona, Nevada y California, y es entendible que se hayan enojado, pero ahora vienen y nos dicen: 'ya bajamos nuestras tarifas, nos encantaría hacer negocios con ustedes', y nosotros estamos a punto de patearlos en la cara." En Canadá también hubo una dura oposición para ratificar el tratado, pero en México la mayoría priísta del senado aprobó sin discusión un dictamen elaborado en las oficinas de José María Córdoba y se pitorreó cuando Porfirio Muñoz Ledo, del PRD, pidió la comparecencia del secretario de Comercio. "No va a venir cuando a usted se le antoje, señor senador", le advirtió Miguel Alemán Velasco. Por tanto, con la cara pateada y todo, Salinas de Gortari pudo respirar al fin. El TLC había sido ratificado por los tres países, entraría en vigor el primero de enero de 1994 y México al fin sería miembro del primer mundo.

Con la ratificación del TLC el 17 de noviembre de 1993, Salinas tuvo despejado el camino de la sucesión y, como Adolfo Ruiz Cortines o Luis Echeverría, se acabó de divertir como el enano que era con los suspirantes, a los que había sometido a verdaderas torturas. Hasta ese momento no había soltado prenda. Si por él fuera, no dejaría el gobierno; en un momento dijo que daría el dedazo hasta enero de 1994 pero todos se le alborotaron y las presiones lo obligaron a lanzar el humo blanco en noviembre. Hasta ese momento se la había pasado enviando señales de que el bueno podía ser el regente o el Secretario de Sedeso.

En un principio, Colosio creía tener pocas posibilidades; en cambio, Camacho Solís estaba muy seguro y se lo dijo a su rival; incluso le propuso la Secretaría de Gobernación. Sin embargo, en junio, Salinas recordó que de niño Colosio había sido uno de los más aplicados de primaria por lo que fue llevado a saludar al presidente Adolfo López Mateos en Los Pinos. Esto se leyó como una señal a favor del secretario de Desarrollo Social, quien dijo: "El dedazo no lo voy a poder evitar yo, ni Camacho ni nadie" y siguió a la expectativa. Pronto hubo más indicios de que él era el bueno, pues en realidad con él Salinas utilizó el viejo truco de "tapar destapando" o de "engañar con la verdad".

El regente vio con horror que no fue invitado a la celebración de la ratificación del TLC, y el 20 de noviembre, durante el desfile, Salinas lo trató muy mal y Camacho tuvo la clara percepción de que ya había chupado faros. Desesperado, el lunes siguiente fue a Los Pinos y le expuso a su viejo amigo por qué el único y verdadero tapado tenía que ser él. Le dijo que el régimen se hallaba dividido en un sector excluyente, duro, el de Córdoba, y otro incluyente, de apertura, el suyo, que en ese momento era el que necesitaba el país. Repasó las críticas que se le hacían y las rebatió, hizo diagnósticos del Grupo Compacto y ofreció puestos para todos en su gabinete. A su viejo amigo le pidió que no se retirara pues habría formas nuevas de aprovechar su capital político. No especificó qué haría si no era elegido. Salinas lo escuchó con toda atención, y nada más le dijo que no había dos líneas en su gobierno, sino una sola, la suya, por supuesto.

Esa misma noche, la cúpula de los tecnosaurios se reunió en casa de Patrocinio González Garrido y Camacho tuvo un nuevo agarrón con los cordobistas. Finalmente llegó Salinas, quien, como Lenin, hizo un diagnóstico de sus colaboradores presentes y Camacho resultó el hombre que entendía el momento y los cambios que necesitaba México; Colosio, por su parte, tenía el mérito de haber trabajado con Manuel Camacho. El regente sintió que ya la había hecho. Tenía todo listo, además: su estrategia política y el programa de sus primeros días como presidente. El jueves Salinas reunió a los dos suspirantes en un acto de Solidaridad. Camacho Solís le preguntó a su rival por qué se alineaba con Córdoba. "Cada quien mata las pulgas como puede", respondió Colosio. "Este juego es demasiado duro, Manuel", agregó después. "¿No crees que para la próxima ya no debe ser así?" Después, el presidente se colocó entre ambos, pero la silla del secretario de Desarrollo Social estaba más próxima a él. De ahí los dos se fueron a Sonora, la tierra de Colosio, donde quedó clarísimo quién era el bueno.

El sábado Salinas reunió en Los Pinos a Fernando Ortiz Arana, el nuevo presidente del PRI, Colosio, Chirinos y José Córdoba, e hizo un destape íntimo del sonorense, quien para entonces ya se había recortado el pelo y los rizos. El domingo Salinas invitó a desayunar en el Campo Marte a Fidel Velázquez y al presidente y los líderes de los sectores del partido oficial. "El PRI tiene al hombre idóneo", dijo Salinas, y abrió la puerta de un salón por donde llegó Colosio. "¡Nos adivinó el pensamiento!", exclamó Fidel Velázquez y a continuación pidió ser el destapador oficial pero no pudo porque tan pronto como salió del Campo Marte, Ortiz Arana lo madrugó y en una conferencia de prensa dio a conocer al candidato del PRI.

Después vino la postulación y la carga de los búfalos. Muy correcto e institucional, Pedro Aspe fue a felicitar a Colosio, al igual que los cordobeses Emilio Gamboa, Emilio Lozoya y Ernesto Zedillo, "miembro de la generación del cambio", quien fue nombrado ahí mismo coordinador de la campaña. Colosio declaró que continuaría la misma estrategia económica y el Programa Nacional de Solidaridad, es decir: el salinismo. Por su parte, el Ángel de la Dependencia Gurría afirmó: "Colosio garantiza veinticuatro años de continuidad, pues su sucesor, en el año 2000, saldrá del mismo gabinete que hoy gobierna a México. Y me permitiría aventurar que del equipo económico del presidente Colosio." Por cierto, ese día el mismo Gurría hizo cola tres veces para saludar al candidato, como Tontín para que Blancanieves le besara la cabeza. "Éste es un bello día. Hay ya una opción para el futuro que decidirán los mexicanos", dijo a su vez Salinas.

Sin embargo, el gran chisme era que Manuel Camacho Solís no había ido a felicitar al candidato; es decir, a cuadrarse y disciplinarse. Se hablaba de una escisión inminente en el sistema y de que Camacho estaba haciendo el berrinche de su vida. A pesar de todo había conservado las esperanzas e hizo su numerito y paró a todos de cabeza. Salinas le telefoneó y el aún regente quedó de verlo al día siguiente. Colosio también llamó, le pidió que fuera a felicitarlo, pero Camacho no quiso. Volvió a llamar Salinas. "Es muy importante tu presencia. Son las reglas del sistema", le dijo, y le advirtió que no podía responder de las reacciones si no se disciplinaba. Después le mandó a amigos mutuos para que lo convencieran. Inútil. Hasta el día siguiente, después de una dura confrontación en Los Pinos, Camacho Solís avisó que no rompía con Salinas y que apoyaría a Colosio; renunció al DDF y se pasó a la Secretaría de Relaciones Exteriores.

No hubo sangre y todo se arregló; sin embargo el PRI nunca perdonó el desplante y detestó fruiciosamente a Camacho a partir de ese momento.

En tanto, en diciembre los partidos ya tenían a sus candidatos y algunos ya habían iniciado sus campañas. Con

Porfirio Muñoz Ledo en la presidencia, el PRD, como se esperaba, eligió a Cuauhtémoc Cárdenas, quien como Salinas todo el sexenio no paró de recorrer la república de arriba abajo y de viajar constantemente a Estados Unidos y Europa, por lo que se decía que ya llevaba seis años de campaña. Cuauhtémoc y los perredistas estaban seguros de que, como en 1988, volverían a ganar a pesar de que la ley electoral aún era una gran curva a favor del PRI-gobierno. El país se debatía entre democracia y autoritarismo, y veían muy difícil que Salinas pudiera armar un fraude tan grotesco como el de seis años antes. Cárdenas era un candidato muy fuerte porque era el único de auténtica oposición. Pablo Emilio Madero también, pero sus perspectivas eran nulas. El viejo nieto de Francisco I. Madero, ex presidente del PAN, ex candidato presidencial y ex "doctrinario", fue postulado por los infrapartidos conservadores Liberal Democrático (PLM), Demócrata Cristiano (PDC) y la Federación de Partidos del Pueblo (FPP), y con el nombre Unión Nacional Opositora (UNO) compitió con el registro del Partido Demócrata Mexicano (PDM), el de los viejos sinarquistas.

En 1993 el PAN sufrió la escisión de varios miembros destacados del partido que constituían el Foro Doctrinario y Democrático; los doctrinarios se fueron porque no les gustaba el tórrido romance entre el PRI y el PAN que habían celestineado los neopanistas Luis H. Álvarez, Diego Fernández de Cevallos y Carlos Castillo Peraza; estos tres compadres se entendían bien y se rolaban los principales puestos. Álvarez fue sustituido en la presidencia del partido por Castillo Peraza, quien a su vez aceitó la elección de Diego como candidato del PAN. Fernández de Cevallos, el más carismático de los panistas, rápidamente cambió su *look* y se recortó la barba patriarcal para no semejar a Maximiliano de Habsburgo. Le decían la Ardilla, porque nunca salía de Los Pinos. Era un abogado acaudalado y como jefe de la fracción parlamentaria del blanquiazul fue artífice de las famosas concertacesiones PRI-PAN (además de la de Monterrey, la alcaldía de Mérida pasó del PRI al PAN en noviembre de 1993) y obtuvo el título de El Jefe Diego ya que en un momento no sólo dirigía a la diputación panista sino a la del PRI también y su papel fue clave en la quema de las boletas electorales de 1988, las famosas actas que tanto se pidió revisar, con lo que se esfumó la única prueba del gran fraude electoral que montó a Salinas en el poder. Después se afirmó que éste era el primer presidente que daba el dedazo no sólo en el PRI sino en el PAN. También se decía con insistencia que Diego competía para no ganar, pues el PAN no tendría la presidencia hasta el año 2000. En tanto, había crecido espectacularmente. "El PAN cacha los votos", decía Salinas.

Otro candidato puesto para hacer bola y quitarle votos al PRD fue Jorge González Torres, del Partido Verde Ecologista Mexicano (PVEM), ya que muchos jóvenes bienintencionados que iban a votar en las grandes ciudades eran defensores de corazón del medio ambiente y fácilmente podían irse con el *fake*. Otro palero, para esas alturas ya bastante choteado, fue Rafael Aguilar Talamantes, que se lanzó bajo las siglas del Partido Frente Cardenista de Reconstrucción Nacional (PFCRN). Dos más: Marcela Lombardo, postulada por el Partido Popular Socialista (PPS), y Álvaro Pérez Treviño, por el Auténtico de la Revolución Mexicana (PARM). Por su parte, el flamante Partido del Trabajo (PT), fundado por el ex rojo Alberto Anaya con el apoyo de los Salinas, postuló a Cecilia Soto, una mujer desenvuelta que en el desolado paisaje femenino de la política resultaba casi un cuero. La Soto había militado en el Partido Laboral Mexicano (PLM), un grupo político dirigido a control remoto por el estadunidense Lyndon LaRouche, de pésima reputación por provocador, injuriador y difamador. La Soto y su marido se pasaron después al PARM y ahí estaban engordándola cuando el PT la llamó para que también le hiciera el juego al PRI. Con los recursos de los Salinas, el PT y Cecilia Soto contaron con escandalosas cantidades de dinero y su propaganda se veía en todo el país casi tanto como la del PRI.

Carlos Salinas no soportaba que toda la atención pública se desplazara hacia el candidato del PRI. Además, no estaba enteramente seguro de Colosio, quien, aunque siempre había obedecido ahora mostraba tendencias a hacer un juego propio. Salinas sabía que el candidato resentía fuertes presiones para que pintara su raya ante el presidente y su asesor, y que el PRI pretendía recuperarse a través de él. Además, había cometido el desacato inadmisible de tratar de reunirse con Cárdenas. Esto fue impedido rápidamente por José María Córdoba, quien le impuso a Ernesto Zedillo como coordinador de la campaña, pero también como candidato alterno, como se empezó a decir a los veinte días de la postulación.

La campaña, por otra parte, no arrancaba porque Salinas no daba la luz verde, así es que entre los panegíricos al presidente, Colosio también dijo que deberíamos pasar de las "buenas finanzas nacionales a las buenas finanzas familiares". Esto se vio como una crítica en Los Pinos, las relaciones se enrarecieron y Salinas empezó a pensar que su decisión había sido "apresurada". La revista *Siempre!* después reveló que, apenas en la segunda semana de diciembre, Colosio quedó pasmado y aterrado cuando Patrocinio González Garrido, el secretario de Gobernación, en nombre del presidente y del doctor Córdoba le pidió que renunciara a la candidatura. Colosio se negó rotundamente y González Garrido prefirió explicarle a Salinas que el candidato había dicho que sí, pero que lo sometieran a un referendo. En todo caso, Luis Donaldo Colosio no inició su campaña y desde el 19 de diciembre, consternado, titubeante, se eclipsó.

Los primeros minutos del primero de enero de 1994, el día en que entraba en vigor el Tratado de Libre Comercio y la familia Salinas daba un fiestón en Los Pinos después de vacacionar en Huatulco, el Ejército Zapatista de Liberación Nacional (EZLN), compuesto por dos mil indígenas mayas (tojolabales, tzotziles, tzeltales, lacandones), armados con rifles AK-47, machetes y estratégicos fusiles de palo, ocupó San Cristóbal de Las Casas, Ocosingo, Altamirano, Las Margaritas, Abasolo y Chalán del Carmen. Bloquearon las carreteras y los zapatistas, con pantalón verde olivo, camisa café y los rostros cubiertos por pasa-

El primero de enero de 1994, el día en que entraba en vigor el Tratado de Libre Comercio, el EZLN tomó San Cristóbal de las Casas y Ocosingo. El espejismo primermundista de Salinas se desvaneció en un instante. (Foto: Carlos Cisneros/*La Jornada*)

Nadie tenía por qué perdonar a los indígenas por haber tomado las armas después de quinientos años de miseria, explotación y discriminación, decía el subcomandante Marcos. (Foto: Carlos Cisneros/*La Jornada*)

montañas y paliacates, entraron en las ciudades y tapizaron las paredes con la *Declaración de la Selva Lacandona*, cuyo "¡ya basta!" se volvió lema de batalla de todos porque expresaba el sentimiento generalizado de profunda inconformidad. Incluso después el gobierno y la IP trataron de apropiárselo.

El EZLN le declaraba la guerra al ejército mexicano, "pilar básico de la dictadura de Carlos Salinas de Gortari", y pedía la deposición del presidente. Explicaba su alzamiento por la marginación insoportable que vivían los indígenas; se presentaba como "fuerza beligerante", se sometía a las disposiciones de la Convención de Ginebra y solicitaba que la Cruz Roja Internacional vigilase los combates. Los zapatistas tomaron varios edificios públicos y tuvieron enfrentamientos que dejaron docenas de muertos y varios heridos. Ocuparon la estación radial XEOCH de Ocosingo para difundir sus proclamas y, más tarde, el comandante Marcos conversó con la gente, los escasos periodistas y los turistas, en la presidencia municipal de San Cristóbal de Las Casas. Explicó que habían elegido levantarse en armas ese día porque el TLC era un acta de defunción de las etnias de México, "que son prescindibles para el gobierno de Carlos Salinas de Gortari". Aseguró que se proponían avanzar hacia el centro del país y llegar a la capital, que el EZLN estaba compuesto por indígenas y que no había guatemaltecos ni otros extranjeros entre ellos.

Marcos era un hombre en la treintena, de tez blanca y el rostro cubierto por un pasamontañas muy holgado. Vestía de negro con un chuj o cotón chamula; fumaba pipa, era un campeón mundial de la comunicación y mezclaba el humor con una conciencia fría de la situación que se había creado. Aunque el EZLN estaba dirigido por un consejo de indígenas, el Comité Clandestino Revolucionario Indígena (CCRI), desde un principio fue claro que Marcos tenía el bastón de mando.

En la capital, Salinas apenas podía digerir el golpe, el cual de entrada dejaba ver que en vez de ingresar en el primer mundo seguíamos bien anclados en el tercero. Todo el espejismo de bonanza neoliberal se hacía añicos. La explotación y la marginación extrema de los indígenas mexicanos era algo que le dolía a todo el mundo, sobre todo después de las fastuosas celebraciones, en 1992, del quinto centenario de la conquista de América. Había un fuerte complejo de culpa en el aire. El gobierno no podía ocultar esa situación y tuvo que admitir que los indígenas tenían razón para inconformarse. En la presidencia se discutió mucho la estrategia para encarar este nuevo conflicto y el superasesor José María Córdoba, como era de esperarse, propuso la línea dura y acabar con el alzamiento por la vía de las armas. Al presidente le salió lo picoso y dio órdenes de que el ejército atacara a los rebeldes. Ni él ni el secretario de Gobernación se atrevieron a dar la cara en un principio y enviaron a funcionarios menores para dar la posición oficial a los medios. Hasta el día 3 Salinas declaró: "Buscaremos siempre el imperio de la ley y, muy particularmente, la defensa de los derechos humanos." La Secretaría de Gobernación aseguró que los grupos violentos estaban constituidos por una mezcla de intereses y de personas tanto nacionales como extranjeros que manipulaban a los indígenas, y el gobernador interino de Chiapas, Elmar Setzer, le echó la culpa a Samuel Ruiz.

Desde el domingo 2 un enjambre de periodistas llegó a San Cristóbal de Las Casas. La noticia del alzamiento fue dada a conocer por *El Tiempo*, un pequeño periódico dirigido por Amado Avendaño, que desde la madrugada del día primero envió faxes a los periódicos nacionales e internacionales. La noticia tuvo una tremenda repercusión y los medios de todo el mundo reportaron profusamente el alzamiento indígena. Por su parte, Marcos, quien después de presentarse como comandante dijo que en realidad era subcomandante, resultó un banquete para la prensa. Le preguntaron por qué usaba pasamontañas y respondió en el más puro estilo Muhammed Ali: "Los que estamos más guapos tenemos que protegernos." Dijo que tenían todo bien planeado, menos cómo entrar en la ciudad de México. "Unos dicen que nos quedemos en Tres Marías a comer quesadillas", añadió. Por cierto, desde un principio el EZLN vetó la presencia de Televisa y sólo dio sus comunicados a *El Tiempo*, *La Jornada*, *El Financiero* y *Proceso*.

En la madrugada del día 2, el EZLN se retiró de San Cristóbal de las Casas, después de liberar a los presos y grafitear en las paredes "¿No que no hay guerrilla? ¡Ya basta!", y se lanzó contra la base militar de Rancho Nuevo, a doce kilómetros de ahí, no sin antes volar varios puentes. Los zapatistas se quedaron en Ocosingo y fueron sitiados por la tropa, y en Las Margaritas secuestraron al general Absalón Castellanos Domínguez, gran terrateniente y ex gobernador del estado.

El ejército se hallaba en máxima alerta en todo el país y más de diez mil soldados ya se hallaban en Chiapas y pronto abundaron las denuncias de violaciones a los derechos humanos de la población y tiros de gracia a los zapatistas que caían. Llegaron tanques, tanquetas y aviones con paracaidistas para sacar a los rebeldes de las cabeceras municipales ocupadas después de duros tiroteos, sobre todo en Ocosingo y Altamirano. El grueso de la tropa zapatista siguió atacando las instalaciones militares de Rancho Nuevo, pero los enfrentamientos también tenían lugar en los pueblos tzotziles del sur de San Cristóbal, que fueron bombardeados. Empezaron los arrestos de "transgresores", pues con ese nombre el ejército, las autoridades y los medios de difusión decidieron llamar a los indios rebeldes o a los que consideraban como tales. Para huir de los bombardeos y de los enfrentamientos cientos de campesinos abandonaron sus poblados y se concentraron en campamentos, lo cual, con el tiempo, causó problemas gravísimos.

A los Altos de Chiapas llegaron también las organizaciones no gubernamentales, mexicanas y extranjeras, defensoras de los derechos humanos, las cuales denunciaron que el ejército impedía la presencia de la Cruz Roja Internacional y de las ONG en la zona del conflicto, y reportaron numerosos casos de arbitrariedades y brutalidad de las fuerzas armadas. Las organizaciones de derechos humanos de todo el mundo más un grupo de congresistas de Estados Unidos le pidieron al gobierno mexicano que investigara las denuncias y anunciaron envío de observadores. A Chiapas fue en el acto el presidente de la Comisión Nacional de Derechos Humanos, Jorge Madrazo.

En la ciudad de México los medios afines al gobierno y un grupo de intelectuales, en el que las mafias de Octavio Paz y de Héctor Aguilar Camín se unieron sin embarazo, se apresuraron a condenar el alzamiento. Según ellos, un grupo de comunistas anacrónicos, blancos y barbados manipulaba a esos pobrecitos indígenas que difícilmente sabían cómo se llamaban. Además, las guerrillas estaban *out*. La mayor parte de la población tampoco creía en la vía armada, pero sin duda simpatizó con los zapatistas y pronto fue creciendo la demanda de que se declarara el alto al fuego, se iniciaran conversaciones de paz y se hiciera justicia a los indígenas. El obispo Samuel Ruiz se propuso como mediador. El gobierno se manifestó dispuesto a dialogar, pero puso cuatro condiciones: deposición y entrega de las armas, devolución de rehenes y secuestrados y la identificación de los dirigentes. Como el EZLN se negó, siguieron los bombardeos en las inmediaciones de San Cristóbal, donde vivían 15 mil indígenas, y después en Tzontehuitz. Los zapatistas volvieron a atacar Rancho Nuevo y abatieron helicópteros. Ya había 17 mil soldados en los Altos a las órdenes de los generales Miguel Ángel Godínez, Gastón Menchaca y Othón Calderón.

El 5 de enero Salinas reapareció y resumió: el conflicto se limitaba a cuatro municipios, no se trataba de un alzamiento indígena porque fue planeado y dirigido por profesionales nacionales y extranjeros de la violencia y el terrorismo que sólo buscaban desprestigiar a México, a quienes pidió que depusieran su conducta ilegal y ofreció su magnanimidad. "Consideraremos el perdón", agregó el presidente, y el subcomandante Marcos respondió con uno de sus más célebres comunicados en el que recordó que nadie tenía por qué perdonarlos por tomar las armas después de 500 años de miseria y explotación. Por su parte, el EZLN fijó condiciones para iniciar un diálogo con el gobierno: reconocimiento como fuerza beligerante; retiro de las tropas federales de las comunidades con pleno respeto a los derechos humanos; cese del bombardeo indiscriminado a poblaciones rurales y formación de una comisión nacional de intermediación, para la que propuso a Rigoberta Menchú, la indígena guatemalteca que obtuvo el premio Nobel de la Paz, a Julio Scherer García y a Samuel Ruiz, quien se había convertido en blanco de las furias de los coletos y del gobierno municipal, estatal y federal. Patrocinio González Garrido había diseñado una estrategia para tirar al obispo y contaba con la ayuda del nuncio Prigione, pero el cardenal Ernesto Corripio y el episcopado finalmente respaldaron a Ruiz.

Algunos salieron también con que Salinas era el comandante Carlos, pues atribuían la rebelión zapatista al maquiavelismo del presidente. Otros más aseguraban que se trataba de una conjura priísta, en la que participaban Colosio, Camacho, Gutiérrez Barrios y Echeverría, para parar a Salinas.

Un autobomba explotó en el estacionamiento de Plaza Universidad de la ciudad de México, dos torres de alta tensión fueron derribadas en Michoacán y Puebla, y en muchas ciudades aparecieron pintas a favor del EZLN. "Ya llegamos", se leía en la capital, donde había ido creciendo un verdadero clamor por parar la guerra. El jueves se concentraron miles de gentes en las calles y el sábado una inmensa manifestación en la ciudad de México exigió el cese al fuego. Eran cientos de miles de una sociedad civil en ebullición que a partir de ese momento llegaría a ser factor decisivo en la vida nacional y contrapeso al autoritarismo oficial. Esta gran manifestación paró la guerra. El desprestigio que había resentido el régimen en todo el mundo era irreversible y resultaba evidente que las simpatías que había generado el presidente mexicano rápidamente pasaban al polo opuesto. Todo el contexto político había variado con la insurrección indígena.

Ese mismo día Manuel Camacho Solís, secretario de Relaciones Exteriores, se entrevistó en Los Pinos con el presidente y le aconsejó que diera un golpe de timón y parara la guerra porque, si no, él renunciaría para no convalidar lo que no creía. Propuso entonces irse a Chiapas como un ministro sin cartera que cumple una responsabilidad clave. "Esto va crear una crisis política", dijo Salinas, pero después pensó mejor las cosas y decidió aprovechar la propuesta de Camacho, que no sólo implicaba un giro de ciento ochenta grados en la política del gobierno sino la posibilidad de meterle unos calambres mortales a Colosio y de pasada a Córdoba, cuya política de aplastar militarmente a los zapatistas había empeorado todo.

El miércoles 12, después de que la Bolsa Mexicana de Valores tuvo una caída de 6.3 por ciento que resultó el primer indicio de la descomposición económica que iría creciendo a lo largo de 1994, el presidente declaró: "He tomado la decisión de suspender toda iniciativa de fuego en el estado de Chiapas." Anunció entonces varias medidas para corregir "lo que no funcionó". Nombró a Manuel Camacho Solís como Comisionado para la Paz y la Reconciliación en Chiapas, destituyó a su primo Patrocinio González Garrido como secretario de Gobernación y lo reemplazó por Jorge Carpizo, hasta entonces procurador, cargo que ocupó Diego Valadés. Poco después también cayó el gobernador interino Elmar Setzer. El cese al fuego y el inicio de negociaciones fue bien visto en todas partes y se comentó que mientras en Centroamérica se requirieron años de guerra para entablar negociaciones en México habían bastado diez días.

Para entonces el ejército había logrado que el EZLN se replegara a la selva. Muchos zapatistas se quitaban el pasamontañas y se reincorporaban a la población civil, lo que permitía camuflarse, burlar el asedio militar, tener una gran capacidad de movilización y presencia en muchas partes. En diez días Chiapas había vivido una guerra no declarada. Se suspendieron virtualmente las garantías individuales, la mayoría de los servicios y las actividades escolares; se establecieron intensos patrullajes en la selva y las ciudades, además de retenes en infinidad de carreteras y caminos; hubo detención de civiles y varios de los bombardeos tuvieron lugar en zonas pobladas; además, se prohibió a la Cruz Roja, a los medios de difusión y a las organizaciones de derechos humanos que recorrieran las zonas de conflicto. El ejército acató a regañadientes la orden presidencial; ya había agarrado vuelo y estaba puestísimo para tomar el campamento rebelde de Guadalupe Tepeyac. No se retiró de donde ya estaba, prosiguió sus patrullajes, se posicionó, inició una campaña para deshacer las bases zapatistas y alteró por completo la vida de la región. Los militares estaban indignados por las denuncias de las ONG nacionales e internacionales. Aseguraban que no se había llevado a cabo ningún bombardeo, apenas habían lanzado unos cuantos *rockets*, y jamás en poblados. Ellos se dedicaban a labores sociales y tareas humanitarias.

El resurgimiento político de Camacho Solís desconcertó severamente a los priístas, pero especialmente cayó como bomba entre los colosistas. No sólo tenían a Ernesto Zedillo como candidato alterno y al presidente en contra, sino que ahora el comisionado acaparaba la atención de los medios; de nuevo estaba vivo y puestísimo. Colosio, por su parte, se quedó paralizado ante los acontecimientos de Chiapas. Primero envió un boletín en el que reconocía los rezagos ancestrales del estado y pedía a los rebeldes "rectificar su conducta". Después decidió iniciar su campaña, a pesar de que en Los Pinos le pidieron que la siguiera retrasando, pero el 10 de enero arrancó con un acto tristísimo en Huejutla, Hidalgo, con asistentes rigurosamente acarreados. A partir de ese momento su campaña transcurrió sin que nadie le hiciera caso.

En cambio, Camacho disfrutaba su vuelta a los reflectores y una de las primeras cosas que hizo como Comisionado para la Paz y la Reconciliación en Chiapas fue respaldar a Samuel Ruiz y reconocer, tácitamente, a los zapatistas. "Me he referido a ustedes como E Zeta Ele Ene, respetando la denominación que les ha dado identidad", dijo en San Cristóbal. Agregó también que era necesario pedirle perdón a los indígenas por todo el sufrimiento que habían vivido. Ante esto, el EZLN lo reconoció como "interlocutor verdadero". El congreso aprobó inmediatamente después una ley de amnistía. Por su parte, Samuel Ruiz, una verdadera ave de tempestades, fue aceptado como media-

Ofelia Medina se volvió un entusiasta y valeroso apoyo de los zapatistas. (Foto: Fabrizio León/*La Jornada*)

Marcos y Manuel Camacho Solís sostienen la bandera nacional en la catedral de San Cristóbal. (Foto: Pedro Valtierra)

dor por los zapatistas y el gobierno, lo cual indignó a los finqueros y a las fuerzas vivas de San Cristóbal de Las Casas, que se autodenominaban "auténticos coletos".

Si Camacho había resurgido, Marcos se había vuelto objeto de culto y *sex symbol* internacional. A los pocos días salieron a la venta camisetas y carteles del "sup", como se decía y le decían, así como muñecas zapatistas encapuchadas. Después aparecieron los condones Alzado con la efigie de Marcos y todo tipo de juguetes y recuerdos. En muchas ciudades los jóvenes se ponían pasamontañas para echar relajo y las muchachas declaraban, desinhibidamente, que el subcomandante era un papacito. Marcos procuró desalentar todo esto, porque "trivializaba la lucha", pero obviamente le encantaba el tremendo pegue que tenía entre las chavas. "Bueno, ahora este muñeco va a cambiar de aparador", decía al despedirse. Sus comunicados contenían análisis, denuncias e informaciones, pero también citaba poetas, filósofos y novelistas, y se la pasaba haciendo chistes e ironías sangrientas. Inventó personajes, se especializó en posdatas y escribía poemas. Era claro que tomaba muy en serio la situación pero que, al mismo tiempo, no respetaba a nadie. Le atraían los altos intelectuales, eso sí, y trató de seducir a Carlos Fuentes, Enrique Krauze y Carlos Monsiváis, pero los tres castos varones no cedieron. Elena Poniatowska lo apoyó sin reservas, al igual que los poetas chiapanecos Óscar Oliva y Juan Bañuelos (en contra, Jaime Sabines y Efraín Bartolomé). Ofelia Medina se convirtió en un entusiasta y valiente apoyo del EZLN, al grado de que un tiempo la ultraderecha chiapaneca la detestó casi como a Samuel Ruiz y compuso un escalofriante grito de batalla: "Violación masiva a Ofelia Medina."

Marcos aseguró que el EZLN se había alzado en armas para darle expresión a la sociedad civil. Dijo incluso que el EZLN ni siquiera se proponía tomar el poder, sino contribuir a que en México hubiera una verdadera democracia. "Es la primera insurrección postcomunista", apuntó Carlos Fuentes, ya que la del EZLN no se parecía a ninguna de las guerrillas: no se declaraba marxista, no se proponía instaurar el socialismo, predicaba la democracia, enarbolaba los derechos de los indígenas, rescataba los héroes populares de la revmex y sus soldados se cubrían la cara como el Llanero Solitario.

En febrero se iniciaron los Diálogos de San Cristóbal entre los zapatistas armados y Camacho y su equipo, con Samuel Ruiz como mediador. La prensa internacional cubrió profusamente las negociaciones, que tuvieron lugar en la Catedral de San Cristóbal a puerta cerrada. Los 19 zapatistas hicieron una larga serie de demandas, además de la renuncia de Salinas y del retiro del ejército, que iban desde elecciones libres hasta la autonomía de los pueblos indígenas, pasando por la liberación de los presos, anulación de las reformas al artículo 27 constitucional y dotación de maquinaria, fertilizantes, clínicas, escuelas, electricidad, agua, drenaje y precios y salarios justos. Camacho no cedió en lo referente al retiro de Salinas ni reconoció al EZLN como "fuerza beligerante" ni pidió la salida del ejército, pero tenía ganas de arreglar el asunto rápidamente para capitalizarlo en sus aspiraciones presidenciales, así es que respondió satisfactoriamente a las demás demandas, y el 2 de marzo se dieron a conocer los *32 compromisos para una paz digna en Chiapas*. Salinas enfatizó que garantizaba la ejecución de los compromisos asumidos por Camacho Solís, entre los que se contaba, implícitamente, una nueva reforma que asegurara elecciones libres ese año. Los zapatistas regresaron a la selva para ver si sus comunidades aprobaban los compromisos, y el comisionado se fue a la ciudad de México a aterrorizar colosistas.

Mientras el presidente le daba aire a Manuel Camacho Solís, y Ernesto Zedillo, agazapado y disfrazado de coordinador, estaba ahí por lo que pudiera ofrecerse, los colosistas, furiosos, se quejaban de una campaña contra la campaña y de que Salinas deliberadamente los bloqueaba. El contacto entre el presidente y el candidato se volvió cada vez más escaso y frío, y no tardó en crecer una pugna entre Córdoba y Colosio. La saturación de comerciales y propaganda de la campaña dejaba indiferente a la sociedad y la atención de todos se iba siempre hacia Marcos y Camacho, por lo que la campaña presidencial del PRI era lastimera. No sólo se trataba de la primera vez que un candidato del PRI no tenía segura la presidencia sino que ni la candidatura misma estaba amarrada. "Algo le puede suceder a Colosio", se decía. Los priístas se hallaban tan confusos que, en un desayuno, Salinas muy divertido les tuvo que decir: "No se hagan bolas, el candidato es Luis Donaldo Colosio." Esto empeoró las cosas y se avivaron las especulaciones de que Camacho registraría su candidatura. El comisionado, por otra parte, no se descartaba ni desalentaba las versiones que lo postulaban; hablaba de forma elaboradamente críptica y se refería a sí mismo en tercera persona.

En febrero, los emisarios del presidente volvieron a pedirle a Colosio que renunciara. Éste se negó, sumamente dolido, y el 6 de marzo Luis Donaldo Colosio pintó su raya. En su discurso del sexagésimo quinto aniversario del PRI asentó que era necesaria la separación del partido oficial y del gobierno; que hacía falta un nuevo crecimiento que se distribuyese más equitativamente, para responder a las legítimas demandas de indígenas, campesinos, trabajadores, jóvenes, mujeres, empresarios y profesionales. "Veo un México con hambre y sed de justicia", confesó. "De gente agraviada por las distorsiones que imponen a la ley quienes deberían de servirla. De mujeres y hombres afligidos por el abuso de las autoridades o por la arrogancia de las oficinas gubernamentales." Planteó que el "origen de nuestros males se encuentra en una excesiva concentración del poder, que da lugar a decisiones equivocadas, al monopolio de las iniciativas, a los abusos y los excesos". Prometió reformar el poder para democratizarlo y acabar con el autoritarismo. "El gran reclamo en México es la democracia", reconoció.

Con esto, la ruptura en la cúpula era irreversible, como lo corroboró el que Salinas poco después le volviera a pedir la renuncia a la candidatura. Colosio también se lanzó contra Camacho, pero reconsideró y fue abucheado en el

Tecnológico de Monterrey porque no quiso opinar sobre el comisionado. En la segunda mitad de marzo los dos se reunieron a cenar, hicieron las paces y llegaron a acuerdos (se dice que esa vez fue Colosio el que le ofreció la Secretaría de Gobernación), por lo que Camacho Solís declaró, el 22 de marzo, justo a tiempo, que no tenía pretensiones presidenciales, lo cual fue festejado públicamente por el candidato. Poco antes Colosio había recibido una carta en la que Ernesto Zedillo le pedía que hiciera un pacto con el presidente Salinas y le reiteraba que el enemigo era Manuel Camacho.

Un día después, el 23, en la mañana, Colosio recibió una llamada de José María Córdoba. Otra vez le pedía la renuncia. Como se negó, Córdoba le dijo: "Aténgase a las consecuencias." Colosio se fue a Tijuana y siguió su campaña con un mitin en Lomas Taurinas, un barrio marginal. Su coordinador Ernesto Zedillo no asistió porque tenía intereses políticos en Baja California y no quería dar la impresión de que lo estaban placeando para la gubernatura del estado. A las cinco de la tarde Colosio ya había concluido su discurso y avanzaba difícilmente entre una multitud que lo apretaba, pues su equipo no le organizó una valla. Con más diligencia, un hombre de chamarra negra le abría paso a un joven de bigote, también de gorra, que logró colocarse detrás del candidato. De pronto un joven de lentes oscuros cayó en frente de Colosio y lo hizo detenerse; el de bigote alzó una pistola calibre 38 y disparó a la cabeza del candidato. Cuando caía entre la muchedumbre otra bala le penetró en el abdomen. Hubo quienes oyeron hasta cuatro disparos. La guardia personal saltó al auxilio del candidato y se lo llevó hacia una camioneta con rumbo al hospital. Otros sujetaron y procedieron a golpear al de la gorra, quien exclamaba: "¡Fue el ruco, fue el ruco!" Los agentes de la PGR hicieron a un lado a la policía local y se llevaron al joven de la gorra, Mario Aburto Martínez; al ruco, Vicente Mayoral Valenzuela, y a Jorge Antonio Sánchez Ortega, a quien la PGR dejó en libertad a pesar de que la prueba de la parafina le resultó positiva. Hasta después arrestaron a Tranquilino Sánchez Venegas, quien le abrió

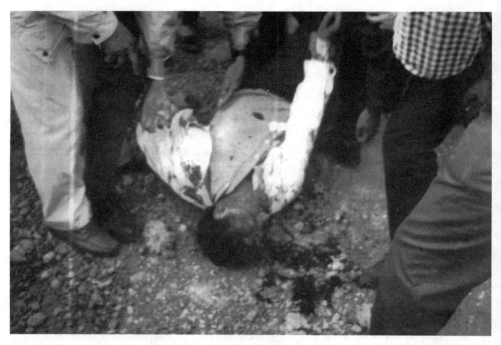

El asesinato de Colosio conmocionó y desestabilizó profundamente al país. (Foto: AP)

Aburto, o uno de los Aburtos, parecía muy bien aleccionado para declarar, y lo hacía con singular gusto. (Foto: José Núñez/Cuartoscuro)

paso y cubrió a Aburto y a Rodolfo Mayoral. Todos eran o habían sido policías.

Luis Donaldo Colosio había perdido muchísima sangre en el largo camino entre Lomas Taurinas y el Hospital General de Tijuana, donde trataron de salvarle la vida. Para entonces Diana Laura Riojas de Colosio ya estaba ahí; la noticia había volado, Televisa transmitía en directo a todo el país y repetía el video del asesinato. Colosio fue declarado muerto a las ocho de la noche, aunque se dijo que en realidad había fallecido desde las seis y media, y se retuvo la noticia para que el gobierno pudiera maniobrar. En todo caso, a las diez de la noche llegó el procurador Diego Valadés, enviado por el presidente Salinas para encargarse de las investigaciones. Ernesto Ruffo, gobernador de Baja California Norte, se había dispuesto a tomar el caso, pero por vía telefónica Salinas lo paró en seco. Rapidísimo llegó también a Tijuana Manlio Fabio Beltrones, el gobernador de Sonora, aunque nadie sabía exactamente a qué. Beltrones adujo ser un representante del presidente y le pidió al procurador Valadés que le prestara un rato a Aburto, a quien interrogó durante dos horas con su director de Seguridad Pública en la playa de Rosarito. Después lo regresó a la PGR y dijo: "No le pudimos sacar nada." Concluida la autopsia, Diego Valadés informó que Mario Aburto era el único y verdadero asesino. Disparó primero en la cabeza; al caer, Colosio giró en sentido contrario a las manecillas del reloj y Aburto le disparó por segunda vez. Esta versión fue recibida con extremo escepticismo, porque los médicos aseguraban que el calibre de las dos balas era distinto, por lo que la segunda tuvo que haber sido disparada por otra pistola y podía tratarse de una conspiración.

El país se conmocionó por el asesinato, especialmente porque durante unas horas vio por televisión el momento del crimen y los intentos por salvar al candidato. Una sensación de horror flotaba en el ambiente, pues nadie pensaba que las cosas se hubieran descompuesto tanto que de nuevo la política recurriera a las balas. "Es un ajuste de cuentas interno y una provocación para el endurecimiento", dijo el subcomandante Marcos desde la Selva Lacandona y el EZLN se declaró en estado de alerta máxima, por lo que los resultados de los Diálogos de San Cristóbal quedaron en suspenso.

Por su parte, Salinas se reunió con Pedro Aspe, el secretario de Hacienda, y declararon al jueves 24 día de duelo nacional. Con esta medida se cerraron bancos y Bolsa de Valores y se evitó una reacción de pánico por parte de la gente de dinero, aunque con el tiempo siguió lo que para entonces ya era una continua salida de capitales. También se ratificó el Pacto y Aspe se puso en contacto con los financieros del extranjero. Al mismo tiempo, Salinas nombró a Miguel Montes como subprocurador especial para que investigara el asesinato. Poco después el gobierno de Estados Unidos abrió una línea de crédito de seis mil millones de dólares que se añadieron a la histórica cifra de las reservas gubernamentales: treinta mil millones de dólares.

El cadáver de Luis Donaldo Colosio, que de ser candidato de un partido empezaba a recibir reconocimientos de jefe de Estado, héroe y mártir, fue trasladado a la ciudad de México y se le rindieron homenajes en el edificio del PRI. Salinas hizo la primera guardia ante priístas enardecidos que le gritaban "¡Co-lo-sio!, ¡Co-lo-sio!", "¡justicia!", "¡quién fue?", "¡que vuelen cabezas!" y hacían todo tipo de recriminaciones, por lo que don Carlos mejor se fue rápidamente. El cadáver fue velado en la agencia Gayosso y Fernando Ortiz Arana se desempeñó como anfitrión y doliente, y recibía los abrazos de todo el sistema, incluida la oposición. "Muchas gracias por venir, ingeniero. Lo apreciamos mucho", le dijo a Cuauhtémoc Cárdenas, quien ya se iba cuando Manuel Camacho Solís cometió el error de aparecerse ahí. "¡No queremos a Camacho, ¡que chingue a su madre", dijeron los priístas, con lo que el comisionado quedó descalificado de cualquier posibilidad de ser el candidato sustituto.

En el PRI y en el gobierno todo mundo iba y venía a causa del reemplazo de Colosio. Corrían mil rumores, se hacían muchas reuniones, pero las opciones no eran muchas, pues la Constitución indicaba que sólo podían ser candidatos los funcionarios que hubiesen renunciado a sus cargos, lo que impedía que el presidente diera un segundo dedazo en favor de gente suya como Pedro Aspe, Emilio Lozoya o Emilio Gamboa. Las posibilidades, por tanto, se reducían a Ernesto Zedillo, que trataba de pasar inadvertido, y al líder del PRI Fernando Ortiz Arana, quien vio la suya y se movió frenéticamente. Desde el PRI envió faxes a todos los comités directivos estatales solicitando apoyo para que él fuera el nuevo candidato. Los priístas estaban conmocionados, exigían el fin del dedazo y participar en la selección del sustituto de Colosio, así es que Ortiz Arana rápidamente encontró apoyos y un grupo numeroso se manifestó públicamente a su favor. Salinas, furioso porque ante sus mostachos le trataban de birlar el sacrosanto derecho del dedazo, y mientras simulaba "auscultaciones entre los priístas", mandó llamar a Ortiz Arana y le ordenó no sólo detener todos los apoyos a su candidatura sino convocar a una sesión extraordinaria del congreso que modificara el artículo 82 de la Constitución para que los secretarios de Estado pudiesen ser candidatos a la presidencia. Esta maniobra fue rechazada tajantemente por los priístas y más de cien integrantes del Consejo Político Nacional lo afirmaron en un desplegado. Salinas telefoneó a Ortiz Arana, lo volvió a regañar y lo obligó a declarar públicamente que no buscaba ni quería la candidatura. El presidente del PRI vio desvanecerse sus ilusiones y se autodescartó ante los medios. Con el tiempo su docilidad le pagó amargos dividendos, pues ni siquiera pudo ser gobernador de su estado natal, Querétaro.

Todos se dieron cuenta con horror de que a Salinas no le quedaba más que el candidato alterno de Córdoba, el no menos doctor Ernesto Zedillo. El mismo José María Córdoba se encargó de todo. El martes 29 de marzo de 1994, los priístas en pleno se reunieron en Los Pinos, donde Salinas el Democrático les preguntó a quién querían de candidato. "Yo tengo una propuesta", intervino Manlio Fabio Beltrones, el gobernador de Sonora, "es la propuesta de un sonorense como lo era nuestro candidato Colosio",

Ernesto Zedillo llegó al poder sin haberse preparado. (Foto: Rodolfo Val-
tierra/Cuartoscuro)

agregó y un videocaset, que convenientemente le había proporcionado a Beltrones el doctor Córdoba la noche anterior, mostró a Colosio elogiar a Zedillo cuando lo nombraba coordinador de la campaña. Era el dedazo de ultratumba, o videodedazo, como se le conoció: nada menos que el mismísimo e insigne Mártir Fallecido se manifestaba a favor del doctor Zedillo. "¿Alguna otra propuesta?", preguntó Salinas. "No, señor presidente", replicó en el acto Fidel Velázquez, "ésa también es nuestra propuesta".

Ernesto Zedillo Ponce de León nació en la ciudad de México en 1951, pero fue llevado a Mexicali, Baja California Norte, desde que tenía tres años de edad y ahí estudió primaria y secundaria. Era un niño obediente y aplicadísimo que sacaba puros dieces. Se contaba que había tenido que trabajar como bolero y recolector de chatarra porque su familia no tenía recursos. Después estudió economía en el Instituto Politécnico Nacional, obtuvo becas para estudiar en Estados Unidos y finalmente se doctoró en la Universidad de Yale en 1978. La buena fortuna lo llevó a conectarse con el Grupo Compacto de la SPP y a ser el consentido del todopoderoso José María Córdoba. Toda su carrera la pasó encerrado en las bóvedas de la economía y su adhesión a las doctrinas neoliberales era total. No había tenido ninguna experiencia política porque el doctor Córdoba había hecho todo por él y de pronto se hallaba en la antesala de la presidencia mexicana sin haberse preparado en lo más mínimo, prácticamente sin equipo ni los amarres necesarios.

Por cierto, tan pronto como Zedillo fue nombrado candidato, José María Córdoba estratégicamente dejó su superasesoría y fue enviado a Washington como representante de México al Banco Internacional de Desarrollo (BID). "Me voy para no causarle problemas a Ernesto", se dignó decir, ya que era notoria su relación con el flamante candidato. Su salida de México significó la ruina de su estilo, pues su notoriedad era mucha y ya no podía operar desde las sombras. Sin embargo, era obvio que Córdoba regresaría a México en el momento oportuno para velar por el nuevo presidente. Por su parte, Zedillo presentó sus propuestas políticas, económicas y culturales a través de decálogos, pero estaba aterrado por el broncón en que se había metido.

En tanto, el Ejército Zapatista de Liberación Nacional, después de un buen rato de debatirlo entre sus comunidades, dijo no a los acuerdos de paz negociados con Manuel Camacho Solís, porque, argumentaron, no habían muerto zapatistas por créditos de la Sedeso, Procampo o desayunos escolares en Las Cañadas, sino por libertad, democracia y justicia en todo el país. Marcos incluso reveló que el gobierno les había ofrecido dinero para que fingieran su rendición e informó que organizarían una gran convención nacional con la asistencia de la sociedad civil en un pueblito de la selva lacandona rebautizado como Aguascalientes, por lo que México volvería a tener una Convención de Aguascalientes.

Por otra parte, la investigación del asesinato de Colosio no satisfacía a nadie. Para empezar, se dudó de que el Mario Aburto que fue recluido en la prisión de alta seguridad de Almoloya fuese el mismo que había sido detenido en Tijuana. El primer Aburto tenía bigotito, ojos caídos y complexión delgada, pero el segundo era robusto, sin bigote y de rostro redondo. El que se quedó en Almoloya resultó un ex Testigo de Jehová muy seguro de sí mismo, perfectamente *cool*, que asumió la responsabilidad por los dos disparos a Colosio. Aseguró que no quería matarlo, sino sólo herirlo a fin de "lograr la atención de la prensa para exponer sus ideas pacifistas", pero ya casi no agregó más, pues se negó a hablar. "¡Ya les dije que no voy a contestar!", gritó molesto en una ocasión. Daba la impresión de que había sido muy bien aleccionado para declarar y que tenía un talento especial para hacerlo.

El subprocurador Miguel Montes llevó a cabo su investigación y revisó los varios videos que había del crimen. Incluso importó a unos investigadores españoles para que lo ayudaran. Primero admitió la posibilidad de que fueran varios los implicados aunque un solo ejecutor (una "acción concertada"), pero después Montes concluyó que Aburto era un asesino solitario, un sicópata que actuó por su cuenta. Nadie creyó esto. La idea generalizada era que se trataba de un asesinato político instrumentado desde el interior del gobierno y se señalaba como posibles autores intelectuales a los dinos del PRI y al grupo Atlacomulco de Carlos Hank González, pero sobre todo a la dupla Salinas-Córdoba, que le había hecho la vida imposible a Colosio y le pidió la renuncia porque no podía permitir modificaciones a El Modelo, además de que el crimen resultaría una drástica manera de diluir la atención que recibía Chiapas. En el gobierno se decía que el culpable era Manuel Camacho Solís, a lo cual él reviró diciendo: "¿A quién benefició el crimen?", pero como el beneficiado era Zedillo mejor se dejó en paz el asunto. También se decía que los responsables eran los narcotraficantes, que habrían sido poseídos por el furor matacandidatos de los colombianos, además de que Colosio se habría negado a transar con ellos. Otra hipótesis era que los políticos habían utilizado sicarios de los narcos.

En todo caso, como Montes no convenció, salió de la subprocuraduría del caso Colosio y en su lugar quedó Olga Islas, quien a su vez optó por dejar pasar el tiempo y al final tampoco satisfizo a nadie. Se decía que Diana Laura, la viuda de Colosio, se hallaba muy molesta por el rumbo de las investigaciones y que se negaba a hablar con Salinas, ya que éste la presionaba para que apoyara públicamente a Zedillo y de pasada a Camacho Solís. La señora tenía cáncer y tanto ella como Colosio sabían que no iba a durar mucho. La muerte de su marido y la secuela de acontecimientos precipitaron sus males y falleció en noviembre de 1994. Con el nuevo gobierno hubo un nuevo investigador especial, Pablo Chapa Bezanilla, quien nuevamente empezó de cero; hizo ver que la investigación presentaba gravísimas deficiencias y volvió a la hipótesis del complot a través de un segundo tirador. Sin embargo, él tampoco pudo probar nada y al final tuvo que huir a España, por lo que se nombró un cuarto investigador, Raúl

González Pérez. La sociedad se negaba a resignarse a la idea de que la muerte de Colosio jamás sería aclarada.

Los candidatos a la presidencia tenían bien encarriladas sus campañas cuando Ernesto Zedillo inició la suya. Desde un principio todo le costó mucho trabajo; ya no había una campaña contra la campaña pero él mismo era el problema, pues inevitablemente resultaba una muestra fehaciente de los abismos a los que podía llegar la decadencia del sistema, que, por cierto, nunca se caracterizó por sus grandes hombres. Desde su discurso de aceptación de la candidatura (en el que en 20 minutos mencionó 38 veces a Colosio) se vio excesivamente inseguro y nervioso. Ni siquiera la hacía cuando le tomaban fotografías con fines publicitarios. Tenía el carisma de un hígado y los pobres publicistas sufrían para hallarle una imagen atractiva. Además de lucrar con el nombre de Colosio, en un principio Zedillo, que para esas alturas era un yupi tecnócrata, trataba de hacerse el simpático y populachero pero a nadie convencía, como cuando unos trabajadores le invitaron una cerveza y él la pidió en vasito para que pareciera Sidral, "porque si no los amigos de la cámara me agarran tomando cheves". Sin embargo, era pródigo en el humorismo involuntario (aseguró que sería presidente de "los pobres mexicanos" en vez de "los mexicanos pobres") y en los chistes suicidas ("A mí me gusta que me digan la neta", dijo una vez). Como había sido bolerito cuando niño, muy gandhianamente se puso a bolear cacles en Irapuato. Trataba de vender la idea de que por sus orígenes humildes estaba con los pobres, así es que se daba sus baños de pueblo y sus *think tanks* le urdieron el lema "Por el bienestar de la familia" basado en la idea de Colosio de que debía haber "buenas finanzas familiares" que en su momento resultó inadmisible para Salinas. Tenía inclinación a las jugadas dudosas, como cuando se metió furtivamente en el campus de la Universidad Nacional; los estudiantes se enteraron de su presencia y le dijeron: "¿Cómo viene a hablar de democracia si a usted lo eligieron antidemocráticamente, por dedazo?" Furioso, Zedillo mejor se fue entre insultos y pedradas; después acusó a los jóvenes de "violentos" y a la vez, sin empachos, declaró que el de la UNAM había sido "un actazo". Casi todos sus actos públicos se prefabricaban con gente dócil que, como muchos intelectuales, criticaba en pequeño y ayudaba en grande. Y aun así, a pesar del control, nunca faltaban los que aprovechaban la tribuna y en la cara de Zedillo no sólo decían sus verdades sino que denunciaban cómo se habían arreglado esas mismísimas reuniones.

No había candidato pero sí dinero y aliados, así es que se gastaron cantidades exorbitantes en propaganda y publicidad, y tanto Televisa como Televisión Azteca al igual que la mayor parte de las radiodifusoras llenaron las pantallas con apoyos a Zedillo y le dieron la menor atención posible a Cuauhtémoc Cárdenas y Diego Fernández de Cevallos, quien, por cierto, calificó a los demás partidos como "la chiquillada". Éstos, en cambio, eran tratados magnánimamente por los medios, en especial Cecilia Soto del PT. La estrategia principal para que ganara el PRI se basó en fomentar el miedo de la población, lo cual no fue nada difícil después del asesinato de Luis Donaldo Colosio, un nocaut sicológico que verdaderamente desestabilizó a la nación. Además, la existencia de una guerrilla en Chiapas atemorizaba a muchos y Cuauhtémoc Cárdenas y el PRD eran asociados con la violencia, ahora por su apoyo al EZLN. "En ninguna época, en ninguna parte, por ningún motivo, un niño debe crecer con miedo. Porque creemos en la fuerza de la razón, rechazamos la violencia", decían, lúgubres, los incesantes anuncios televisivos. El gobierno desplegó todos sus recursos para meter la idea de que un cambio de gobierno sería prematuro y que generaría la violencia. "El cambio no, ahorita no", decían las estrellas de Televisa. El presidente de la Asociación Nacional de Banqueros anunció que un triunfo de la oposición traería consigo fuga de capitales, caída de la bolsa de valores y una terrible devaluación, lo cual efectivamente ocurrió, pero con el gobierno priísta.

Por esas fechas Salinas anunció que, con el apoyo de Estados Unidos, aspiraría a la dirección de la Organización Mundial de Comercio (OMC), el nuevo e importan-

En el primer debate presidencial, el Jefe Diego se comió vivos a Ernesto Zedillo y a Cuauhtémoc Cárdenas. (Foto: Cuartoscuro)

tísimo organismo internacional que sustituiría al GATT a partir de 1995, con lo mal el buen Babalucas ascendería a gran estrella internacional, y también empezó a llamar la atención el Grupo San Ángel, compuesto por intelectuales y políticos como Carlos Fuentes, Enrique Krauze, Jorge Castañeda, Demetrio Sodi de la Tijera, Lorenzo Meyer, Carlos Monsiváis, Enrique González Pedrero y otros de peso completo. Según ellos, había que evitar que en las elecciones hubiera "un choque de trenes". Que "las locomotoras se detengan y en la estación todos podamos abordar el convoy de la democracia", dijo Fuentes, inspirado. Después de las elecciones se pudo ver que la tesis del choque de trenes no tenía sustento, pero en cambio contribuyó al voto del miedo.

Con mayo vino el esperado debate entre los principales candidatos presidenciales, que se transmitió por televisión nacional: Ernesto Zedillo Ponce de León, del PRI, Diego Fernández de Cevallos, PAN, y Cuauhtémoc Cárdenas, PRD. Era la primera vez que había un debate presidencial en México, pues Salinas se negó a enfrentar a Cárdenas y a Clouthier seis años antes. Ante el regocijo general, el Jefe Diego, de lo más quitado de la pena, se comió vivos a sus oponentes y los hizo ver muy mal. Zedillo no fue pieza en lo más mínimo y Cuauhtémoc tampoco la hizo. Se vio tieso y lento, en especial cuando Cevallos lo atacó frontalmente. Después del debate Zedillo motivó carcajadas cuando se autoproclamó ganador, pero todas las encuestas ubicaban a Fernández de Cevallos en primer lugar. El candidato del PAN tenía todo para ganar la presidencia, pero a partir de ese momento suspendió su campaña durante un mes, bajó notoriamente su perfil al mínimo requerido y dejó que el PRI recuperara el control. Cárdenas, por su parte, ya no pudo remontar su fracaso en el debate.

En tanto, en el congreso se cocinaba la tercera reforma electoral del sexenio, con la que se logró "ciudadanizar" parcialmente el control de las elecciones con la creación de un consejo plural de seis ciudadanos, entre ellos Miguel Ángel Granados Chapa, José Woldenberg, José Agustín

Ortiz Pinchetti y Santiago Creel. Se establecieron topes a las campañas, aunque éstos resultaban más allá de toda proporción y naturalmente favorecían al PRI a tal punto que después el mismo Zedillo reconoció que habían sido inequitativos. También se permitió por primera vez el ingreso de observadores extranjeros con el eufemismo de "visitantes internacionales", y se autorizaron las encuestas de salida en las urnas o *exit polls*. El gobierno siguió disponiendo de mecanismos esenciales, pero sin duda se dificultaron los fraudes electorales.

El 21 de agosto de 1994 las elecciones transcurrieron en paz en todo el país, sin choque de trenes y casi sin incidentes mayores, salvo que en las casillas especiales las boletas resultaron insuficientes, lo cual motivó manifestaciones que gritaban "¡queremos votar!" Una buena cantidad de ciudadanos sinceramente creía que las campañas para meter miedo ante un cambio de gobierno no prosperarían y esperaba que ese día por fin se iniciaría el tránsito a la verdadera democracia. Oh ilusos. Desde esa noche el Instituto Federal Electoral (IFE) presentó resultados preliminares que corroboraban los resultados de las encuestas de salida: la victoria era para Ernesto Zedillo con casi el 50 por ciento de la votación; Diego Fernández de Cevallos obtenía el 27 y Cárdenas el 15. Cevallos aceptó la derrota desde antes de que se conocieran los resultados del IFE y Cuauhtémoc —aunque se quejó de numerosas irregularidades, no paró de refunfuñar y dijo que Zedillo era un usurpador—, con el tiempo tuvo que reconocer que había cometido demasiados errores y que esta vez no la había hecho. Al final aseguró que no podía reclamar el triunfo pero "tampoco reconocer la victoria de nadie".

Nadie podía creer el triunfo aplastante del PRI. "Los mexicanos votaron masivamente pero no por el cambio", cabeceó *Proceso*. "Cuando pudimos no quisimos", suspiró después el columnista Carlos Ramírez. Había votado el 78 por ciento del padrón con una nueva ley electoral, consejeros ciudadanos, observadores internacionales y el escrutinio de la prensa de todo el mundo. Se hablaba de fraude cibernético y de irregularidades sin fin, pero Zedillo se llevó más de 17 millones de "votos del miedo" (48.77 por ciento). El PRI ganó las 64 senadurías y 277 diputaciones de mayoría, por lo que la 56 legislatura se integró con 300 diputados (60 por ciento) del PRI, 119 (24 por ciento) del PAN, 71 (14 por ciento) del PRD y 10 (2 por ciento) del PT. El PRI también arrasó en la Asamblea de Representantes del DF y ganó 142 alcaldías en siete estados. El PAN sólo pudo obtener un triunfo importante en Monterrey, pero mediante una concertacesión más. El PRI también ganó la gubernatura de Chiapas con Eduardo Robledo Rincón, pero el PRD, el PAN y muchos observadores coincidieron en que hubo un fraude descarado. Se realizaron movilizaciones en protesta, se exigía la apertura de los paquetes electorales para contar voto por voto y hubo una gran tensión. Por cierto, los simpatizantes de los zapatistas resintieron un gran golpe cuando el poeta, narrador y cuentero Eraclio Zepeda aceptó el cargo de secretario de Gobierno con Robledo Rincón y engrosó las filas de izquierdistas seducidos por el salinismo.

Carlos Salinas de Gortari consideró que las elecciones fueron "excepcionales", pero la fachada de limpieza pronto se empañó. Fue muy divertido cuando las autoridades invitaron a la prensa a que revisara las carpetas del proceso electoral y los reporteros de *El Financiero*, *El Universal*, *La Jornada* y *Reforma* descubrieron alteración de cifras, actas en blanco y tachadas, sumas que no coincidían, más votos que boletas, falta de datos y actas sin firmas. Después se dieron a conocer incontables anomalías e irregularidades en todo el país, pero especialmente en Chiapas.

Sin embargo, apenas a un mes de las elecciones y cuando parecía que regresaría a la normalidad, el país volvió a trepidar con otro atentado político. El martes 27 de septiembre, José Francisco Ruiz Massieu, ex gobernador de Guerrero, representante del PRI en el IFE, secretario general del Institucional, virtual líder de la mayoría priísta en el congreso y a quien se le atribuía la concertacesión que permitió al PAN quedarse con la alcaldía de Monterrey, asistió a una reunión de los diputados electos del PRI,

José Francisco Ruiz Massieu tenía grandes ambiciones y su asesinato acabó de desquiciar al país. (Foto: Cuartoscuro)

y al recoger su automóvil, Daniel Aguilar Treviño, un tamaulipeco delgado y de pelo corto, avanzó hacia él, sacó una subametralladora, apuntó y disparó una bala expansiva que destrozó arterias vitales y produjo una hemorragia fatal. El arma de Aguilar se trabó, por lo que éste, un inexperto que se hundió en el pánico, salió corriendo entre la gente hasta que un policía bancario lo detuvo. En tanto, una ambulancia se llevó a Ruiz Massieu al Hospital Español, donde falleció al poco rato.

José Francisco Ruiz Massieu había conocido a Carlos Salinas de Gortari en tiempos de estudiante, y con Camacho Solís, Emilio Lozoya y Diego Valadés habían constituido una hermandad y un grupo. Se casó con Adriana, la hermana de Carlos Salinas, con la que tuvo dos hijas; sin embargo, se divorciaron después y se decía que a la familia Salinas, especialmente a Raúl, esto le molestó muchísimo. La verdad es que el presidente siempre mantuvo a distancia a su ex cuñado, quien se movió en áreas distintas a la SPP. En 1986 obtuvo la gubernatura de Guerrero, donde se le recibió con pintas que decían: "Guerrero está de luto, nos trajeron a otro puto." Ruiz Massieu empleó la mano dura y reprimió al PRD, que en 1989 y 1993 pidió la desaparición de poderes en el estado. El gobernador acusó a sus oponentes de voluntaristas, maximalistas, de instinto totalitario y de "violencia homeopática y focal". Además de la Autopista del Sol, el gobernador se concentró en el Proyecto Punta Diamante, que resultó un surtidero de fraudes y problemas. En 1988 estaba seguro de que dejaría la gubernatura de Guerrero para integrarse en el gabinete del ex cuñao, lo cual lo convertiría en presidenciable, pues no era ningún secreto que él también, como Camacho, soñaba con ser el mero mero. "Creo que todo político de cierto nivel aspira a la presidencia de la república", argumentaba.

Sin embargo, Salinas lo dejó en Guerrero y al final del sexenio lo instaló en el Infonavit. A la muerte de Colosio lo mencionaron como posible suplente, pero él se descartó al instante. Por tanto, el presidente lo mandó a la secretaría general del PRI cuando borró del mapa a Fernando

Ortiz Arana y puso a Ignacio Pichardo Pagaza como líder del partido oficial. Se daba por descontado que Ruiz Massieu sería el coordinador de la mayoría priísta del congreso, desde donde operaría la reforma política que se consideraba inaplazable. Aparte de su pedregosa retórica, Ruiz Massieu era inteligente y ambicioso; tenía personalidad, cultura e ideas propias. Su meta inmediata era llegar a la Secretaría de Gobernación y, entonces sí, "¡ya la hicimos!", decía. Para ello quería "innovar las costumbres políticas", democratizar al PRI e independizarlo del gobierno aunque hubiera que luchar contra los dinosaurios, los "fordcitos 30".

Asesinado o no por los políticos carcacha, la muerte de José Francisco Ruiz Massieu nuevamente horrorizó a todo México y dañó seriamente la precaria estabilidad política obtenida con las elecciones. El presidente Salinas dijo que se trataba de un crimen "aberrante" y nombró como investigador especial al hermano del asesinado, Mario Ruiz Massieu, quien de la UNAM saltó al gobierno y en ese momento era subprocurador. Él mismo le pidió al presidente que le permitiera encargarse del caso y después resumió la atmósfera que se vivía en México: "Los demonios están sueltos", dijo. En esa ocasión, el hermano investigador pareció tener suerte, pues el sicario Aguilar Treviño hizo revelaciones que llevaron a otros arrestos y pronto hubo una versión oficial de cómo ocurrieron las cosas.

Daniel Aguilar Treviño era un norteño desempleado que se fue a la capital con su amigo Carlos Cantú Narváez, los dos contratados por Jorge Rodríguez, hermano de Fernando Rodríguez González, el secretario técnico de la comisión de Recursos Hidráulicos de la Cámara de Diputados; la chamba de Aguilar consistía en matar a Ruiz Massieu "porque apoya una serie de reformas que no convienen", le explicaron Rodríguez González y la esposa de éste, María Eugenia Ramírez Araúz. En el complot participaban también los hermanos de ella, José Martín y Roberto Ángel Ramírez Araúz, y el camarógrafo Irving Anthony Dorrego. Estos tres siguieron paso a paso a Ruiz Massieu y averiguaron los compromisos de su agenda. El

Manuel Muñoz Rocha, supuesto autor del asesinato de Ruiz Massieu, aquí aparece con Silvia Hernández. (Foto: Cuartoscuro)

jefe de todo el proyecto era Manuel Muñoz Rocha, diputado por Río Bravo, Tamaulipas, aspirante frustrado a la gubernatura y subsecretario de Organización del Comité Ejecutivo Nacional del PRI. Todos fueron arrestados, menos Muñoz Rocha, quien, oculto, se comunicó telefónicamente con mucha gente y envió cartas a la PGR, implicó a Abraham Rubio Canales, ex director del Fideicomiso Acapulco y preso en Chilpancingo; además, Muñoz Rocha pidió licencia de su cargo como diputado. Después ya no se supo nada de él y nunca apareció, por lo que circuló la versión de que seguramente había sido asesinado e incluso se especificó que Raúl Salinas de Gortari, al estilo Al Capone en *Los intocables*, lo había matado a batazos. De cualquier manera, la PGR lo acusó de ser el autor intelectual y pidió su desafuero, pero la Cámara de Diputados prefirió concederle la licencia, "era lo más sano para la imagen del PRI y del congreso", se dijo.

En un principio se trató de hacer creer que la conspiración la encabezaba Muñoz Rocha y no había nadie por encima de él, pero entre las declaraciones de los complotados salieron a colación numerosos políticos priístas, sobre todo tamaulipecos, entre ellos Enrique Cárdenas González, Manuel Garza González, el Meme, Hugo Andrés Araujo e Ignacio Ovalle. La PGR hizo interrogatorios y cateos, incluso en las oficinas priístas, por lo que surgió una estridente pugna entre el subprocurador e Ignacio Pichardo Pagaza y María de los Ángeles Moreno, presidente y secretaria general del partido oficial. "La sociedad no sabe lo que hay en los sótanos de la vida pública", decía Mario Ruiz Massieu; "hay corrupción, criminalidad, muertes, homicidios, venganzas, rencores."

"¡Es un hijo de la chingada!", bramó Enrique Cárdenas González y muchos priístas criticaron abiertamente al subprocurador, el cual a su vez se quejó de que sufría muchas resistencias y presiones para que no pudiera avanzar. Dijo que el crimen fue un complot orquestado por políticos priístas de alto nivel que protegían a Muñoz Rocha y acusó de complicidad y contubernio a Pichardo Pagaza, María de los Ángeles Moreno y a su propio superior, el procurador general Humberto Benítez Treviño. Los tres a su vez presentaron demandas contra Mario Ruiz Massieu. Esta pugna se convirtió en un escándalo muy poco edificante y ya en los finales del sexenio el subprocurador tuvo que renunciar. Poco después, fue arrestado por las autoridades estadunidenses cuando pasó por Houston, rumbo a España, con diez millones de dólares en efectivo.

En medio de esa escandalera, Salinas se movía diligentemente, como la Hormiga Atómica que era, para obtener la dirección de la OMC, y, como Luis Echeverría, parecía que nunca terminaría de gobernar, pues no se resignaba a dejar el poder. Prometió que inauguraría una empresa cada uno de los días que le quedaban de gobierno, y lo cumplió, sólo que con compañías que ya tenían rato de haberse establecido, que aún no se acababan de formar o que de plano eran fantasmas. Además, le quería cambiar de nombre al país, posiblemente para satisfacer un capricho de los vecinos del norte, de modo que en vez de Estados Unidos Mexicanos simplemente nos llamáramos México. A esas alturas, al chaparrito ya no le importaban gran cosa las investigaciones sobre Colosio y Ruiz Massieu, ni el lodazal en que chapoteaban el PRI y el subprocurador, ni la situación chiapaneca, ni los graves síntomas de la economía. Ésas eran broncas del próximo gobierno.

En septiembre de 1994 la Secretaría de Hacienda denunció que Carlos Cabal Peniche, uno de los empresarios consentidos del presidente, se había autoprestado grandes cantidades y abrió cuentas en diversos bancos para obtener préstamos que jineteaba hasta reventarlos. Sus ilícitos ascendían a 700 millones de dólares. Cabal Peniche era un empresario tabasqueño que con el apoyo de Salinas, Pedro Aspe y Guillermo Ortiz compró el Banco BCH, que luego se llamó Unión y finalmente Cremi-Unión, cuando absorbió a la Banca Cremi. Con la pequeña ayuda de sus amigotes prosperó rápidamente, lo que le permitió comprar la multinacional Del Monte Fresh Produce y numerosas empresas, especialmente en Tabasco, donde contribuyó con los demenciales gastos de campaña de Roberto Madrazo Pintado, el candidato del PRI. Se movió tanto que él solo se puso en la mira, pues ni los recursos de los socios ni lo que pudiera generar el banco daban para esas compras. Como era de esperarse, fue avisado a tiempo y Cabal Peniche huyó del país. Nunca se hizo un gran esfuerzo por arrestarlo. También estalló el escándalo del grupo Havre de Julio Mariscal Domínguez y su hijo Eduardo, quienes crearon empresas fantasma para obtener créditos por 600 millones de pesos y 28 millones de dólares que solícitamente les concedió Nafinsa, entonces dirigida por Óscar Espinoza Villarreal. Además, esquilmaron 600 millones de pesos a más de 200 inversionistas, quienes firmaron pagarés que no valían nada.

Después del asesinato de Luis Donaldo Colosio, ya no paró la salida de capitales. Las reservas, que a fines de 1993 llegaron a la histórica cifra de 30 mil millones de dólares, decrecían velozmente, pero Salinas se empeñó en mantener la paridad por aquello de "presidente que devalúa se devalúa". En cambio incrementó la venta de Tesobonos, que eran a corto plazo, se pagaban en dólares y tenían doble ganancia: tasas altas y paridad cambiaria. Esa deuda, supuestamente interna, crecía y tenía que pagarse muy pronto, pero la estrategia del gobierno consistía en solucionar lo inmediato a como diera lugar y después a ver qué pasaba. La situación era tan volátil que a mediados de año la bolsa de valores tuvo una caída cuando el secretario de Gobernación Jorge Carpizo montó uno de los numeritos que solía hacer para llamar la atención y que le merecieron el mote de doctor Capricho. Esa vez presentó su renuncia y Salinas el Consentidor posiblemente le dijo: "Ándele mi Coquis, no renuncie, la patria lo necesita."

El asesinato de Ruiz Massieu incrementó las salidas de dinero, por lo que en noviembre las presiones devaluatorias eran incontenibles y la situación se había vuelto sumamente preocupante. El día 19 de noviembre salieron del país más de mil millones y medio dólares, y el 20 Ernesto Zedillo le pidió a Salinas de Gortari que devaluara la moneda antes de retirarse, como habían hecho Echeverría, López Portillo y el tío Mike. Sin embargo, Pedro Aspe se negó rotundamente e incluso amenazó con renunciar, por lo que acabó más enemistado aún con el presidente electo, que era rencorosillo.

Salinas, por su parte, estuvo de acuerdo con el secretario de Hacienda, pues se había empeñado en ser el único presidente que no devaluara la moneda desde 1970, y técnicamente lo logró, pues se fue sin devaluar y con inflación de un dígito, el siete por ciento, ¡qué maravilla! Ya que no hubo devaluación, el "pacto" se ratificó a toda velocidad a fines de noviembre y eso contuvo momentáneamente las presiones.

El primero de diciembre Carlos Salinas de Gortari entregó la banda presidencial a Ernesto Zedillo Ponce de León y sin perder tiempo se apropió de un avión de TAESA y con cargo a los contribuyentes se puso a talonear el apoyo de los países latinoamericanos para su candidatura a la dirección de la Organización Mundial de Comercio (OMC). Oficialmente el sexenio había concluido, pero, además de su proyecto transexenal, dejó pendientes problemas tan graves que la realidad inmediata lo persiguió, le arruinó sus planes y le dio el invierno más crudo de su vida.

Para empezar, estaba el problema de Chiapas. El EZLN se hallaba completamente cercado por el ejército, que se posicionó en donde quiso y estableció rigidísimos controles. Los militares abrieron caminos en la selva, establecieron cuarteles y aumentaron sus efectivos. Desde mediados de año empezaron a crear las condiciones de una guerra de baja intensidad que aislara a los zapatistas, acabara con sus bases y desactivara el creciente apoyo internacional a los indígenas de Chiapas. Para ello se utilizó la infraestructura existente de guardias blancas y se formaron bien armadas y entrenadas fuerzas paramilitares, como Paz y Libertad, los Chinchulines, el Movimiento Indígena Revolucionario Antizapatista (MIRA) o Máscara Roja, que odiaban rabiosamente a Marcos, al EZLN y a Samuel Ruiz, y tenían permiso para matar, pues contaban con la protección de las autoridades, el financiamiento del PRI y la complicidad de los finqueros. Las elecciones tensaron más aún la situación y Robledo Rincón tomó posesión en medio de grandes movilizaciones de protesta del PRD y de las bases zapatistas. Por su parte, Zedillo inició su política de doble lenguaje y mientras el ejército avanzaba, a través de Esteban Moctezuma, quien era su secretario de Gobernación, había establecido contactos secretos para hablar de paz con los zapatistas. A mediados de diciembre, Marcos dio un gran golpe publicitario con "la toma" de 32 municipios chiapanecos; durante unas horas los zapatistas, sin disparar un tiro, se hicieron presentes y mostraron tener bases importantes en esos lugares. Inmediatamente después desaparecieron en la selva o quitándose el pasamontañas.

Por otra parte, el 20 de diciembre, el nuevo gobierno no soportó las presiones que lo calaban y devaluó el peso en un 15 por ciento. Como de costumbre, hasta unos días antes el secretario de Hacienda Jaime Serra Puche había negado enfáticamente que habría una devaluación. Primero no quería dar la cara, pero tuvo que volar a Nueva York para dar explicaciones y suplicar la intervención del Departamento del Tesoro. Los financieros lo increparon e incluso lo acusaron de traidor. También lo odiaron los miles de pequeños inversionistas de Estados Unidos que habían invertido en pesos y que llegaron a perder hasta 32 mil millones de dólares. Estaban furiosos porque supieron que el gobierno les avisó a sus amigotes empresarios que venía la devaluación, por lo que éstos pudieron comprar abundantes cantidades del billete verde o, como Televisa, cambiar su deuda a dólares justo a tiempo. El peso se puso en flotación y fue peor. A partir de ahí, como en los viejos tiempos del delamadridazo, inició una caída espectacular, pasó de tres a cinco pesos por dólar y después llegó a más de ocho en 1995. Además, la bolsa de valores se fue para abajo y arrastró a las de otras partes del mundo, lo que se conoció como "efecto tequila". El presidente de Estados Unidos, William Clinton, consideró el asunto como de seguridad nacional, así es que llegó al rescate con un crédito alucinante de 20 mil millones de dólares, que le causó una fuerte oposición en el congreso estadunidense, más otros

32 mil mdd en un paquete internacional. Era el rescate más grande de la historia y por supuesto no fue gratis; además de condiciones excesivamente ventajosas, cualquier incumplimiento se cobraría con los ingresos petroleros de México.

Zedillo tuvo que eliminar a Jaime Serra Puche de la Secretaría de Hacienda y lo sustituyó por Guillermo Ortiz. Como era de esperarse, se recurrió a un Programa de Emergencia Económica con un severo recorte al gasto y aumentos en las tasas de interés que pronto rebasaron el cien por ciento y que ahorcaron a miles de empresas y profesionales que tenían préstamos bancarios o simples tarjetas de crédito. Centenares de miles perdieron sus empleos y el empobrecimiento fue generalizado. Por supuesto los precios se elevaron salvajemente y las protestas surgieron de todas las capas sociales, especialmente de la clase media, que de pronto se veía endrogada hasta el absurdo. La crisis de 1983 había sido un día de campo junto al "error de diciembre", como la calificó Carlos Salinas de Gortari cuando el nuevo gobierno lo hizo responsable.

Zedillo no sabía qué hacer para contener la inconformidad; le urgía fortalecerse, obtener algún respeto y distraer la atención de la brutalidad de la crisis, así es que se puso feliz cuando la PGR le ofreció en bandeja el fin de los zapatistas. Habían descubierto la identidad de Marcos y de los principales dirigentes no indígenas. Salvador Morales Garibay, supuestamente un ex jefe zapatista fastidiado por la popularidad de Marcos, denunció a sus viejos compas y después desapareció misteriosamente. Por tanto, el 9 de febrero de 1995 el mismo Zedillín informó que Marcos con todo y pipa en realidad era Rafael Sebastián Guillén, nacido en Tampico, que estudió en una escuela de jesuitas y después en la UNAM, donde se recibió en filosofía y sociología. Zedillo reveló también las identidades de otros altos dirigentes del EZLN: el comandante Germán, el jefe de todos, era Fernando Yáñez, hermano de César Germán Yáñez, el líder del FLN, y los subcomandantes Elisa y Vicente resultaron ser la profesora universitaria María Gloria Benavides y su marido Javier Elorriaga,

351

El hermano incómodo preso en Almoloya.

Carlos Salinas en su "huelga de hambre" en Monterrey.

que trabajaba en la televisión. No eran "ni populares, ni indígenas, ni chiapanecos", dijo Zedillo, y anunció que todos serían arrestados. El plan Arco Iris, que consistía en ocupar el territorio zapatista en seis horas y aniquilar a los rebeldes en cinco días, ya se habían echado a andar y el ejército asaltó el cuartel general de Guadalupe Tepeyac, pero Marcos fue avisado a tiempo, así es que logró huir; con el resto del EZLN desapareció en la selva y no lo hallaron por más que lo buscaron. Eso sí, tan pronto como pudo, dijo que él no era Rafael Sebastián Guillén, porque no estaba tan feo. La sociedad civil se movilizó a toda velocidad y en la ciudad de México una gigantesca manifestación de cientos de miles, a la voz de "Todos somos Marcos", obligó al presidente a detener la ofensiva y con el tiempo a entablar nuevas conversaciones de paz en San Andrés Larráinzar. El plan Arco Iris para acabar con los zapatistas había fracasado estrepitosamente.

En esas circunstancias, al presidente Zedillo no le quedó más remedio que intentar otro golpe espectacular y encarceló en Almoloya a Raúl Salinas de Gortari, acusado de la autoría intelectual del asesinato de José Francisco Ruiz Massieu, lo que trajo un juicio y una investigación ruidosísimos que alimentaron el morbo nacional con sus brujas y cadáveres desenterrados. En realidad, desde un principio los indicios llevaban derechito al hermano incómodo, ya que éste impulsó la carrera política de Muñoz Rocha, quien era su amigo desde los tiempos maoístas. Además, se decía, Raúl Salinas no tragaba a Pepe porque éste maltrataba a su hermana Adriana cuando estuvo casado con ella y porque, ya como gobernador, le estropeó varios negociazos que Raúl pretendía llevar a cabo en Guerrero. Después se descubrieron cuentas de más de cien millones de dólares en Suiza a su nombre y el Hermano Incomodísimo fue acusado de lavar dinero para el narcotráfico.

Al encarcelar a Raúl el presidente Zedillo se enfrentó duramente con Carlos Salinas, a quien en un principio le salió lo Corleone y envió a dos docenas de guaruras a rescatar a su hermano, quien fue atrapado con engaños en casa de su hermana Adriana. De milagro no se armó una balacera digna de narcos. Después, Salinas llamó telefónicamente a los programas de noticias de Televisa y Televisión Azteca para protestar porque lo inculpaban de la crisis económica y del asesinato de Colosio, y exigió satisfacción. Montó entonces un jet de su amigo el Maseco, se puso su vieja camiseta izquierdista y armó una divertidísima huelga de hambre en una casa pobre de Monterrey. Además, presentó una queja en la Comisión Nacional de Derechos Humanos.

Zedillo lo mandó llamar al instante y negociaron: Salinas sería eximido de toda responsabilidad en el caso Colosio, pero Raúl se fletaba como rehén y el ex presidente tendría que irse del país a beber sus vinos de Burdeos cosecha 1948, el año en que nació, en otra parte. Salinas rompió así su huelga de hambre, que apenas duró poco más de veinticuatro horas. Después se fue a Estados Unidos, donde no pudo quedarse. Tampoco pudo radicar ni en Canadá ni en Cuba, y finalmente se estableció en Irlanda, desde donde monitoreaba el salinismo sin Salinas. Para entonces había tenido que renunciar a sus aspiraciones de dirigir la OMC y pronto fue objeto de las furias populares como nunca se había visto; lo de López Portillo no fue nada. Pero, bueno, lo que dijera la gente era lo de menos y el ex presidente seguía en pie de guerra porque a él también le gustaba el borlote y además el destino lo perseguía. Como a Antonio López de Santa Anna, México no se lo quitaría de encima fácilmente.

Nota Final

Éste es el tercer y último volumen de *Tragicomedia mexicana*, crónica de la vida en México de 1940 a 1994. Escribir la historia reciente es patinar en hielo frágil, pues como se sabe, hay numerosas versiones de los hechos que muchas veces se oponen entre sí ya que ven las cosas desde su perspectiva e intereses. No obstante, consideré que el trabajo era necesario, pues casi no hay materiales que sinteticen nuestros hechos recientes. Ahora más que nunca es verdad que para entender lo que nos ocurre necesitamos revisar nuestro pasado inmediato.

Tragicomedia mexicana es una crónica histórica para un público amplio, por lo cual prescindí de un esquema formal, notas y pies de página, cuadros, profusión de estadísticas y demás. Ni remotamente es una versión oficial de los acontecimientos recientes, sino la visión de un observador que cuando menos no pertenece a ningún partido político, a ninguna institución o corporación, que no es propagador de ninguna ideología ni representa ningún tipo de intereses. Esto podrá no parecer gran cosa para algunos, pero a mí me permitió trabajar con una libertad notable. Además, mi propia naturaleza narrativa me indujo a escribir desde un punto de vista crítico, si no es que irreverente, irónico y divertido; es decir, en cierta forma, contracultural.

Seguí el ejemplo de los libros de Salvador Novo sobre los periodos presidenciales de Lázaro Cárdenas, Manuel Ávila Camacho y Miguel Alemán, en los que el maestro no sólo abarcó los acontecimientos políticos y económicos sino que incluyó observaciones sobre la cultura en general: artes, ciencias, artesanías, espectáculos, maneras de ser, hablar, vestir y cocinar, por lo que los subtituló *La vida en México*. Yo hice lo mismo y utilicé el mismo subtítulo. Seguí también la práctica de Novo de dividir la vida nacional en sexenios, ya que éstos han sido parte esencial del sistema, al grado de que Daniel Cosío Villegas consideró que en México se vivía una "monarquía sexenal".

Tragicomedia mexicana está basada en numerosos libros, en revistas y periódicos. Otras fuentes fueron conversaciones personales con gente de todo el país que me proporcionaron chistes y chismes que por lo general no se consignan en libros, periódicos o revistas. De esa manera intenté, hasta donde me fue posible, consignar lo que se sabía, lo que se decía en voz baja o de plano lo que se ocultaba. Con esos materiales, trabajé con el sistema de fichas, que me fueron muy útiles no sólo para anotar los datos, sino para "preescribir" el libro, ya que en ellas adelantaba notablemente la redacción y ensayaba el estilo; éstas también me sirvieron para estructurar los materiales, pues las "barajaba" de diversas maneras para ensayar distintas posibilidades de estructuración, que en momentos resultó cronológica, otras veces temática y en ocasiones asociativa. Los hechos están narrados sucinta y panorámicamente, pero amplié la crónica en muchos detalles de momentos que me parecían esenciales. Por supuesto, como he sido testigo presencial de buena parte del periodo, no quise prescindir de mi propia visión de las cosas, que, como era de esperarse, iba impregnada de mi concepción de la vida y del país.

El plan original consistía en cronicar la vida en México de 1940 a 1988; sin embargo, ni la más dotada capacidad de síntesis podía evitar el acopio de materiales de tantos aspectos de la historia reciente y de pronto el libro creció a un punto en que publicarlo como se había planeado resultaría excesivamente voluminoso, caro y difícil de manejar. Por tanto, lo dividí en dos partes, los periodos 1940-1970 y 1970-1988. En el primero la revolución mexicana se quedó atrás en aras de una modernización y apertura al capitalismo que conservó el autoritarismo represivo y mostró su aplastante deterioro en 1968. Esa primera parte apareció a fines de 1990, casi tres años después de haber iniciado el proyecto, con el título *Tragicomedia mexicana 1 (La vida en México de 1940 a 1970)*.

Durante los dos años siguientes trabajé intensamente en la segunda parte, el periodo 1970-1988. Sin embargo, nuevas dificultades se presentaron. Por una parte, dada la cercanía temporal y mis propias limitaciones, me resultó más difícil la caracterización de la primera docena trágica, los sexenios de Luis Echeverría y José López Portillo, en los que se vivieron las crisis de 1976 y de 1981-1982. Por otra parte, me era evidente que el gobierno de Miguel de la Madrid constituía la transición a un modelo que adquiría su verdadero sentido en el sexenio de Carlos Salinas de Gortari, así como Ávila Camacho le preparó el terreno a Miguel Alemán. Me resultaba cada vez más necesario escribir también la crónica del sexenio salinista, porque ahí se consolidaba el neoliberalismo en México.

Además, si los materiales históricos para el primer volumen habían sido relativamente escasos, de 1970 a la fecha abundaban, y sin perder el criterio panorámico podía abarcar más acontecimientos, lo cual hizo que, a pesar de apretar la síntesis, lo que había escrito sobre 1970 a 1982 tuviese casi las mismas páginas que el primer volumen. Por tanto, extendí la crónica un sexenio más e hice una nueva división: la era populista, de 1970 a 1982, y la neoliberal, de 1982 a 1994. Con el tiempo esta decisión me pareció adecuada, pues la trilogía es una forma clásica muy seductora. *Tragicomedia 2 (La vida en México de 1970 a 1982)* apareció a fines de 1992, dos años después de la primera.

En este tercer volumen de *Tragicomedia mexicana*, el sexenio de Miguel de la Madrid se narra año tras año, un poco para establecer una transición con el esquema de *Tragicomedia 2*, pero sobre todo para documentarlo bien, pues sólo así se puede entender lo que ocurrió después. Esto no es tan sencillo, porque, a diferencia del sexenio de Salinas, que fue muy espectacular, se ha escrito relativamente poco sobre el de De la Madrid. En cambio, opté por subvertir la linealidad cronológica en el periodo salinista y abordarlo temáticamente. Las nuevas técnicas cibernéticas y los materiales de "último momento" ciertamente representaron un cambio en mis sistemas de trabajo, pero en general *Tragicomedia 3* conserva el estilo y el espíritu de los dos volúmenes de la serie, aunque sin duda resulta más intenso a causa de la complejidad y la agudización de la vida nacional, especialmente en 1994, un año que a pesar de la profusa documentación aún presenta graves interrogantes.

Por supuesto, la cascada de revelaciones que no cesa puede modificar muchos de los planteamientos de *Tragicomedia mexicana*, además de que sin duda hay numerosas omisiones, o de que muchos sucesos importantes o interesantes apenas están delineados, sobre todo en lo que se refiere al sexenio de Zedillo. Ése es el gran riesgo de un proyecto de esta naturaleza, pero yo traté de ser como un zorro viejo que avanza con infinito cuidado sobre el hielo frágil. Naturalmente toda inexactitud es involuntaria y está abierta a la rectificación. En todo caso, este trabajo puede ser útil, como lo ha demostrado la aceptación de los dos volúmenes precedentes, porque contribuye a borrar la amnesia sexenal que padecemos y a establecer un piso desde el cual podrán partir otras aventuras más afortunadas que den constancia de nuestro agitado fin de milenio.

Agradecimientos

María Eugenia Vargas, Pedro Moreno, Juan Villoro, Ignacio Solares, Glyke Lehn, Sandra Hussein, Alejandro Reza, Una Pérez Ruiz, Tesy Ortiz, Andrea Peláez, Guadalupe Pech, Fabrizio León, Jesús Anaya, Andrés Ramírez, Cosme Ornelas, José Francisco Hernández, Silvia Sánchez Encalada, Jesús Ramírez, Salvador Quiauhtlazollin, Eurídice Aguirre, José Agustín Ramírez, Arturo Rivera, Carlos Barreto, Edgardo Bustamante, Carlos González, Paty Mazón, Dayana Sáizer, Rodrigo Arteaga, Augusto Ramírez, Gabriel Vargas, Naranjo, Helguera, Fritz Glockner y mi esposa Margarita Bermúdez.

Bibliografía

Héctor Aguilar Camín et al.: *Interpretaciones de la Revolución Mexicana* (UNAM-Nueva Imagen, 1970).
Después del milagro (Cal y Arena, 1993).
Adolfo Aguilar Zínser: *¡Vamos a ganar! La pugna de Cuauhtémoc Cárdenas por el poder* (Océano, 1995).
Alberto Aguirre et al.: *El asesinato del cardenal, ¿un error?* (Planeta, 1994).
Norberto Aguirre: *Cuestiones agrarias* (Joaquín Mortiz, 1977).
Roderic Ai Camp: *Los intelectuales y el Estado en el México del siglo XX* (FCE, 1988).
Ricardo Alemán: *Guanajuato, espejismo electoral* (La Jornada Ediciones, 1993).
Anónimo: *Yo Manuel: memorias ¿apócrifas? de un comisionado* (Rayuela, 1995).
Federico Arana: *Guaraches de ante azul* (Posada, 1985).
Roqueros y folcloroides (Joaquín Mortiz, 1988).

Roger Bartra: *La jaula de la melancolía* (Grijalbo, 1987).
Oficio mexicano (Grijalbo, 1993).
La democracia ausente (1984).
Miguel Basáñez: *El pulso de los sexenios* (Siglo XXI, 1990).
Fernando Benítez: *La ciudad de México, 1325 a 1982* (Salvat, 1982).
Antonio J. Bermúdez: *La política petrolera mexicana* (Joaquín Mortiz, 1976).
José Joaquín Blanco: *Función de medianoche* (ERA, 1981).
Guillermo Bonfil Batalla: *México profundo* (SEP, 1984).
Tomás Borge: *Los dilemas de la modernidad* (Siglo XXI, 1993).

David Brading: *Los orígenes del nacionalismo mexicano* (ERA, 1981).

John S. Brushwood: *La novela mexicana (1967-1982)* (Grijalbo, 1984).

México en su novela (FCE, 1973).

Manuel Camacho: *El futuro inmediato* (UNAM, 1980).

Valentín Campa: *Mi testimonio. Memorias de un comunista mexicano* (Ediciones de Cultura Popular, 1978).

Guido Camú y Dauno Tótoro Taulis: *EZLN: el ejército que salió de la selva* (Planeta, 1994).

Emmanuel Carballo: *Diecinueve protagonistas de la literatura mexicana del siglo XX* (Empresas Editoriales, 1965).

Cuauhtémoc Cárdenas: *¡No a la venta de la petroquímica!* (Grijalbo, 1996).

Gabriel Careaga: *Los intelectuales y la política en México* (Novaro, 1969).

Jorge Carpizo: *El presidencialismo mexicano* (1978).

Barry Carr: *La izquierda mexicana a través del siglo XX* (ERA, 1996).

Jorge G. Castañeda: *México: el futuro en juego* (Joaquín Mortiz, 1987).

La utopía desarmada (Joaquín Mortiz, 1993).

Álvaro Cepeda Neri: *El fin del mercado libre* (Océano, 1985).

José Chanes Nieto: *La designación del presidente de la república* (Plaza y Valdés, 1993).

Elías Chávez: *Los priístas* (Proceso, 1980).

Civilismo y modernización del autoritarismo (Historia de la Revolución Mexicana, vol. 20; El Colegio de México, 1979).

Arnaldo Córdova: *La revolución y el estado en México* (ERA, 1989).

La formación del poder en México (ERA, 1972).

La ideología de la Revolución Mexicana (1973).

Salvador Corro y José Reveles: *La Quina, el lado oscuro del poder* (Planeta, 1989).

Daniel Cosío Villegas: *El sistema político mexicano* (Joaquín Mortiz, 1972).

El estilo personal de gobernar (Joaquín Mortiz, 1974).

La sucesión presidencial (Joaquín Mortiz, 1975).

Memorias (Joaquín Mortiz, 1976).

René Delgado: *La oposición: debate por la nación* (Grijalbo, 1988).

Oswaldo Díaz Ruanova: *Los existencialistas mexicanos* (Editorial Giménez Siles, 1982).

Jorge Díaz Serrano: *Yo, Jorge Díaz Serrano* (Planeta, 1988).

Manú Dornbierer: *La guerra de las drogas* (Grijalbo, 1993).
Los periodistas mueren de noche (Grijalbo, 1993).
El prinosaurio (Grijalbo, 1994).

Jaime Enríquez Félix: *La chilenización de la economía mexicana* (Planeta, 1995).

Evodio Escalante: *Tercero en discordia* (UAM, 1982).

Carlos Fazio: *El tercer vínculo. De la teoría del caos a la teoría de la militarización* (Joaquín Mortiz, 1996).
Samuel Ruiz, el caminante (Espasa Calpe, 1994).

Yolanda Figueroa: *El capo del Golfo. Vida y captura de Juan García Ábrego* (Grijalbo, 1996).

James R. Fortson: *Cuauhtémoc Cárdenas, un perfil humano* (Grijalbo, 1997).

Carlos Fuentes: *Tiempo mexicano* (Joaquín Mortiz, 1970).
El espejo enterrado (Alfaguara, 1994).

Gloria Fuentes: *El ejército mexicano* (Grijalbo, 1983).

Gastón García Cantú: *El desafío de la derecha* (Joaquín Mortiz/Planeta, 1987).

Hugo García Michel: *Más allá de Laguna Verde* (Posada, 1988).

Luis Javier Garrido: *El partido de la revolución institucionalizada* (Siglo XXI, 1981).

Adolfo Gilly et al.: *Interpretaciones de la Revolución Mexicana* (UNAM-Nueva Imagen, 1979).

Pablo Gómez: *Los gastos secretos del presidente* (Grijalbo, 1996).

Pablo González Casanova: *La democracia en México* (ERA, 1963).
El Estado y los partidos políticos en México (ERA, 1981)
(coord.): *Segundo informe sobre la democracia* (Siglo XXI, 1993).

Pablo González Casanova, Enrique Florescano (coords.): *México hoy* (ERA, 1977).

Pablo González Casanova y Héctor Aguilar Camín (coords.): *México ante la crisis* (Siglo XXI, 1985).

José González González: *Lo negro del Negro Durazo* (Posada, 1983).

Juan Pablo González Sandoval y Jaime González Graf (coords.): *Los límites rotos. Anuario político* (Océano, 1995).

Juan Pablo González Sandoval (coord.): *El año del vacío. Anuario político* (Océano, 1996).

Miguel Ángel Granados Chapa: *¡Escuche, Carlos Salinas!* (Océano, 1992).

Héctor Guillén Romo: *Orígenes de la crisis de México 1940-1982* (ERA, 1984).

Antonio Gutiérrez y Celso Garrido (coords.): *Transiciones financieras y TLC* (Ariel, 1994).

Roger D. Hansen: *La política del desarrollo mexicano* (1971).

Julio Hernández López: *Las horas contadas del PRI* (Grijalbo, 1997).

José Agustín: *La contracultura en México* (Grijalbo, 1996).

Frederich Katz: *La guerra secreta de México* (Grijalbo, 1982).

Enrique Krauze: *Daniel Cosío Villegas* (Joaquín Mortiz, 1980).

Caudillos culturales de la Revolución Mexicana (Siglo XXI, 1976).

Caras de la historia (Joaquín Mortiz, 1983).

Por una democracia sin adjetivos (Joaquín Mortiz/Planeta, 1986).

La presidencia imperial (Tusquets, 1997).

Oscar Lewis: *Los hijos de Sánchez* (Joaquín Mortiz, 1963).

Juan Lindau: *Los tecnócratas y la élite gobernante mexicana* (Joaquín Mortiz, 1993).

Teresa Losada: *Rebelión desde la cultura* (Joaquín Mortiz, 1988).

Francisco López Cámara: *El desafío de la clase media* (Joaquín Mortiz, 1971).

José López Portillo: *Mis tiempos* (Fernández, 1988).

Umbrales (Nueva Imagen, 1997).

Carlos Loret de Mola: *Los últimos 91 días* (Grijalbo, 1978).
Rafael Loret de Mola: *Presidente interino* (Grijalbo, 1993).

José Luis Manzo: *¿Qué hacer con Pemex?* (Grijalbo, 1996).
Enrique Márquez: *Por qué perdió Camacho* (Océano, 1995).
Tzvi M1edin: *El sexenio alemanista* (ERA, 1990).
Luis Medina: *Del cardenismo al avilacamachismo* (Historia de la Revolución Mexicana, vol. 18; El Colegio de México, 1978).
Antonio e Iván Menéndez: *Del pensamiento esencial de México* (Grijalbo, 1988).
Jean Meyer: *El sinarquismo, ¿un fascismo mexicano?* (Joaquín Mortiz, 1979).
Lorenzo Meyer: *Segunda muerte de la revolución mexicana* (Cal y Arena, 1993).
Liberalismo autoritario. Las contradicciones del sistema político mexicano (Océano, 1995).
Carlos Monsiváis: *Amor perdido* (ERA, 1977).
Escenas de pudor y liviandad (Grijalbo, 1981).
Carlos Montemayor: *La guerra en el paraíso* (Diana, 1992).
Chiapas. La rebelión indígena de México (Joaquín Mortiz, 1997).

Salvador Novo: *La vida en México en el periodo presidencial de Manuel Ávila Camacho* (Empresas Editoriales, 1964).
La vida en México en el periodo presidencial de Miguel Alemán (Empresas Editoriales).

Andrés Oppenheimer: *México: en la frontera del caos* (Vergara, 1996).

David Páramo: *El caso Havre. Asalto a la banca* (Planeta, 1994).
Octavio Paz: *El ogro filantrópico* (Seix Barral, 1978).
Tiempo nublado (Seix Barral, 1990).
Luis Pazos: *Del socialismo al mercado* (Diana, 1991).
Olga Pellicer de Brody y José Luis Reyna: *El afianzamiento de la estabilidad política* (Historia de la Revolución Mexicana, vol. 22; El Colegio de México, 1978).

Olga Pellicer de Brody y Esteban L. Mancilla: *El entendimiento con Estados Unidos y la gestación del desarrollo estabilizador* (Historia de la Revolución Mexicana, vol. 23; El Colegio de México, 1978).

Elena Poniatowska: *La noche de Tlatelolco* (ERA, 1971).
Fuerte es el silencio (ERA, 1980).
Nada, nadie. Las voces del temblor (ERA, 1988).

Presidencia de la República: *Crónica del gobierno de Carlos Salinas de Gortari* (1994).

Samuel Ramos: *El perfil del hombre y la cultura en México* (Austral, Argentina, 1951).

Carlos Ramírez: *Cuando pudimos no quisimos. El decenio del derrumbe: la transición y el caos* (Océano, 1995).
El asesor incómodo. Joseph-Marie Córdoba Montoya (Océano, 1997).

José Revueltas: *Cuestionamientos e intenciones* (Obras Completas, vol. 18; ERA, 1981).
México, democracia bárbara (Obras Completas, vol. 16; ERA, 1983).
Ensayo sobre un proletariado sin cabeza (Obras Completas, vol. 17; ERA, 1981).
Ensayos sobre México (Obras Completas, vol. 19; ERA, 1985).

Jesús Reyes Heroles: *El liberalismo mexicano* (UNAM, 1957-1961).

Pedro Reygadas (coord.): *La guerra de año nuevo. Crónicas de Chiapas y México 1994* (Praxis, 1994).

Alan Riding: *Vecinos distantes* (Joaquín Mortiz, 1987).

Miguel Ángel Rivera Ríos: *Crisis y reorganización del capitalismo mexicano* (ERA, 1992).

Rafael Rodríguez Castañeda: *Prensa vendida* (Grijalbo, 1993).
Operación Telmex. Contacto en el poder (Grijalbo, 1995).

Mario Rojas: *Las manos sucias. Violación a los derechos humanos en México 1988-1995* (Grijalbo, 1996).

Rafael Ruiz Harrell: *Exaltación de ineptitudes* (Posada, 1986).

Mario Ruiz Massieu: *Yo acuso. Denuncia de un crimen político* (Grijalbo, 1995).

Guillermo Samperio: *¿Por qué Colosio?* (Océano, 1995).

Agustín Sánchez González: *Fidel, una historia de poder* (Planeta, 1991).

Jaime Sánchez Susarrey: *El debate político e intelectual en México* (Grijalbo, 1993).

Gonzalo N. Santos: *Memorias* (Grijalbo, 1984).

Julio Scherer García: *Los presidentes* (Grijalbo, 1986).

El poder. Historias de familia (Grijalbo, 1990).

Estos años (Océano, 1995).

Salinas y su imperio (Océano, 1997).

Sara Sefchovich: *México: país de ideas, país de novelas* (Grijalbo, 1987).

Andrés Segovia: *La politización del niño mexicano* (El Colegio de México, 1975).

Peter Smith: *Los laberintos del poder. El reclutamiento de las élites políticas 1900-1971* (El Colegio de México, 1981).

Leopoldo Solís: *La realidad económica, retrovisión y perspectivas* (Siglo XXI, 1970).

Gabriel Székely y Jaime del Palacio: *Teléfonos de México; una empresa privada* (Planeta, 1995).

Paco Ignacio Taibo I: *María Félix* (Planeta, 1991).

Paco Ignacio Taibo II: *Cárdenas de cerca* (Planeta, 1994).

Carlos Tello y Rolando Cordera: *La disputa por la nación* (Siglo XXI, 1981).

Carlos Tello Díaz: *La rebelión de las cañadas* (Cal y Arena, 1995).

Blanca Torres: *Hacia la utopía industrial* (Historia de la Revolución Mexicana, vol. 21; El Colegio de México, 1984).

Raúl Trejo Delabre: *Las redes de Televisa* (ERA, 1988).

José Luis Trueba Lara: *Raúl Salinas de Gortari. El abuso del poder* (Roca, 1996).

Política y narcopoder en México (Planeta, 1995).

Víctor L. Urquidi y José B. Morelos (comps.): *Tendencias y políticas de población* (El Colegio de México, 1982).

José Manuel Valenzuela: *¡A la brava ése!* (El Colegio de la Frontera Norte, 1988).

José Valenzuela Feijóo: *El capitalismo mexicano en los ochenta* (ERA, 1986).

Eduardo Valle: *El segundo disparo. La narcodemocracia mexicana* (Océano, 1995).

Varios autores: *Historia general de México* (El Colegio de México, 1981).

Patricia Vega: *A gritos y sombrerazos* (Conaculta, 1996).

Luis Velázquez Rivera: *Bamba violenta* (Océano, 1985).

Gabriela Videla: *Sergio Méndez Arceo. Un señor obispo* (Correo del Sur, 1982).

Víctor Manuel Villaseñor: *Memorias de un hombre de izquierda. Volumen 2. De Ávila Camacho a Echeverría* (Grijalbo, 1976).

Gabriel Zaid: *El progreso improductivo* (Siglo XXI, 1976) *Adiós al PRI* (Océano, 1995).

Guillermo Zamora: *Caso Conasupo: La leche radiactiva* (Planeta, 1997).

Revistas	Periódicos
Siempre!	*El Universal*
Política	*Excelsior*
Revista de la Universidad	*El Popular*
Contenido	*El Nacional*
Plural	*Novedades*
El Machete	*El Día*
Nexos	*El Heraldo de México*
La Mesa Llena	*El Sol de México*
Proceso	*El Norte*
Quehacer Político	*Unomásuno*
Vuelta	*La Jornada*
El Buscón	*Reforma*
Zurda	*Siglo XXI*
Época	*El Sur*

Índice

39
160 3-4 5 6
195
213
259